Zoltán Törey • Aus der Dunkelheit

Zoltán Törey
Aus der Dunkelheit
Eine Autobiografie

Aus dem Englischen
von Susanna Grabmayr und Marie-Therese Pitner

Copyright © 2003 by Zoltán Törey
Die englische Originalausgabe erschien unter dem Titel
"Out of Darkness. A memoir" bei Picador by Pan Macmillan Australia Pty Limited
Copyright des Vorwortes © 2003 by Oliver Sacks.
Abdruck mit freundlicher Genehmigung von The Wiley Agency Inc.

www.kremayr-scheriau.at

ISBN 978-3-218-00773-3
Copyright © 2007 der deutschsprachigen Ausgabe
by Buchverlage Kremayr & Scheriau/Orac, Wien
Schutzumschlaggestaltung: EBELING | Visuelle Kommunikation, Wien
Foto auf dem Schutzumschlag: Gary Heery
Lektorat: Elisabeth Hemelmayr
Typografische Gestaltung, Satz: wolf, www.typic.at
Druck und Bindung: Druckerei Theiss, St. Stefan im Lavanttal

Dem Andenken an meine Eltern

Inhalt

Vorwort von Oliver Sacks M. D. — 9
Einleitung — 17

Teil 1
Der Rand der Dunkelheit — 21
Prägende Jahre — 29
Der Schatten des Krieges — 41
Kleopatras Indiskretionen — 51
Schatten auf „sonnenbeschienenen Höhen" — 62
Ein Doppelleben – Abschied vom Paradies — 78
Ein idyllisches Intermezzo — 94
Australien – Zeitreise und Pracht — 111

Teil 2
Die Maske vor dem Gesicht — 129
Die Wiedereroberung des Sehens — 140
Elternschaft und Vivisektion — 158
Ein Reisepass ins Nirgendwo – Irrfahrt in der Wüste — 166
Abenteuer auf dem Dach – Psychologie
mit einem Lächeln — 179
Das Unmögliche in Angriff nehmen –
ein mentaler Marathon im Dunkeln — 188
Ein neues Leben — 200
Wiedersehen mit Europa — 210
Start von *The Crucible* – die Freuden öffentlicher Reden — 220
Gedanken — 230

Dank — 238

Vorwort
von Oliver Sacks M. D.

1996 erhielt ich einen erstaunlichen Brief von einem australischen Psychologen namens Zoltán Törey. Anfangs schrieb mir Törey nichts von seiner Blindheit, sondern über ein Buch, das er über das Problem von Gehirn und Verstand sowie über das Wesen des Bewusstseins geschrieben hatte. (Das Buch ist 1999 bei Oxford University Press unter dem Titel *The Crucible of Consciousness* erschienen.) In seinem Brief erzählte Törey aber auch, wie er aufgrund eines Unfalls im Alter von einundzwanzig Jahren, als er in einer chemischen Fabrik arbeitete, erblindet war und wie er sich entgegen dem Rat, „die Darstellung der Welt auf der Grundlage des Hör- und Tastsinns neu aufzubauen", in die entgegengesetzte Richtung bewegt und sich entschlossen hatte, stattdessen sein „inneres Auge", seine Kräfte der Visualisierung, so gut wie möglich zu entwickeln.

Dabei, so scheint es, war er überaus erfolgreich, wobei er eine bemerkenswerte Fähigkeit entwickelte, Bilder in seinem Kopf zu erstellen, zu behalten und zu verändern, sodass er nun in der Lage ist, eine imaginierte visuelle Welt zu konstruieren, die ihm fast ebenso real und intensiv erscheint wie die wahrgenommene, die er verloren hat – ja manchmal sogar realer und intensiver, gleichsam ein kontrollierter Traum oder eine Halluzination.

„Ich habe alle Dachrinnen meines Hauses ganz allein ausgetauscht", schrieb er, „und zwar allein durch die Kraft der exakten und gut fokussierten Beherrschung meines nun vollkommen wendigen und reaktiven geistigen Raums." (In der Folge ging Törey näher auf diese Episode ein, erwähnte die große Besorgnis seiner Nachbarn, als sie einen Blinden allein auf dem Dach seines Hauses sahen – noch mehr Sorgen machte ihnen, dass er dies bei Nacht im Stockdunkeln tat.)

Er vermag nun auf eine Weise zu denken, die ihm zuvor nicht möglich war, er kann sich Lösungen, Modelle, Entwürfe vorstellen, sich selbst in Maschinen oder andere Systeme hineinversetzen und schließlich durch visuelles Denken und Simulation (ergänzt durch alle Informationen der Neurowissenschaft) die Komplexität des ultimativen Systems, des menschlichen Bewusstseins, erfassen.

Als ich Törey antwortete und sein Buch über das Wesen des Bewusstseins lobte, fügte ich ein Postskriptum hinzu, in dem ich anregte, ob er nicht ein zweites, persönlicheres Buch schreiben wolle, in dem er nachvollzieht, wie sein Leben durch die Blindheit betroffen wurde und wie er auf diese völlig unwahrscheinliche und scheinbar paradoxe Weise darauf reagiert hatte. *Aus der Dunkelheit. Eine Autobiografie* heißt das Buch, das Törey nun geschrieben hat und in dem er mit großer visueller Intensität und viel Humor seine frühen Erinnerungen beschreibt. Er erinnert sich an Begebenheiten und rekonstruiert seine Kindheit und Jugend in Ungarn vor dem Zweiten Weltkrieg in kurzen, poetischen Streiflichtern: die himmelblauen Busse von Budapest, die dottergelben Straßenbahnen, die Beleuchtung durch die Gaslampen, die Standseilbahn auf der Budaseite. Er beschreibt eine sorgenfreie, privilegierte Jugend, wie er mit seinem Vater durch die Wälder der Hügel über der Donau streifte, in der Schule Spiele und Streiche ausheckte und in einer überaus intellektuellen Umgebung unter Schriftstellern, Schauspielern und Freiberuflern jeglicher Art aufwuchs. Töreys Vater war der Leiter eines großen Filmstudios, von ihm bekam er oft Filmskripts zu lesen. „So", schreibt Törey, „hatte ich die Gelegenheit, mir Geschichten, Plots und Charaktere bildlich vorzustellen, meine Vorstellungsgabe zu trainieren – was in den folgenden Jahren für mich zu einer Rettungsleine und einer Quelle der Stärke werden sollte."

All dies fand mit der Besetzung durch die Nazis, der Belagerung von Buda und danach der sowjetischen Besatzung ein abruptes Ende. In der Zwischenzeit fand sich Törey, mittlerweile ein Teenager, leidenschaftlich zu den großen Fragen hingezogen – zum Geheimnis des Universums, des Lebens und vor allem zum Geheimnis des Bewusstseins, des Geistes. 1948, mit neunzehn, hatte er das Gefühl, sich in Biologie, Maschinenbau, Neurowissenschaften, Psychologie vertiefen zu müssen – wusste aber gleichzeitig, dass es für ihn im sowjetischen Ungarn keine Chance auf ein Studium, auf ein intellektuelles Leben gab. So floh Törey und fand schließlich seinen Weg nach Australien, wo er ohne Geld und Verbindungen verschiedenste handwerkliche Arbeiten verrichtete. Im Juni 1951, als er den Verschluss einer Säuretonne in der chemischen Fabrik, in der er damals arbeitete, löste, geschah dann der Unfall, der sein Leben in zwei Teile zerschnitt. „Das Letzte, was ich ganz deutlich sah, war ein Lichtblitz in der Säureflut, die sich über mein Gesicht ergoss und mein Leben verändern sollte. Es war ein nanosekundenlanges Aufblitzen, umrahmt von dem dunklen Umriss des Fasses, etwa 20 Zentimeter von mir entfernt. Dies war die letzte Szene, der dünne Faden, der mich an meine visuelle Vergangenheit bindet."

Als klar wurde, dass Töreys Hornhaut hoffnungslos zerstört war und er sein Leben als Blinder würde führen müssen, wurde ihm geraten, seine Darstellung der Welt auf der Grundlage des Hör- und Tastsinns aufzubauen und „Sehen und Visualisieren ganz zu vergessen". Aber gerade das wollte oder konnte Törey nicht. In seinem ersten Brief an mich betonte er die Bedeutung einer wichtigen Entscheidung, die er in diesem Augenblick traf: „Ich beschloss sofort herauszufinden, wie weit ein teilweise seiner Sinne beraubtes Gehirn gehen konnte, um wieder ein Leben aufzubauen." So ausgedrückt klingt das abstrakt, wie ein Experiment. In seinem Buch erahnt man aber die überwältigenden Gefühle, die seiner Entscheidung zugrunde lagen – die Angst vor der Dunkelheit, „der leeren Dunkelheit", wie Törey sie oft bezeichnet, „dem grauen Nebel, der mich umschloss", und der leidenschaftliche Wunsch, an Licht und Sehen festzuhalten und eine klare und lebendige visuelle Welt aufrechtzuerhalten, wenn auch nur im Gedächtnis und durch die Vorstellungskraft. Schon aus dem Titel seines Buches geht all dies hervor, und von Anfang an ist diese Herausforderung, diese Aufgabe zu spüren.

Da sich Törey durchaus bewusst war, dass die Vorstellungskraft (oder das Gehirn), wenn sie von den üblicherweise wahrgenommenen Eindrücken losgelöst ist, auf stark assoziative oder selbstbezogene Weise wie im Delirium, bei Halluzinationen oder Träumen davongaloppieren kann, behielt er eine vorsichtige und „wissenschaftliche" Einstellung seinen Visualisierungen gegenüber bei und kontrollierte auf jede ihm zur Verfügung stehende Weise sorgfältig die Genauigkeit seiner Bilder. „Ich lernte auch", schrieb er, „ein Bild vorläufig festzuhalten, ihm erst dann Glaubwürdigkeit und Realität zu verleihen, wenn die Information zu seinen Gunsten den Ausschlag gab." Tatsächlich gewann er bald genügend Vertrauen in die Zuverlässigkeit seiner Visualisierungen, um sein Leben aufs Spiel zu setzen, als er selbst auf dem Dach Reparaturen durchführte. Und dieses Vertrauen erstreckte sich auch auf andere, rein geistige Vorhaben. Es gelang ihm, sich „vorzustellen, wie das Innere einer Differenzialschaltung funktionierte, als wäre ich in ihrer Ummantelung. Ich vermochte zu beobachten, wie die Zahnräder ineinander greifen, zupacken und sich drehen und die erforderliche Drehung weitergeben. Ich begann mit dieser inneren Sicht in Zusammenhang mit mechanischen und technischen Problemen zu spielen, visualisierte, in welchem Verhältnis die einzelnen Teile im Atom oder in einer lebenden Zelle zueinander standen". Diese Kraft der Bildgebung war entscheidend dafür, so meint Törey, dass es ihm möglich wurde, eine Lösung für das Problem von Gehirn und Geist zu finden, indem er das Gehirn „als einen ständigen Jonglierakt interagierender Gewohnheiten" visualisierte. Die Formalisierung dieses Vorgangs in Sprache und Mathematik erfolgte später.

In einer berühmten Studie über Kreativität befragte der französische Mathematiker Jacques Hadamard viele Wissenschaftler und Mathematiker, unter ihnen auch Einstein, über deren Denkprozesse. Einstein antwortete: „Die physikalischen Größen, die als Elemente im Denken zu dienen scheinen, sind mehr oder weniger klare Bilder, die ‚willentlich' reproduziert und kombiniert werden können … (einige) auf visuelle und andere auf muskuläre Weise. Konventionelle Worte oder andere Zeichen müssen in einer zweiten Phase mühsam gesucht werden." Törey zitiert dies und fügt hinzu: „Einstein war in dieser Hinsicht keine Ausnahme. Hadamard fand heraus, dass fast alle Wissenschaftler so arbeiteten, und so entwickelte sich auch mein Projekt."

Viele, aber nicht alle Blinden haben lebendige visuelle Bilder und Erinnerungen. Dies gilt natürlich nicht für jene, die blind geboren wurden, also niemals visuelle Erfahrungen gemacht haben, und auch nicht für jene, die ihr Sehvermögen vor dem zweiten oder dritten Lebensjahr verloren haben; sie bewahren keine Erinnerung ans Sehen, haben keine visuellen Bilder oder Träume und ihre Vorstellungen davon, was eine visuelle Welt ist, müssen sich allein auf die Beschreibungen der Sehenden stützen. Jene, die etwas älter erblinden, etwa mit vier oder fünf Jahren, behalten meist bruchstückhafte visuelle Erinnerungen an das, was sie gesehen haben. Der Biologe Geerat Vermeij, der sein Sehvermögen kurz vor seinem vierten Geburtstag verlor, beschreibt in seiner Autobiografie *Privileged Hands*, welche lebendigen Erinnerungen und Bilder er sich von Farben – und ausschließlich von diesen – bewahrt hat. Der französische Autor Jacques Lusseyran, der im Alter von acht Jahren erblindete, hatte äußerst detaillierte visuelle Erinnerungen und Bilder – und diese ermöglichten es ihm zum Teil auch, während des Zweiten Weltkriegs in der *Résistance* eine führende Rolle zu spielen.

Andererseits beschreibt John Hull in seiner Autobiografie *Im Dunkeln sehen – Erfahrungen eines Blinden*, wie alle visuellen Bilder und Begriffe einige Jahre nach seiner völligen Erblindung schwächer wurden und schließlich ganz verschwanden, obwohl er sein Sehvermögen erst mit über vierzig verlor, nach Jahrzehnten voll reicher und vielfältig festgehaltener visueller Erlebnisse. Dies macht deutlich, dass es bei der Erfahrung von Blindheit eine große Variationsbreite gibt, und es ist faszinierend, solche autobiografischen Berichte mit Töreys Erinnerungen zu vergleichen.

Lusseyran benützt einen paradoxen Ausdruck für sich und andere wie ihn: „Wir sind", sagt er, „die visuell Blinden." Törey ist ein hervorragendes Beispiel dafür, denn er ist zu einem so außerordentlichen Grad visuell – hypervisuell –, dass er, könnte man meinen, visueller ist als die meisten Sehenden. Es stellt sich die Frage, was ausschlaggebend dafür ist, ob ein Blinder ein „visuell Blinder" wird oder nicht. Wie stark hängt dies vom Willen oder der Entscheidung ab; wie sehr von der Umgebung oder der Übung, von vergangenen Erfahrungen; und wie stark von der physischen Voraussetzung, der Physiologie des einzelnen Gehirns?

Für jemanden, der sich am Gefühl des Sehens erfreuen konnte, ist es nur natürlich, dessen plötzlichen Verlust intensiv zu empfinden und nach einer Möglichkeit zu suchen, diese Welt und damit sich selbst wiederzufinden oder, als Alternative dazu, das Verlorene mit den verbleibenden Sinnen zu rekonstruieren. Dieser Hunger, dieses Bedürfnis ist nicht nur etwas Persönliches – es ist in das Nervensystem selbst eingebaut. Wenn der „sehende Teil" des Gehirns, der visuelle Kortex, seines normalen Inputs beraubt wird, schaltet er nicht einfach ab; er intensiviert vielmehr seine Aktivität, wird hypersensibel, reagiert aber nun auf interne Reize, Reize von anderen Teilen des Gehirns, statt auf äußere Stimuli. Dies kann zu Halluzinationen führen, zur unwillkürlichen Eruption visueller Bilder und Erinnerungen oder von Lichtern, Farben, geometrischen Mustern (die wahrscheinlich die Organisation des visuellen Kortex auf einer physiologischen Grundebene widerspiegeln).

Die anderen Sinne können nun in diesen übersensiblen visuellen Kortex eingespeist werden; Gedanken und Gefühle können visuelle Formen annehmen; verbale Beschreibungen können sofort visuelle

Bilder evozieren, in viel höherem Maß als zu der Zeit, als man sehen konnte. „Jedes Mal, wenn jemand ein Ereignis erwähnte", schreibt Lusseyran, „projizierte sich dieses auf meiner ‚Leinwand' ... Töne, Akkorde, Melodien, Rhythmen, alles wurde sofort in Bilder, Kurven, Linien, Landschaften und vor allem in Farben umgewandelt."

Diese Art überwältigender, teilweise unwillkürlicher Visualisierung tritt bei Erblindung vor allem dann auf, wenn der Mensch zuvor in hohem Maße visuell war, wie dies für Lusseyran (der als Kind gerne malte und Bilder mochte) und für Törey gilt, der von Kindheit an, wie er uns erzählt, darauf trainiert wurde, „Geschichten, Plots und Charaktere zu visualisieren", seine visuelle Vorstellungsgabe zu üben und zu trainieren. Eine derartige Visualisierung kann überwältigend und schwer kontrollierbar werden und kann auf anarchische, halluzinatorische Weise außer Kontrolle geraten. Es ist ein Beweis für Töreys Disziplin, für sein klares Denken und seine außergewöhnlichen intellektuellen und emotionalen (und, wie man vermuten muss, neurologischen) Stärken, dass er durch solch einen Überfluss an bildlicher Vorstellung weder mitgerissen wird noch sie ablehnt oder unterdrückt. Von dem Augenblick an, da ihm der Verband abgenommen wurde, nimmt er sich mit außergewöhnlicher Hartnäckigkeit selbst an der Hand, um seine nun erhöhte bildliche Vorstellungskraft zu zähmen, sie in ein wendiges, verlässliches Werkzeug zum Leben und Denken umzuformen. Damit kompensiert er nicht nur den Verlust seines Sehvermögens, sondern entwickelt geradezu ein neues Sinnesorgan, eine neue geistige Fähigkeit. Dies illustriert er auf hundertfache Weise, sodass die Lektüre von *Aus der Dunkelheit* nicht eine Erfahrung oder eine Reise in die Blindheit zu sein scheint, sondern vielmehr die Entdeckung und Entwicklung eines neuen Sinnesorgans. Und dadurch wird es ein fröhliches und positives Buch, keine Klage oder Elegie über das Verlorene.

Sowohl als persönlicher Bericht eines reichen und heroischen Lebens als auch als Beispiel für die unerwarteten und nahezu grenzenlosen Anpassungskräfte, die das menschliche Gehirn entwickeln kann, ist *Aus der Dunkelheit* ein anregendes und erstaunliches Buch und damit ein überaus wertvoller Beitrag zu einer ganz besonderen Art von Literatur.

Oliver Sacks M. D., 2003

Einleitung

An einem Nachmittag im März 1997, meine Frau und ich warteten auf dem Bahnsteig der New Yorker U-Bahn am Times Square, kam ein Mann auf uns zu. Still, mit ausgestreckter Hand wollte er Geld, eher Lösegeld als Almosen, eine Art unbewaffneter Raubüberfall, mit dem nicht zu spaßen war.

Er machte sich an meine Frau heran und bekam ihren Obolus, dann sah er mich durchdringend an, wartete auf meinen Beitrag. Da ich vollkommen normal aussehe, konnte er nicht erkannt haben, dass ich mir der Nebenhandlung nicht bewusst war, die sich da in vollkommener Stille abspielte. Als ich weiterhin gleichgültig und unbewegt dastand, starrte er unentwegt auf mich, sichtlich genervt von meiner mangelnden Reaktion. Um die Pattsituation zu beenden und unerwünschte Komplikationen zu vermeiden, sagte meine Frau: „Mein Mann ist blind." Überrumpelt drehte er sich um und murmelte: „Vertrau auf mein Glück."

Als ich diese Begebenheit einer guten Freundin erzählte, meinte sie: „Das wäre ein toller Titel für deine Autobiografie." Der Gedanke, über mein Leben zu schreiben, gefiel mir; die Pointe unseres U-Bahn-Erlebnisses als möglicher Buchtitel hingegen nicht. Ich vertraute nicht auf mein Glück, als ich mich an die Rückeroberung der visuellen Welt machte, der Welt, die ich für mich aus der Dunkelheit aufbaute.

Hier ist sie also, meine schillernde Geschichte voller Schwierigkeiten, voll scharfer Kehrtwendungen, ein beharrlicher Aufstieg, ein aus Trümmern gemeißeltes Leben. Ich kann nicht behaupten, dass ich es so geplant hätte, aber ich habe es überstanden. Vielleicht hätte ich es besser machen können. Das Schicksal oder die Umstände bestimmten oft die Szene, spielen aber musste ich. Die ganze Zeit über habe ich versucht zu verstehen, einen Sinn zu erkennen, auszukommen mit dem, was ich hatte, dem mir geschenkten Leben gerecht zu werden.

Ich habe erlebt, dass es nicht an bereitwilliger Hilfe und Mitleid mangelt, wenn man danieder liegt und sich bemüht, wieder auf die Beine zu kommen. Sobald sich aber der Erfolg einstellt, fällt es anderen häufig schwer, damit umzugehen. Daher möchte ich betonen, dass mein Leben, so erfolgreich es auch sein mag, nicht das Schicksal ist, das man sich wünscht. Aspekte davon vielleicht, aber nicht die eiserne Maske, die ich trage, das Gefängnis meiner Haut oder dass ich die Schönheit der Welt nur von innen sehe, dank meines Gehirns, das eben dazu geschaffen ist, sie wahrzunehmen, statt verschwommene Bilder zu erzeugen, um die „Leinwand" zu füllen.

Im Juni 1951, vier Tage, bevor mir der Unfall widerfuhr, der mein Leben in ein „davor" und „danach" teilte, der Unfall, der mir das Sehvermögen raubte und mich in eine unsichtbare Welt verbannte, las ich in einer Nachmittagszeitung eine kurze Notiz. In dieser wurde berichtet, ein Mann habe sein Augenlicht wiedererlangt, nachdem er achtundvierzig Jahre lang blind gewesen war. Er machte zwei Bemerkungen: Er habe sich nie den Zauber der flackernden Flammen in seinem Kaminfeuer vorstellen können, und hätte er sehen können, wie der Verkehr in Paris aussah, hätte er nie die Straße überquert.

Das Erlebnis dieses Franzosen faszinierte mich. Ich zeigte den Artikel der jungen Frau, die ich bald heiraten sollte, und meinte: „So ein Leben wäre eine Herausforderung", und „Ich glaube, ich würde gute Arbeit leisten". Vier Tage später ging mein „Wunsch" in Erfüllung und ich begann meine eigenen achtundvierzig Jahre, „gute Arbeit zu leisten".

Als die achtundvierzig Jahre vorbei waren und aus 1951 das Jahr 1999 geworden war, musste ich zugeben, dass ich mich kurz – und mit einem durchaus unbehaglichen Gefühl – fragte, ob vielleicht noch ein weiterer Todeswunsch im Verborgenen auf mich wartete, wieder durch eigenes Verschulden. Der Tag kam und verging, aber nichts geschah. Mein Urteil wurde nicht revidiert, nicht einmal für Wochenendausgang. Mein Schicksal galt auf immer und ewig.

Sam Goldwyn sagte einmal, ein guter Film muss mit einem massiven Erdbeben beginnen und sich dann zum Höhepunkt aufbauen. Mit einundzwanzig Jahren, in einem fremden Land ohne einen einzigen Verwandten, der näher als 19 000 Kilometer und hinter dem Eisernen Vorhang darüber hinaus ohnehin außer Reichweite lebte, ohne Sehvermögen, Sprache, Beruf, Geld, Staatsangehörigkeit, Gesundheit oder Hoffnung, begann ich darum zu kämpfen, mein Leben so gut wie möglich zurückzuerobern.

Teil I

Der Rand der Dunkelheit

Ich erinnere mich noch gut an die stürmische Winternacht des 8. Juni 1951 in jener Fabrik in Sydney. Ich sehe alles in vollkommener Deutlichkeit: die erhöhte, gut beleuchtete Umzäunung, in der ich umgeben von großen Behältern mit tödlichen Chemikalien und Tanks voll mit Säure die Nachtschicht im unteren Geschoss machte, ausgestattet mit Elektrolytpaste für die Lampenbatterien, die dort hergestellt wurde. Ich sehe den großen Bottich, in dem die Substanzen mittels Propellerschraube vermischt wurden. Ich höre das Summen der Maschine, die die Propellerblätter bewegte, während im Hintergrund dunkel die riesigen Schatten der Geräte stillstehen. Ich erinnere mich, dass ich mich wie Faust fühlte, wachsam, unwirklich, bedroht von den Schatten rund um mich, während starker Wind den Regen von der Bucht hochpeitschte und immer wieder Blitze die Kulisse für ein Gruseldrama zu bilden schienen.

Abgesehen vom Sturm mit seinen Licht- und Lärmexplosionen, die das Dunkel erfüllten, war an jener Nacht nichts Ungewöhnliches, außer einer einzigen 44-Gallonen-Tonne und einem daran heftenden Zettel. Dieser Zettel war an mich adressiert. Der Mann der Tagschicht hatte nicht mehr die Zeit gehabt, diese letzte Tonne in den Tank zu leeren und bat mich „sie hochzuhieven, über die Dachschiene zu rollen und dann deren Inhalt in den darunter stehenden Tank zu leeren. Danke vielmals".

Ich wartete mit dieser zusätzlichen Aufgabe bis kurz vor meiner

Essenspause nach Mitternacht. Ich tat, was erforderlich war: Ich hob die Tonne mithilfe einer Kette und einer Rolle einige Fuß hoch und begann den Verschluss etwas zu lockern, damit ich ihn über dem Tank leichter aufschrauben konnte. Der üblichen Vorgangsweise entsprechend klopfte ich leicht auf die Verschlusskerbe und blitzartig passierte es. Mein Gesicht war vielleicht 25 Zentimeter entfernt, als der Verschluss sich losriss und sich ein gewaltiger Strom ätzender Flüssigkeit über mein Gesicht ergoss. Ich erinnere mich an den Lichtschimmer in diesem Strom, als ich eintauchte, zurücktaumelte, nach Luft schnappte, als Nase, Mund und Augen voll von dem Zeug waren, als ich hustete und spuckte.

Die Säure ätzte sofort meine Bindehaut weg, den dünnen Film, der die Hornhaut bedeckt, und begann sich rasch in beide Augen zu fressen. Nicht einmal für den Bruchteil einer Sekunde konnte ich mehr klar sehen; nur mehr wie durch eine raue, zerbrochene, dreckige Glasscheibe, als ob ein in der Nacht vorüberfahrender Lastwagen schmutziges Wasser auf meine Windschutzscheibe gespritzt hätte und die Scheibenwischer den Schmutz nicht wegwischen könnten.

Mir war nicht bewusst, dass ich die Flüssigkeit auch geschluckt hatte und dass meine Stimmbänder aufgefressen wurden. Während die böse Flut noch immer auf mich herunterströmte, drehte ich mich um und merkte, dass sich der Nebel immer dichter über meine Augen senkte. In diesem Augenblick explodierte mein Bewusstsein in einem Gefühl der Katastrophe. Da gab es keinen Gedanken, nur Bruchstücke, Gesichter von Menschen, die mir lieb waren, und das grausige Gefühl, dass dies nun das Ende war. Dann umschloss mich der Nebel.

Wie einfach das klingt und wie schrecklich es doch es war. Durch eine unaufhaltsame Kraft wurde ich immer tiefer in die Dunkelheit gezogen. Die visuelle Welt und mein Leben darin wurden zerstört. Dabei handelte es sich nicht um eine alltägliche Krise, die bewältigt werden konnte. Ich wurde von einem Gefühl der Hilflosigkeit erstickt, als sogar die gebrochenen Schlieren verschwanden und Grau mich umschloss, gegen meine Haut drückte. Das Gefühl, lebendig begraben zu werden, die konturlose Klaustrophobie, die ich Jahre später in Schach halten konnte, zog mich in die Tiefe, und ich versuchte etwas zu ergreifen – irgendetwas –, das zu tun wäre, bevor es zu spät war. Die Sekunden tickten weiter, und mir kam die niederschmetternde Erkenntnis, dass ich allein im obersten Stockwerk dieses Fabrikgebäudes eingesperrt war. Niemand konnte mich sehen oder hören. Irgendwie musste ich hinunter tappen, zum beleuchteten Teil, wo Mitmenschen waren und Hilfe, um meine Panik zu lindern.

Ich tastete mich zu dem Stockwerk, in dem sich der Vorarbeiter befand. Der führte mich in den Waschraum, vielleicht weil er die Dringlichkeit der Situation zu ahnen begann. Sobald ich dort war, richtete ich die Dusche voll aufgedreht auf mein Gesicht, eine Verzweiflungstat. Dann half man mir, klatschnass wie ich war, in ein Auto und brachte mich in das nächste Krankenhaus, wo ich bald das Bewusstsein verlor.

Man könnte natürlich noch mehr erzählen, das bittersüße, dumme, menschliche, nebensächliche Geplänkel. Der Vorarbeiter, der gerade mit einem Mädchen von der Schicht flirtete und nicht an seinem Posten war, sodass wertvolle Sekunden verstrichen. In der Notambulanz zog sich die langsame und gründliche Befragung, was genau geschehen war, in die Länge und immer wieder wurde ich gefragt: „Wie, sagten Sie, hieß die Säure?" Währenddessen hatte ich die ganze Zeit ein Gefühl von Dringlichkeit, den verzweifelten Wunsch, dass etwas geschähe, das Gefühl, in Ermattung zu versinken, und schließlich ausgebranntes Schweigen.

So schrecklich unerwartet die Ereignisse in jener Juninacht passierten, so viel Zeit hatte ich in den folgenden Wochen und Monaten, das vernichtende Ergebnis zu analysieren. Zunächst fiel ich immer wieder in die Bewusstlosigkeit und tauchte daraus hervor, zu erschöpft, um zu denken, zu verletzt für jeden Versuch dazu. Die große öffentliche Krankenstation brummte vor für mich zusammenhanglosem Geklapper, seltsamen Wortfetzen, vorbeigehenden Schritten. Die Tätigkeiten, die sich nicht zu einer Geschichte mit Bedeutung zusammensetzten, die infernalische tägliche Fußbodenputzkolonne – alles schien sich in einer Endlosschleife zu wiederholen. Letztere kam immer näher und näher, überdeckte alles andere, bis sie an mein Bett stieß und Wellen brennenden Schmerzes durch meinen Körper und mein Gehirn jagte.

Eine Zeit lang ging es mit mir bergab. Ich konnte nicht schlucken, daher musste mir die Nahrung durch einen Schlauch eingeflößt werden. Weil mein Nasen-Rachen-Raum aber geschwollen war, musste dieser Schlauch durch den Mund geführt und das Ende an meiner Stirn festgeklebt werden. Nun hatte ich Nahrung, aber wenig anderes. Meine Muskeln waren fast ständig verkrampft, mein Körper durchströmt von einem brennenden Gefühl. In meinem halb bewusstlosen Traumzustand hatte ich Visionen, in denen ich literweise eiskaltes Bier trank, obwohl ich mir zuvor nie viel aus Bier gemacht hatte. Nun saugte ich es durch einen langen Gummischlauch, der bis zur Oberfläche des kühlen Donauwassers reichte, jenem Fluss meiner Kindheit, in dessen dunklen Tiefen ich mich ruhen sah.

Ich erfuhr Trost durch Freunde, die mich besuchen kamen, und das Mädchen, dem ich nahe stand, gab sich als meine „Schwester" aus, um Mitsprache bei meinem Schicksal zu haben. Sie verliehen mir einen Anker und das Gefühl einer Verbindung mit der Vergangenheit.

Nach einer vielleicht zwei- oder dreiwöchigen Verschlechterung, bedingt durch die innere Verletzung, weil ich Säure geschluckt und sich in der Folge eine Entzündung entwickelt hatte, erreichte ich einen Tiefpunkt. Ich bin nicht sicher, was mir wirklich das Leben gerettet hat. Vielleicht war es eine Kortisonspritze, ein damals noch im Versuchsstadium befindliches Medikament, von dem die Ärzte meinten, es sei einen Versuch wert. Mein Zustand war noch immer schlimm, das schon; mein 1,80 Meter großer und 76 kg schwerer

Körper war praktisch bis auf das Skelett abgemagert, mein Puls raste und ich hatte ständig über 40° Fieber. Mein Leben befand sich auf Messers Schneide. Aber als sich mein Verstand zu lichten begann und ich anfangen konnte, meine Lage zu beurteilen, kam mir nie der Gedanke an den Tod. Meine fest einbandagierten Augen vermittelten mir fälschlicherweise Gefühl, ich würde wieder sehen können, wenn der Verband weg war. Dafür begann ich zu denken.

Das klingt nun ganz normal, war es aber nicht. Sehende denken über das Geschehene in Intervallen nach, es dient der Modifikation und Anpassung, der Neuorientierung der Aktivitäten. Für mich gab es jetzt nur das. Es begann am Ende einer langen Zeit der Entbehrung, zumindest was das Sehen – unserer primären Quelle für sinnliche Erfahrungen – betrifft. Statt von äußeren Eindrücken abzuhängen, schwebte mein Denken frei, nicht verankert in diesem nun kohlengrauen visuellen Raum – ein Bildschirm im Nebel. Ich begann darauf zu projizieren. Allmählich wurde das Gefühl der Desorientierung durch einen inneren Fokus ersetzt, der fest mit dem verbunden war, was nun mein Gehirn anstelle meiner Augen sah. Zunächst zögerlich, verschwommen wie im Traum, wuchs dieser seltsame mentale Ersatz im Laufe der Zeit zu einer großartigen Quelle selbst generierter innerer Bilder heran.

Hand in Hand mit dieser projizierten Wiedereroberung des „Sehens" mahnte mich die innere Stimme meines Hausverstands, diese neue mentale Zauberkraft in allen Informationen, die mir meine verbliebenen Sinne lieferten, zu verankern und später mithilfe von Daten aus zweiter Hand, die von vertrauenswürdigen Menschen stammten, sorgfältig zu bewerten. Die Unterscheidung zwischen Fakt und Fiktion wurde lebenswichtig, „Meinung" war dabei eine gefährlich diffuse Schnittstelle.

Diese Fähigkeit beherrschte ich nicht sofort perfekt. Es dauerte Jahre, bis sie allmählich zu dem wurde, was sie heute ist: ein Wahrheitsfilter, ein Tatsachenfilter, der es ermöglicht, fast intuitiv zu erkennen, was Sinn ergibt und wie sich Aspekte der Wirklichkeit sinnvoll artikulieren. Später führte mich diese Adaptation, die zuerst eine Kompensierung war, in unbekannte Gefilde und hin zur Beantwortung der fundamentalen und spannenden Fragen, wie Menschen funktionieren und welche Rätsel die Existenz in sich birgt.

In jenen ersten Wochen, in den langen Stunden ewiger Nacht, die von lauten und mit Aktivität gefüllten Abschnitten, genannt „Tage", durchsetzt waren, hatte ich Zeit, meine Situation, meine Aussichten und die Zukunft zu überdenken. Ich war erblindet, meine Stimmbänder waren verbrannt und ich konnte nicht lauter als im Flüsterton sprechen. Ich war ein verletztes, geschundenes Wrack, ohne Qualifikation oder Beruf. Die Liste war alles andere als beeindruckend. Meine Aussichten blieben auch anderen nicht verborgen. Als ich an meinem Tiefpunkt angelangt war, sagte eines Tages eine Dame mittleren Alters, die Mutter eines Freundes, zu mir: „Du solltest beten, mein Junge."

Später, als der Abend kam und zur Nacht wurde, erinnerte ich mich an ihren Vorschlag und dachte darüber nach. Ich hatte den Eindruck, es wäre nicht fair, wenn ich mich jetzt an Gott um Hilfe wandte, weil ich in Schwierigkeiten steckte. Nicht, wenn man bedenkt, dass es mir vor noch gar nicht langer Zeit, als alles noch gut war, überhaupt nicht in den Sinn gekommen wäre, diese Beziehung aufrechtzuerhalten. Außerdem: Wenn ich an einen Gott glaubte, der bereit und in der Lage war, sich aufgrund einer besonderen Bitte in ursächliche Zusammenhänge und den planmäßigen Ablauf von Ereignissen einzumischen, hätte ich noch viel wichtigere Forderungen an ihn als die Wiederherstellung meines körperlichen Wohlbefindens.

Nun begann ich meine Situation zu überdenken und fragte mich, warum ich nicht die üblichen Fragen stellte wie: „Warum ich? Was habe ich getan, um ein solches Schicksal zu verdienen?" Oder einmal mehr: „Es kann keinen Gott geben, denn wie konnte er dies geschehen lassen?" An dieser Stelle tat ich das, was ich so oft zuvor getan und was mir so sehr geholfen hatte: Ich stellte die Gegenfrage.

„Warum nicht ich? Was ist an mir so besonders, dass ich Immunität hätte erwarten können, ein verzaubertes Leben jenseits der Statistik?" Eigentlich war es ganz einfach: Meine Nummer war aufgerufen worden, so ist nun einmal das Leben.

Da muss sich mein Hirn eingeschaltet haben, denn meine Gedanken vertieften sich im Laufe dieser Nacht. Tatsächlich, sagte ich mir, wenn man davon ausgeht, dass dieser Unfall jemandem zustoßen sollte, war es vielleicht ganz richtig, dass es mich getroffen hatte. Ich werde es schon irgendwie schaffen. Anderen würde es vielleicht noch schwerer fallen. Bis jetzt war es mir gut ergangen, nun war ich an der Reihe, mich ins Zeug zu legen. Meine Gedanken waren vernünftig, sie verliehen mir fast Frieden.

Der alte Mann im Bett neben mir bewegte sich, brauchte etwas. Die Schwester kam, kümmerte sich um ihn; und als sie es ihm bequem gemacht hatte, wandte sie sich zu mir, weil sie spürte, dass ich wach war. „Alles in Ordnung?", fragte sie leise. „Kann ich etwas für Sie tun?" In ihrer Stimme schwang eine wertvolle Menschlichkeit mit, eine lebenserhaltende Nähe. Diejenigen von uns, die diese Gabe schon einmal empfangen haben, werden wissen, was dies bedeutet.

Als es auf der Station wieder still war, dachte ich darüber nach, ob ich nicht besser, statt zu überlegen, was Gott oder das Universum für mich tun könnten, fragen sollte, was ich für Gott oder das Universum tun könnte. Zunächst dachte ich, es wäre grotesk, eine solche Frage zu stellen, denn was konnte man schon für Gott oder das Universum tun, vor allem in einer Lage wie der meinen? Dann aber dachte ich an die Evolution, an den „Big Bang", mit dem alles begonnen hatte, an die Entstehung von Galaxien, Sternen und Planetenbahnen, wo sich Masse verbinden konnte, immer komplexer wurde, Leben aufbaute, immer höhere Formen erreichte, Bewusstheit schuf und schließlich Bewusstsein, uns ein Fenster zum Universum und zu uns selbst aufstieß – und sah unmissverständlich einen Weg vor mir auftauchen. Ich konnte einen mächtigen Drang zu Klarheit sehen, der von innen kam, einen Vorgang, den ich ignorieren oder erkennen und vorantreiben konnte. Wäre es nicht großartig, dachte ich, wenn ich zu diesem Prozess der Aufklärung etwas beitragen könnte, indem ich mithalf, Licht auf die Natur des Bewusstseins selbst zu richten, auf dieses uralte Rätsel im Herzen der menschlichen Identität?

Das erschien mir als gewaltige Aussicht, sie breitete sich vor mir auf meiner neu entdeckten inneren Leinwand aus. Die Möglichkeit, sich mit diesem letzten Geheimnis auf greifbare Weise und nicht durch Vorstellungen, die auf Glauben beruhten, zu beschäftigen ließ mich nicht mehr los und wurde zu einer allgegenwärtigen psychischen Verpflichtung, die mich seit damals immer begleiten sollte. Es war eine Pflicht, die ich nicht ignorieren konnte oder wollte, eine Aufgabe, die mich wegen ihrer enormen Komplexität erschreckte. Und doch würde der Kelch nicht an mir vorübergehen. Vielleicht war das der Talisman, der mir das Leben wiedergab, meine Lebenskraft wiederherstellte, meine Gedanken fokussierte, meine guten Grundlagen rechtfertigte, vielleicht war das mein Pakt mit dem Schicksal.

Prägende Jahre

Wann die Erinnerung einsetzt, was Fantasie, was Rekonstruktion ist, lässt sich schwer genau bestimmen, da überall lose Bruchstücke, flüchtige Gedankensplitter und unvollständige Bilder verstreut sind. Das Tor zu einem schattigen Garten, eine große Sandkiste im Park, endlose Treppen, gewundene Pfade und felsige Höhen. Unten der Fluss, Brücken, die ihn überspannen wie Spielzeug. Langsam tauchen Einzelheiten auf, werden schärfer, verbinden sich miteinander, man erkennt Bedeutungen, erinnert sich an Hoffnungen. Die Stimmung tritt in den Vordergrund. Melancholie des Spätherbsts: grau, still, blätterlose Äste. Vermummte Menschen in der zunehmenden Kälte, wenn die Gaslampen angezündet werden. Die Zeit steht still, erster Schnee fällt, Weihnachtsvorfreude, weiße Sonnentage, dann wieder Frühling und Sommer.

Meine Familie war nicht wirklich reich, nur sehr wohlhabend. Wir verbrachten unsere Sommer in einer gemieteten Villa am Donauufer in Ungarn. Sie stand auf einer Anhöhe und am Ende des Gartens gab es einen alten Nussbaum. Das war mein Baum, meine Burg, mein Beobachtungsposten.

Der Fluss faszinierte mich. Ein breiter, majestätischer Strom, still und tief, der Lastkähne, Schiffe, Menschen, Leben trug, immer in Bewegung. Von Westen kommend, schnitt er sich durch die zentrale Bergkette, machte dann eine Kurve und floss vorüber, verschwand in der Schlucht Richtung Süden. Es war ein schöner Ort, von steilen, stark bewaldeten Bergen umgeben, dunkel und romantisch. Aber wo lag die Quelle des Flusses, wo sein Ziel? Der Strom floss in einem fort, „vom Schwarzwald bis ins Schwarze Meer", wurde mir gesagt; meine Frage wurde damit zu einem Rätsel. Von einem verbotenen, dunklen Ort in eine unermessliche, finstere Tiefe. Das war mehr als ein Wortspiel, es war das Geheimnis des Lebens und in meiner kindlichen Gedankenwelt war ich nun Teil davon. Ich sehnte mich danach, eine Antwort zu finden auf eine Frage, die ich nur vage fühlte. So hat mich ab dem Alter von fünf Jahren nie das Gefühl verlassen, dass den Dingen mehr anhaftet als bloß das Sichtbare und die vordergründige Erklärung. Eine Flamme war entzündet, ein Bewusstsein in mir geweckt worden, dass da draußen etwas verstanden werden wollte, eine Verpflichtung war da, vielleicht des Herzens, wenn nicht des Intellekts.

Meine Kindheit im Ungarn der 1930er Jahre war privilegiert. Mein Vater, der Leiter eines großen Filmstudios, hatte Charisma und Würde, meine Mutter Charme und Witz. Ich lebte in ihrer farbenprächtigen Umlaufbahn, beschützt und doch gefordert und angeregt. Es gab, wenn auch indirekt, viel aufzunehmen. Wir waren umgeben von begabten, engagierten Menschen, von einem Freundeskreis von Schriftstellern, Schauspielern und Freiberuflern. Ich hörte zu und nahm ihre Stimmung, ihre Gedanken, ihre Weisheit und ihre Menschlichkeit auf. Dies klingt zu schön, um wahr zu sein, ein wolkenloser Himmel, eine frühlingshafte Hoffnung. Mit der Zeit wurde das natürlich zerrüttet, aber da war mein Kiel schon ausgerichtet.

Ich liebte meinen Vater und vertraute ihm, einem großen, stattlichen Mann mit ausdrucksvollem Gesicht. Er strahlte Humor und Menschlichkeit aus, war vernünftig und großzügig, ein geborener Anführer, eine dominierende, mitreißende Erscheinung. Seine Rolle hätte ich mit Spencer Tracy besetzt. Er war begabt ohne eine spezielle Berufung zu haben. Nach dem Abschluss eines Rechts- und eines Wirtschaftsstudiums hatte er sich zur Malerei hingezogen gefühlt und sich zwei Jahre mit Kunst beschäftigt. Er besaß die Fähigkeit, das Wesentliche zu erfassen, nicht nur bei seinen Kohlezeichnungen, sondern auch bei Menschen oder Situationen.

Nach seiner Rückkehr aus dem Ersten Weltkrieg nach vier Jahren als Artillerieoffizier nahm er die sich bietende Chance in der damals rasch expandierenden Filmindustrie wahr. Seine Führungsqualitäten wurden erkannt, bald war er Leiter einer kleineren Firma.

Diese baute er auf und aus und führte sie von einem Erfolg zum nächsten. Er war hoch geachtet und geschätzt.

Trotz des Altersunterschieds von vierzig Jahren standen wir uns nahe. Er hatte großes Vertrauen in mich, eine Ehre, die mir wertvoll war und mich beflügelte. Er ließ mir viel Raum, meinen Weg zu gehen, zu mir zu finden.

Als ich zehn, zwölf Jahre alt war, streiften wir oft gemeinsam durch den Wald, scheuchten Wild auf, erlebten in jenen bewaldeten Bergen über der Donau gemeinsam Sonnenuntergänge und Sonnenaufgänge. Wir gingen noch bei Dunkelheit in den Wald, immer tiefer in die Stille, die Bäume zunächst schwache Schatten, dann unmerklich Form annehmend. Als wir eine Lichtung erreichten, suchten sich die ersten Sonnenstrahlen ihren Weg durch das Blätterdach und die Welt nahm Farbe an. Jenseits des Tales, weiter nördlich, sah man die scharf gezackten Bergketten, in der Ferne noch höhere Berge andeutend. Es war Zeit anzuhalten, für Roggenbrot, Salami, Frühlingszwiebeln und Tee mit Rum. Nun pulsierte der Wald, voll Licht, Vogelgezwitscher, Bewegungen und Geräuschen, leicht und belebend.

Auch wenn sich das Leben meines Vaters in der Stadt abspielte, fühlte er sich dem Land verbunden. Unsere Mietwohnung und später die Villa befanden sich im hügeligen Stadtteil Buda in der malerischen und romantischen ungarischen Hauptstadt. Die beiden ehemaligen Städte Buda und Pest, die die mächtige Donau säumen, waren nun durch mehrere eindrucksvolle Brücken verbunden. Pest, in der Ebene, entwickelte sich zu einer geschäftigen und klar durchstrukturierten Großstadt. Buda mit seiner mittelalterlichen Burg, die auf einem 120 Meter hohen Kalkfelsen oberhalb des Flusses liegt, bildete dazu einen wunderbaren Gegensatz. In der Nähe erhob sich ein zweiter senkrechter Kalkfelsen etwa 250 Meter über der Stadt mit einer Festung, während eine noch höhere, bewaldete Bergkette weiter weg vom Fluss den natürlichen Hintergrund bildete. Budapest war eine kosmopolitische Stadt, ein Energiebündel voll intellektueller und künstlerischer Schaffenskraft, voller Geselligkeit und Geschäftigkeit. Dort bin ich aufgewachsen.

Die Filmstudios, deren Leiter und treibende Kraft mein Vater war, befanden sich auf der Pest-Seite. Charakteristisch für ihn war, dass er alle Beteiligungsangebote für das Studio ablehnte, weil sie seine unternehmerische Unabhängigkeit hätten antasten können. Wir lebten ein sehr angenehmes Leben in der oberen Mittelschicht mit gutem Umgang, mit Büchern und Theater. Bevor mein Vater Mitte der 1930er Jahre Autofahren lernte, hatten wir einen Studebaker mit Chauffeur und fuhren oft zu einer gemieteten Villa etwa 50 Kilometer nördlich von Budapest. Dort verbrachten wir unsere Sommerferien und oft sogar die Wochenenden im Winter. 15 Kilometer weiter nördlich, an einem kleinen Nebenfluss der Donau, dem Ipoly, gelegen, befand sich unser 200 Hektar großes Gut, das von einem Verwalter geführt wurde. Es wurde in intensiver Mischwirtschaft betrieben; dorthin zog sich mein Vater nach dem Zweiten Weltkrieg zurück. Das Land wurde 1949 von der kommunistischen Regierung beschlagnahmt.

So bewegten wir uns also zwischen Stadt und Land hin und her, auch wenn wir die meiste Zeit in der Hauptstadt verbrachten. Auch in der Stadt blickte mein Vater oft in den Himmel, auf die sich zusammenballenden Wolken, und wenn es regnete, bemerkte er immer: „Das tut der Ernte gut." Er pflanzte Obstbäume in unserem Garten in Budapest, Pfirsiche, Kirschen und Aprikosen, pflegte sie, beobachtete ihr Wachstum, wartete auf ihr Erblühen und erntete die Früchte.

Wenn wir gemeinsam im Land unterwegs waren, beobachtete ich seine Umgangsformen, seinen Stil, was er mochte und was nicht, seine Menschlichkeit. Entschlossen und vergnügt rückte er die Dinge zurecht. Statt zu predigen ermutigte er zur Einsicht. Als ich mich als Teenager allwissend fühlte und übertrieben viel in Frage stellte, sagte er mir immer: „Weißt du, als ich so gescheit war wie du …". Oder wenn er mich mit jemandem bekannt machte: „Darf ich Ihnen den Oppositionsführer vorstellen", und dann lächelten wir beide.

Manchmal erkannte man ihn in der Öffentlichkeit als „Mann vom Film" und ein hoffnungsvoller Autor drängte ihm ein Drehbuch auf. Auch wenn er diese Zudringlichkeiten nicht mochte, blieb er höflich und gab mir das Skript zu lesen, bevor er es den Experten im Studio zur Beurteilung weiterleitete. So hatte ich Gelegenheit, mir Geschichten, Plots und Charaktere bildlich vorzustellen, meine Vorstellungsgabe zu trainieren – eine Fähigkeit, die in den folgenden Jahren für mich zu einer Rettungsleine und einer Quelle der Stärke werden sollte.

Ich sah ihn zum letzten Mal im August 1948, als ich mich aufmachte, den Eisernen Vorhang zu durchqueren, um dem Morast des Kommunismus zu entfliehen, mit dem die sowjetische Besatzung Ungarn nach dem Krieg überzogen hatte. Ich war bald neunzehn und er neunundfünfzig. Wir verbrachten den Abend gemeinsam und so viele Stunden der Nacht, wie möglich waren. Wir schwelgten in Erinnerungen, sprachen über dies und das, dann über die sich rasch verschlechternde Lage in unserem Land. Wir überlegten, was die Zukunft wohl bringen würde, voll Hoffnung und Vertrauen darauf – vergebens, wie sich herausstellen sollte –, dass der demokratische Westen eine Möglichkeit finden würde, der rücksichtslosen Bolschewisierung von Mitteleuropa ein Ende zu setzen, bevor es zu spät war. (Wir ahnten kaum, dass nicht einmal die perfekte Gelegenheit zum Beistand anlässlich der ungarischen Revolution acht Jahre später, als über 25 000 Menschen getötet und die sowjetische Präsenz demaskiert wurde, den Westen zur Tat veranlassen würde.) Wir rechneten tatsächlich damit, bald wieder in einem freien Ungarn vereint zu sein.

Am frühen Morgen begleitete mich mein Vater zur Straßenbahn, mit der ich dann zum Bahnhof weiterfahren sollte. Wir gaben uns die Hand, umarmten uns und dann ging er fort, verschwand um die Ecke. Es war ein herzzerreißendes Gefühl, ein Abschied für immer von diesem mir so wertvollen Leben. Ich konnte es nicht ertragen – wollte nur noch einen Händedruck, einen einzigen Augenblick, sein Leben, sein Herz, meine Quelle und meinen Anker fühlen. Sofort hatte ich ihn eingeholt; er drehte sich um und wir umarmten uns wortlos. Wir sollten uns nie wieder sehen. Er starb zehn Jahre später, 1958.

Von diesem Augenblick des Abschieds hatte es früher, in der magischen Welt meiner Kindheit voll Frieden und Sicherheit, keinerlei Vorahnung gegeben. Wie ich mich an der festen, warmen Hand meines Vaters festhalte, genau wie meine Schwester mein Gesicht daran drücke, auf der einen oder anderen Seite dahinhüpfe, diese Erinnerung hat sich mir für immer deutlich eingeprägt. Ich bin dieses Stück auf dem Gehsteig sechzig Jahre entlang gegangen. Wenig hat sich verändert, die Zeit, die Szene warten vergebens auf Wiederholung. Nur ich bin noch da, um mich daran zu erinnern.

Als meine Mutter 1983 starb, hinterließ auch sie eine überlebensgroße Leere. Sie war eine begabte und scharf beobachtende, sanfte Zynikerin, schillernd und genussfreudig. Als geborene Geschichtenerzählerin konnte sie Zuhörer fesseln, auch wenn es um völlig Belangloses ging. Sie war der Mittelpunkt ihres Freundeskreises, geschätzt für ihren Witz und ihre geradlinigen, scharfen Beobachtungen. Es fehlte ihr an Pietät, sie sprach aus, was sie dachte, war aber nie boshaft. Einmal gingen meine Eltern nach einer Theatervorstellung hinter die Bühne, um dem Hauptdarsteller zu gratulieren. Als er sich in eine theatralische Pose warf und vom „göttlichen Funken" sprach, meinte meine Mutter, die leeres Gehabe überhaupt nicht ertrug, er solle sich nicht lächerlich machen.

Es war erstaunlich, wie sie es schaffte, ihre versteckten Botschaften zu übermitteln und dafür noch gemocht zu werden. Vielleicht, weil sie sich selbst nicht allzu ernst nahm und es verstand, mit anderen verschmitzte Komplizenschaften zu schließen. Einmal traf sie zufällig einen Verwandten von uns, der ihr bei einer Tasse Kaffee von den Problemen mit seiner sehr schwierigen Frau, einer Gräfin, erzählte. Da bekannt war, dass er, ein Snob, darauf versessen gewesen war, in die Aristokratie einzuheiraten, machte meine Mutter mit ihren braunen Augen zwinkernd die Bemerkung, er solle nicht vergessen, dass er „diese Schwierigkeiten mit einer Gräfin habe".

Kindern gegenüber war sie nachsichtig, ihr Interesse an ihnen war begrenzt. Sie sah sie, wie sie waren, als unfertige Erwachsene, einige besser, andere schlechter, die sich aber in jedem Fall Vertrauen und Respekt verdienen mussten. Als mich später, in den ersten Jahren auf dem Gymnasium, manchmal ein Freund am Nachmittag zu Hause besuchte, hatte ich immer das etwas unangenehme Gefühl, dass sie explodieren und mich irgendwie in Verlegenheit bringen könnte.

Sie hatte ein erfülltes und bequemes Leben und genoss jede Minute davon. Als die Zeiten später hart waren, hielten sie ihr Schwung und ihr Realismus aufrecht und sie strauchelte nicht. Als Kind blickte ich voll Verständnis und Interesse auf sie – eine seltsame pädagogische Umkehrung. Einmal, als ich vielleicht vier oder fünf Jahre alt war, musste mein Vater mir den Hintern versohlen. Das passierte selten, vielleicht nur dieses eine Mal. Durch irgendeine widerspenstige Aufsässigkeit muss ich eine ausweglose Pattsituation geschaffen haben. Am nächsten Morgen, als mein Vater ins Studio gegangen war, fragte mich meine Mutter, ob ich auf ihn böse sei. Ich fühlte, dass sie sich auf meine Seite schlug, und sagte zu ihr: „Das ist keine Art, ein Kind zu erziehen." Ich erinnere mich, dass sie mir gut gelaunt zugestimmt hatte – man konnte sich immer darauf verlassen, dass sie Einsehen hatte, vielleicht nicht sofort, aber auf jeden Fall mit Charme. Sie war nie nachtragend. Sie war einfach, offen, loyal und unterstützte mich. So war ihr Naturell, es wirkte nie aufgesetzt.

Als sie mich 1974 mit weit über siebzig für drei Monate in Australien besuchte, bot sich mir die wunderbare Gelegenheit, stundenlang mit ihr über die Vergangenheit zu sprechen, das Gefühl für ihr Leben, die Zeiten und die Menschen, die wir gekannt hatten, wieder zu erwecken. Obwohl wir korrespondiert hatten, hegte sie zunächst die Sorge, dass unser Beisammensein nach sechsundzwanzig Jahren und nach all dem, was mir widerfahren war, nicht einfach sein würde. Sie hätte sich darüber keine Gedanken machen müssen.

Weil meine Eltern ein intensives Gesellschafts- und Berufsleben führten, kümmerte sich eine Reihe von Frauen um meine fünfzehn Monate ältere Schwester und mich. Meine Großmutter, eine österreichisch-ungarische, Mensch gewordene Version viktorianischer Rechtschaffenheit, die ihre steiferen äußeren Schichten abgelegt hatte, war eine Quelle der Zärtlichkeit, der Liebe und eine Erinnerung an Tischmanieren. Die Köchin, die zur Familie gehörte, fungierte als gastronomische Mutter und bereitwillige Zuhörerin für meine Albernheiten. Unsere umsorgende, anhängliche und Puh-der-Bär-Geschichten erzählende Kinderfrau war eine weitere Ersatzmutter und in mancher Hinsicht vielleicht besser als die wirkliche. Und schließlich gab es da noch die österreichische Gouvernante, die die Kinderfrau ersetzte, als ich ungefähr vier Jahre alt war. Es war ein gutes Team, auf das meine Schwester und ich aber recht unterschiedlich reagierten. Darum frage ich mich, wie viel ein Kind zu seinen Erfahrungen wohl selbst beiträgt.

Es ist schwer zu sagen, was meine Schwester störte oder warum. Sie war ein begabtes und attraktives kleines Mädchen, schien aber dennoch auf unbestimmte Weise unzufrieden zu sein. Ihre Gleichgültigkeit und ihre häufig sichtbare Abneigung gegenüber ihrem eigenen Geschlecht wirkten sich negativ auf die Beziehungen zu unseren Betreuerinnen aus und fanden später Ausdruck in einer irrationalen Forderung nach Liebe, Erfolg und Bewunderung als ihrem unbestrittenen Geburtsrecht. Manche dachten, sie sei verwöhnt, das ist aber nicht die richtige Antwort. Unsere Betreuerinnen sorgten für uns und ich erwiderte das; sie tat es nicht. Ich hing an so genannten „Übergangsobjekten", vor allem an einem weichen, wolligen Teddybär, der Motsy hieß. Sie tat das nicht. Ich liebte meinen Bären, kuschelte mit ihm und hatte ihn in der Nacht bei mir, und wenn ich tagsüber beschäftigt war, sorgte ich dafür, dass Motsy sicher und bequem lag. Meine Schwester hatte keine derartigen Lieblinge und schien eher mit sich selbst beschäftigt zu sein.

Wir kamen recht gut miteinander aus, vor allem als ich ihren zunächst bestehenden körperlichen Vorsprung aufgeholt hatte und sie mich nur mehr mit Tricks manipulieren konnte. Ich kann nicht behaupten, dass mich die meisten dieser Ränkespiele sehr störten, obwohl ich aus der Haut fuhr, wenn ich bei einem unserer häufigen einfachen Kartenspiele verlor. Nie habe ich gewonnen, und nie habe ich unfaires Spiel vermutet. Natürlich kochte und tobte ich, aber erst Jahre später kam mir der Gedanke, dass sie mogelte.

Rückblickend scheint meine Unschuld grenzenlos gewesen zu sein. Was konnte ich nicht verstehen? Vielleicht, dass wir zwei verschiedene Spiele spielten. Ich spielte Karten, meine Schwester spielte „gewinnen". Schließlich lernte ich natürlich, dass die Menschen oft unterschiedliche Ziele haben, auch wenn diese – manchmal vor ihnen selbst – sehr gut versteckt sein können. Und ich habe erkannt, dass es im Leben diese verborgenen Beweggründe gibt, die wir versuchen sollten zu entdecken.

Einmal, als meine Schwester und ich vielleicht fünf beziehungsweise vier Jahre alt waren, wollte sie mit einem meiner Spielzeuge spielen. Weil sie ihren Willen nicht durchsetzen konnte, schlug sie vor, „Mama und Papa" zu spielen. Ich sollte Papa sein, der zu Hause – eingezwängt zwischen verschiedenen Möbelstücken – wartete, während sie als Mama in der Stadt – einem anderen dafür vorgesehenen Zimmer – ihre Einkäufe erledigte. Ich stimmte diesem Spiel zu, zog mich hinter die Barrikade zurück und wartete geduldig auf ihre Rückkehr. Da ich nun aus dem Weg war, machte sie es sich im anderen Zimmer gemütlich und spielte mit dem von ihr ersehnten Spielzeug, das ich ihr zuvor nicht hatte geben wollen. Nach einiger Zeit, als ich mich bewegen wollte und mir langweilig geworden war, fragte ich, wie lange ich noch ein Papa bleiben müsse. Meine Schwester versicherte, dass sie vom Einkaufen bald wieder zurück sein würde. Als ihr das Spielzeug langweilig geworden war, beendete sie das Spiel. Das war die Art meiner Schwester, sich auf das Gewinnen zu konzentrieren. Sie glaubte, dass kaum etwas anderes zählte und dass sie damit durchkommen würde. Ein Sichtweise, die dazu führte, dass sie bis zum Alter von achtundzwanzig Jahren vier Ehen geschlossen haben sollte, enttäuscht und emotional unsicher

Ich mochte meine Schwester. Wir standen einander altersmäßig nahe und waren fixer Bestandteil im Leben des anderen. Es gab keinen wirklichen Konflikt oder Wettbewerb zwischen uns, vielmehr einen ausgewogenen Austausch und ein Interesse an dem, was der andere tat. Erst als sie vierzehn, fünfzehn war und anfing, Erfolg bei jungen Männern zu haben, begann ich mich über ihre zunehmende Konzentration auf romantische Eroberungen und Ruhm zu wundern. Diese stand in keinem Verhältnis zur Realität, eine Arbeit, einen Beruf zu finden oder sich eine Zukunft aufzubauen, schien nicht wichtig. Während der unruhigen Zeiten zu Kriegsende verließ sie die Schule zwei Jahre vor der Matura, begann eine Affäre mit einem attraktiven jungen Mann, der selbst nicht einmal zwanzig war, und fand sich im Alter von siebzehn verheiratet und als widerwillige Mutter einer kleinen Tochter wieder. Die Ehe hielt nicht, aber ihre Fantasien blieben und so folgten weitere Hochzeiten. Meine Eltern, bei denen sie immer wieder wohnte, und ich, damals schon in Australien, machten uns Sorgen, konnten ihren Lebensstil aber nicht ändern.

Als kleines Kind wollte ich immer gewinnen und konnte leicht zornig werden. Erst mit ungefähr zehn Jahren ließ das nach, nicht durch Unterdrückung, sondern weil ich Mitgefühl entwickelte. Diese Entwicklung hatte Jahre zuvor mit einer beleidigenden Bemerkung von mir begonnen, als ich unsere Köchin, die ich sehr gern hatte, „nur eine Bedienstete" genannt hatte und ihre Tränen bemerkte. Die Monstrosität dieser unüberlegt dahingesagten Gemeinheit fraß sich in mein Herz und ist mit seither immer bewusst geblieben. Seit damals reagiere ich sehr sensibel auf soziale und persönliche Ungerechtigkeiten, Privilegien und Missbrauch, Hilflosigkeit und Erniedrigung und habe immer versucht, in jeder Situation auch die andere Seite zu sehen. Diese prägenden Intuitionen – denn sie waren nicht wirklich durchdacht – erweiterten meine Weltsicht und ermöglichten es mir zu erkennen, dass wir alle gemeinsam, und nicht auf Kosten des anderen, in ihr leben. Als Kind wunderte ich mich, dass niemand dies zu verstehen schien. Auch später, im englischsprachigen Westen, störte mich die auf Gegnerschaft ausgerichtete Mentalität des „wir" gegen „die", die Arbeiter und Chefs in sinnloser Opposition gegeneinander aufmarschieren ließ, wo doch Frieden und ein gemeinsames Ziel im Mittelpunkt hätten stehen sollen.

Meine lebenslange und meist glückliche Beziehung zum anderen Geschlecht begann auf viel versprechende Weise, als ich vier Jahre alt war. Als unsere mütterliche Kinderfrau durch ein attraktives österreichisches Mädchen ersetzt wurde, damit wir Deutsch, die damalige *lingua franca* Mitteleuropas, lernen konnten, erlebte ich ein unerwartetes Vergnügen. Lily hatte rötlich-braunes Haar, ein fein geschnittenes, ovales Gesicht, ein neckisches Lächeln mit einer Andeutung von Spitzbüberei und eine herrliche Figur. Ihre Gegenwart weckte in mir eine ungewohnte Aufregung, die sie zu interessieren und ihr sogar zu schmeicheln schien. Ich kann nicht mit Sicherheit behaupten, dass sie das förderte – vielleicht war sie einfach nur nicht sehr zurückhaltend. Eines Morgens erschien sie nach ihrem Bad mit nichts anderem an als einem winzigen Slip – ich war wie in Trance. Ich erinnere mich, wie sie mich bei dieser elementaren Begegnung ansah, die ich sie ansah und ihre Nacktheit erkannte. Diesen Augenblick sollte ich nie vergessen, es war ein magischer Moment, eine fundamentale Entdeckung. Ich frage mich, ob sie jenen Funken in mir sah.

Meine plötzliche intensive Beschäftigung mit Lily war offenkundig. Kinder können sich nicht gut verstellen und ich versuchte gar nicht, meine Reaktion zu verstecken, ich war mir nicht einmal bewusst, dass ich das hätte tun können. Also wurde es bemerkt. Einige Tage später war Lily, nachdem sie vier oder fünf Monate bei uns gearbeitet hatte, nicht mehr bei uns. Mir wurde nicht gesagt warum – vielleicht dachte ich auch nie daran, zu fragen. Ich erinnere mich noch an mein Gefühl des Verlustes, eine bittersüße Melancholie. Lily wurde natürlich ersetzt; eine Abfolge verschiedener weiblicher Wesen kam und ging, aber nichts konnte mein Interesse an der deutschen Sprache wieder anfachen. Erst viel später, als ich als junger Mann den Eisernen Vorhang durchquert hatte und fast ein Jahr in Österreich war, fand ich jemanden, der mein Interesse wieder belebte und dort weitermachte, wo Lily aufgehört hatte.

Der Schatten des Krieges

Wenn die Sandkiste, der schattige Garten, die felsigen Höhen und unten der Fluss die Szenen meiner frühen Kindheit waren, so spielten sich die Jahre danach in einer geräumigen Wohnung im obersten Geschoss eines Hauses am Fuße einer der Hügel von Buda ab. Meine Schwester und ich hatten volle Bewegungsfreiheit, die Räume waren geheizt und mit Teppichen ausgelegt, es gab Winkel zum Verstecken und Lehnsessel zum Erklettern. Obwohl wir unser eigenes Schlaf- und Spielzimmer hatten, wo wir uns zumindest theoretisch aufhielten, trieben wir uns oft woanders herum, außer wenn Gäste kamen und ein Ausgangsverbot verhängt wurde.

Von unserem Schlafzimmerfenster mit Doppelfenstern und Fensterkissen zum Schutz vor der Kälte konnten wir weit die Straße hinunter und über die Dächer auf das nordwestlich gelegene Bollwerk der Festung von Buda und auf einen Park mit Kirche sehen. Auf der Straße war wenig Verkehr. Die schweren, mit Bierfässern beladenen und von großen belgischen Pferden gezogenen Fuhrwerke beeindruckten uns immer sehr, wie auch die Trupps von Soldaten, die manchmal vorbeimarschierten.

Das Zimmer meiner Großmutter war ein geräumiger Wintergarten, mit vielen Zimmerpflanzen, ein geheimer Zauber wehte dort. Nach dem Abendessen, wenn die Lampen gelöscht wurden, war seine Glaswand ein Sternenbaldachin. Dort hörten wir im Advent gebannt der kleinen Spieluhr zu, die hinter Großmutters Schrank neben dem Fenster versteckt war, und glaubten, wie uns erzählt wurde, dass es ein kleiner Engel war, der diese Musik spielte, die gute Kinder zu Weihnachten hören konnten. Großmutter wohnte sieben Monate im Jahr bei uns. Die übrige Zeit verbrachte sie in ihrem eigenen Haus auf dem Land oder besuchte eines ihrer anderen Kinder.

Wenn die Tage kürzer wurden und die Herbstfarben dem Grau

Platz machten, schienen auch wir uns zu verlangsamen. Unser Alltag drehte sich nun um Spielzeug, Gesellschaftsspiele, Bücher und das Warten auf Weihnachten oder den ersten Schneefall, je nachdem, was zuerst kam. Dann begannen unsere Streifzüge in die Hügel mit dem Schlitten im Schlepptau oder zum Eislaufplatz auf den weiten Tennisplätzen der wärmeren Sommermonate, die nun in Flutlicht getaucht waren, voll schlitternder, stolpernder Aufregung.

Der Höhepunkt der Woche war der Besuch unseres Lieblingsgroßonkels Karoly, des jüngsten Bruders meiner Großmutter, einem kuscheligen Bären von Mann, ein Bär, den man lieb hatte. Er kam immer mittwochs zum Mittagessen zu uns, meine Schwester und ich warteten stets im Vorzimmer gespannt auf sein Eintreffen. Wenn er sich der Wohnungstüre näherte, hörten wir ihn schon brummen, bärische Drohungen ausstoßen und schwören, dass er uns diesmal fangen würde. Wurde ihm dann die Tür geöffnet – nie von uns, denn dann hätte er uns gleich geschnappt –, rannten wir kreischend durch die Wohnung, versteckten uns unter unseren Betten und lauschten, wie er näher und näher kam und versprach, dass er nicht aufgeben würde, bis er uns in seinen Tatzen hätte. Wenn er sich näherte, zitterten wir vor Aufregung und Spannung, und dann stand er in unserem Zimmer, gleich würde er sich auf uns stürzen, es gab keine Möglichkeit zur Flucht. Mit dem Griff seines schweren Spazierstocks fing er an, uns unter unseren Betten hervorzufischen, und dann hatte er uns, wirbelte uns voll Schwung auf dem Parkettboden bis ans andere Ende des Zimmers. Das Spiel änderte sich nie, wurde nie langweilig, noch verringerte das unausweichlich glückliche Ende die Panik bei der Jagd davor. Das Spiel hörte auch nie auf – es war Onkel Karoly, der nicht mehr kam. Eines Morgens schlief er einfach weiter, vielleicht war dies der Bärenabschied, uns aber ließ er mit einem schweren Herzen zurück, einer ersten Ahnung von Sterblichkeit.

Dann gab es die Großtante Anna, die jüngere Schwester meiner Großmutter, die einen österreichischen Geschäftsmann geheiratet hatte, in einer noblen Wohnung am Ring in Wien wohnte und unverkennbar wienerisch wurde. Manchmal besuchte sie uns, und das war immer eine Wonne. Wir gingen in die Freilichtoper auf der Margareteninsel, wir Kinder hinterdrein, glückliche kleine Satelliten, ihre Exaltiertheit und Kultiviertheit aufsaugend. Als wir eines Tages gerade fertig zum Aufbruch waren, sahen wir zufällig, wie sie Lippenstift verwendete. Sie zwinkerte uns zu und bat uns, Großmutter gegenüber kein Sterbenswörtchen davon zu sagen. Großmutter bemerkte es natürlich und wir hörten sie mit schockierter Resignation aufseufzen: „Anna, wirklich."

Der Weihnachtsabend war ein weiterer Höhepunkt. Ein Glöckchen klingelte, die Aufregung war groß, das lange Warten vorüber. Eine Tür, tagelang verschlossen, während sich dahinter seltsame Dinge ereigneten, wurde endlich geöffnet und wir Kinder konnten den glitzernden, von Kerzen erleuchteten Tannenbaum sehen. Wir waren alle versammelt, „Stille Nacht" klang aus dem Grammofon, es gab Geschenke und ein festliches Abendessen zum Abschluss des Tages. Es war herrlich. Doch ich fühlte immer auch einen Hauch von Traurigkeit. Es war die wenn auch noch unbewußte Erkenntnis, dass die Zeit vergeht, dass das Gestern unwiederbringlich vorbei ist – das Geheimniss des Lebens.

Als meine Schwester mit sechs Jahren in die Schule kam, kam ich in den Kindergarten. Das langweilte mich und machte mich ruhelos, ich verstand nicht, warum die fröhliche Beschäftigung mit meinen verschiedenen Baukästen aus Metall und Holz durch den täglichen Besuch in einem Kinderzoo unterbrochen werden musste. Auch die Avantgarde-Schule, in die ich ein Jahr später kam, änderte nichts an diesem quälenden Gefühl. Die Schule war eine exklusive Einrichtung, wo verwöhnte kleine Jungen und Mädchen um verschiedenfarbige kleine Tische saßen, die nach deren Launen täglich getauscht und neu arrangiert wurden. Das wirkte wie eine Verkleidungsprobe mit wenig konstruktiver Arbeit, aber viel Selbstdarstellung.

Die Privatschule mit Rummelplatz hielt einen besonderen Horror für mich bereit: die häufigen Schultheater-Aufführungen, die uns und unseren Eltern aufgezwungen wurden. Wenn diese geistlosen kleinen Produktionen uns die natürliche Scheu vor einem öffentlichen Auftritt nehmen sollten, dann waren sie ein Fehlschlag. Zweimal versuchten sie es mit mir und fanden mich mangelhaft. Eines der Stücke drehte sich um einen kurz zuvor verstorbenen Betrüger, dessen irdisches Dasein eine Abfolge böser Taten gewesen war. Zwölf von uns Siebenjährigen, in weiße Nachthemden und weiße Socken gekleidet, mit einem Heiligenschein aus Draht, der mit Goldfolie umwickelt und über unseren Köpfen schwebend fixiert war, waren das himmlische Gericht, das über sein Schicksal entscheiden sollte. Wir waren ein Heiligenrat, der im Halbkreis auf der Bühne saß, der Schuldige in der Mitte, und jeder Heilige sollte der Reihe nach eine der schrecklichen Taten des Betrügers hervorheben. Ich war der Heilige Johannes und sollte als Letzter sprechen. Meine schlichte Bemerkung sollte alle elf vorherigen negativen Urteile zunichte machen und ihn in den Himmel statt in die Hölle schicken, die ihm eigentlich bestimmt war. Aber dieses kleine Schauspiel hatte einen Haken, denn die Schul-Leitung wusste nicht, dass ich unter keinen Umständen vor einem großen Saal voller Eltern und Verwandten in einem weißen Nachthemd auftreten würde. Ich hatte keinen Plan, war nur wild entschlossen. Als nun die Heiligen im Gänsemarsch auf die Bühne marschierten, versteckte ich mich erst und folgte, als es zu spät war, um erwischt zu werden, als Letzter in Shorts und ärmellosem Unterhemd. Den Heiligenschein und die weißen Socken hatte ich vorsichtshalber angelassen. Was beweist, dass ich nicht den Ablauf durcheinander bringen, sondern nur die Geschichte mit dem Nachthemd auslassen wollte.

Unter großem Amüsement des Publikums nahmen wir die uns zugewiesenen Plätze ein und das Stück begann. Da wurde mir bewusst, dass mein Kostüm etwas seltsam war, aber nun gab es kein Zurück mehr. So sehr ich es auch versuchte, ich konnte meine nackten Knie nicht bedecken. Es war furchtbar, aber ich ertrug es, und als all die schrecklichen Dinge über unseren Mann gesagt waren, sollte ich aufstehen, meinen Satz deklamieren und die Waage zu seinen Gunsten niegen. Ich sollte ihm einen so guten Charakter attestieren, dass er eine Rettung verdiente, die sein glückliches Schicksal hier und jetzt besiegelte. Mein Satz lautete: „Aber er hatte Kindern gern." Es gab keinen Vorhang, der fiel, um meiner Eskapade ein Ende zu bereiten, aber das hätte auch nichts mehr genützt. Das Stück war ein Erfolg, mein Trendsetter-Kostüm ein wertvoller Beitrag. Viele Jahre später wurde ich an dieses kleine Moralstück durch W. C. Fields seltsame Bemerkung erinnert, dass „kein Mensch, der Kinder und Hunde hasst, ganz böse sein kann".

Weil mein Vater eine bekannte Größe in der Filmwelt war, wurde mir nochmals eine Chance gegeben, sogar eine weitere Hauptrolle. In dem Stück kam eine Hierarchie blutrünstiger, gefährlicher Tiere vor, wobei jedes Tier das in der Nahrungskette unter ihm stehende erledigte. Ich war der Löwe an der Spitze der Pyramide, doch dann kam ein Jäger mit einem Gewehr und machte auch mir den Garaus. Das war die Moral von der Geschichte. Ich fiel zu Boden, so täuschend gut, dass ich mich verpflichtet fühlte, das Publikum wissen zu lassen, wie die Sache wirklich stand. Ich bahnte mir meinen Weg auf die Bühne zurück und nahm meine Löwenmaske ab, aber bevor ich zu sprechen beginnen konnte, wurde ich von einem Lehrer weggezogen. Das frustrierte mich zutiefst. Trotz der einflussreichen Stellung meines Vaters war meine Theaterlaufbahn damit zu Ende. Keine weiteren Experimente mit einem Einfaltspinsel meiner Art.

Wenn ich an diese Anekdoten denke, wundere ich mich. Eine Mischung aus Eitelkeit und Dummheit taucht da auf, die vielleicht auf ein tiefer liegendes Identitätsproblem hinweist. Vielleicht war es mir wichtig, dass man wusste, wer ich war, und wollte dieses Bild entschlossen hochhalten. Ganz eindeutig traute ich dem Publikum nicht zu, sich nach dem Stück wieder neu zu orientieren, von der Fiktion zur Realität zurückzukehren. Vielleicht fühlte ich als Kind, dass etwas Wichtiges auf dem Spiel stand, auch wenn meine Korrekturmaßnahmen der Situation ganz eindeutig nicht angemessen waren.

Mein zweijähriger Aufenthalt in dieser Eliteeinrichtung wurde erfreulicherweise beendet, als mein unschuldiges Interesse an einer meiner hübschen kleinen Klassenkameradinnen bedrohliche Ausmaße anzunehmen begann. Eines Tages platzierte ich auf dem Heimweg einen Kuss auf ihrer Wange. Diese bedenkliche Frühreife kam der Schulleiterin zu Ohren, eine verklemmte, rechtschaffene Dame, die derartige Ausbrüche ungezügelter Sexualität nicht zu dulden geneigt war. Als ich am nächsten Morgen in die Schule kam, erwartete mich eine große, finstere Gestalt: der Hausmeister der Institution. Ohne ein einziges Wort zu sagen begleitete er mich nach Hause und übergab meiner Mutter ein Schreiben darüber, was durchgesickert war. Mein Vater, ein Mann mit besonnenem Urteil, ließ sich von der ganzen Sache nicht beeindrucken und schickte mich stattdessen gern in eine öffentliche Schule, wo die Kinder in ordentlichen Bankreihen saßen und zur Abwechslung anständig arbeiteten.

Rückblickend gab es aber etwas Gutes an der Privatschule, die ich gerade verlassen hatte. Jeden Tag hatten wir eine Stunde Englisch und bald wusste ich: „This is the house that Jack built and this is the cat that killed the rat that ate the mouse that lived in the house …" oder so ähnlich. Ein Mantra ohne großen Erinnerungswert, abgesehen von der Tatsache, dass wir den Rhythmus, den Klang und das Gefühl für Englisch in uns aufnahmen, oder zumindest die Version unseres Lehrers davon. Uns mit dem Englischen vertraut zu machen spiegelte meines Vaters weitsichtige Beurteilung der kommenden Entwicklung wider, des politischen Wahnsinns, der sich um uns herum aufblähte, des nahenden Kriegs und seines zu erwartenden Ausgangs.

Gleichzeitig mit meinem Schulwechsel verkauften mein Vater und seine vier Geschwister das recht große Gut meines schon lange verstorbenen Großvaters in Oberungarn, das sie bis zu diesem Zeitpunkt behalten hatten und das als gemeinsamer Betrieb von einem meiner Onkel bewirtschaftet worden war. Mit Ausnahme des Gutshauses und des Parks, der bis zu deren Tod Sommersitz meiner

Großmutter blieb, wurde der ganze Besitz verkauft, denn der Krieg schien unmittelbar bevorzustehen. Ein Glück, denn am Ende des Krieges wäre der gesamte Besitz vom Staat entschädigungslos konfisziert worden. Ich sage „Oberungarn", denn dort lag das Gut, auch wenn mit freundlicher Genehmigung des Versailler Friedensvertrags dieses rein ungarische Gebiet der tschechoslowakischen Republik zugeschlagen worden war. Eine traurige und ungerechte Sache, begangen trotz der von US-Präsident Wilson aufgestellten Bedingung, dass zur Definierung der Grenzen in Europa nach dem Ersten Weltkrieg Volksabstimmungen durchzuführen seien.

Mit seinem Anteil am Erlös kaufte mein Vater einen kleineren Besitz auf der ungarischen Seite der Grenze und auch eine zweistöckige Villa hoch auf den Hügeln von Buda. So stimmte unser Umzug in das neue Zuhause mit meinem Beginn an einer neuen Schule wunderbar überein und ich hatte den zusätzlichen Spaß, mit der Straßenbahn fahren zu müssen, worauf ich mich sehr freute. Die Budapester Straßenbahnen waren dottergelb, attraktiv und effizient. Unsere Busse waren himmelblau und es gab auch eine U-Bahn, die erste auf dem Kontinent. Der Wagen, in dem Kaiser Franz Joseph die Eröffnungsfahrt gemacht hatte, war noch in Verwendung. Auch eine Standseilbahn zur höchsten Hügelkette auf der Budaer Seite gab es, wo sich große Waldgebiete, Wiesen, Hotels, Sanatorien, Sportstätten und ein astronomisches Observatorium befanden. Es gab dort steile Hänge für den Wintersport und eine Schisprungschanze. Sie war hoch, riesig, beim Hinaufschauen wurde einem übel, wenn man daran dachte, dass sich gesunde Menschen freiwillig von dort oben mit hoher Geschwindigkeit in den Raum katapultierten. So erschien mir das als kleiner Bub, als ich den Ort an einem schönen Sommertag einmal besuchte.

Der Umzug in unser neues Haus lief nicht ohne ein sehr persönliches Trauma ab. Beteiligt daran war Motsy, mein vorübergehendes Liebesobjekt, das kleine Wesen, für das ich sorgte, mit dem ich in der Nacht kuschelte und das am Tag weggeräumt wurde. Wie er in mein Leben gekommen war, ist unklar, vielleicht ist er immer schon da gewesen. Etwas später wurde mir ein netter kleiner Spielhund geschenkt, ganz anders als Motsy natürlich, aber auch um ihn musste man sich kümmern, und das tat ich. Die beiden wurden abwechselnd in der Nacht umhegt, tagsüber leisteten sie einander Gesellschaft. Dann kam noch ein seidiger kleinerer Spielzeughund dazu. So entstand eine Dreisamkeit und ich musste einen Rotationsplan fürs Kuscheln einführen, der ganz genau eingehalten wurde. Ich erinnere mich, wie wichtig es für mich und für sie war, gerecht und unparteiisch zu sein, niemanden zu vernachlässigen und niemanden spüren zu lassen, dass ich Motsy zu allererst und am meisten liebte.

So ging es unserer kleinen Menagerie jahrein, jahraus sehr gut, bis zum schicksalhaften Tag unseres Umzugs. Morgens ging ich von unserem alten Haus zur Schule, nachmittags kehrte ich in die neue Villa zurück, aber Motsy und die anderen warteten dort nicht auf mich. Ich fragte natürlich mit einer gewissen Eindringlichkeit und wurde, glaube ich, von meiner Mutter beruhigt, dass sie unterwegs seien. Ein, zwei Tage vergingen, aber sie waren immer noch nicht angekommen. Mit einem mulmigen Gefühl fragte ich wieder, dann noch eindringlicher, eine schreckliche Vorahnung, eine vage Depression und ein Verlustgefühl machten sich in mir breit. Ich bin auf viele Varianten dieser traurigen Geschichte gestoßen, wie sie andere als Kinder erlebt haben. Dann und wann werden der Bär oder die Fetzenpuppe gerettet, aus dem Mülleimer oder sogar dem Feuer geholt, öfter aber setzt sich die elterliche Gefühllosigkeit durch. Der Schmerz ist häufig tief, die Trauer wird verdrängt, taucht aber in irgendeiner nicht wieder erkennbaren Form im späteren Leben erneut auf.

Dies alles geschah Mitte bis Ende der 1930er Jahre. In Spanien herrschte Bürgerkrieg und ich erinnere mich, einen von Hitlers wahnsinnigen Ausbrüchen im Radio gehört zu haben, und an mein namenloses Gefühl düsterer Vorahnung. „Der Mann ist verrückt", meinte mein Vater, „er wird nicht aufhören, sondern uns hineinziehen, jeden Einzelnen." Obwohl ich noch ein Kind war, spürte ich die herannahende Dunkelheit, das Ende unserer sicheren und vorhersehbaren Welt.

Ungefähr zu dieser Zeit sahen meine Schwester und ich einmal eine Wochenschau, vielleicht eine aktuelle Berichterstattung aus Spanien, vielleicht eine Militärübung. Vor einem dunklen, bedrohlichen Hintergrund robbten uniformierte Männer mit schrecklichen Gasmasken und Blechhüten in Gräben, ein raucherfüllter, mit Stacheldraht bewehrter Albtraum. Wir hatten Angst. Ich erinnere mich, dass ich meine Schwester, die sich bei solchen Dingen auskannte, fragte, wie ich beten solle. Sie sagte zu mir: „Du sagst, lieber Gott, mach bitte, dass es keinen Krieg gibt, dass unser Haus nicht niederbrennt, dass Vater und Mutter lange leben und gib uns allen ein langes und glückliches Leben." Nun, es hat Krieg gegeben, unser Haus brannte nieder, unser Vater starb relativ jung, meine Schwester noch jünger, nur meine Mutter lebte lang und mich gibt es noch, fit, gesund und glücklich, wenn ich auch eine sozusagen wechselvolle Reise hatte. Kein schlechtes Ergebnis, zwei von sechs Bitten wurden mir gewährt, ein Spiegelbild des 20. Jahrhunderts.

Als etwas später der Krieg begann und wir Ungarn uns fast zwei Jahre heraushalten konnten, schien es, als ob man auf Pump lebte, ausgeliehene Zeit, und so war es auch. Eingeklemmt zwischen Nazi-Deutschland und dem stalinistischen Russland gab es für Ungarn kein Entkommen. Sogar als wir durch eine inszenierte Bombardierung zwecks Provokation in die Feindseligkeiten hineingezogen wurden, schaffte unsere Regierung irgendwie eine Politik der Ausweichmanöver und minimalistischen Kriegsbeteiligung, zumindest bis März 1944. Zu diesem Zeitpunkt marschierten mehrere deutsche Divisionen ein und installierten eine Marionettenregierung, die Hitler zu Diensten stand. Bis dahin, und sogar danach, erlitt unsere schlecht ausgerüstete ungarische Armee schwere Verluste an der russischen Front, tat aber, was sie konnte in einem hoffnungslosen Kampf, der uns überhaupt nichts anging. Tatsächlich hatte Ungarn keine echte Wahl. Hitlers Krieg gegen die Sowjets nicht mitzumachen hätte die sofortige deutsche Besatzung bedeutet. Dies hätte wiederum zu noch mehr Blutvergießen geführt und den Nazis drei zusätzliche Jahre gewährt, um die ungarischen Juden zu verfolgen und vollständig zu vernichten. Es war eine fürchterliche Situation, in der man nicht gewinnen konnte. Die subversive Kriegsanstrengung unserer Regierung war somit eindeutig das geringere Übel.

Ich erinnere mich, wie ich mich von jemandem verabschiedete, der nach einem kurzen Urlaub an die Front zurückkehrte. Er sah müde und resigniert aus. Er war, wie wir alle, gefangen in jener stählernen Daumenschraube sinnloser Zerstörung. Er kam nie zurück, um die eskalierende Brutalität, die immer größeren Trümmerhaufen und Verluste an Menschenleben, die „neue Ordnung Europas", wie mein Vater Hitlers Gerede sarkastisch wiederholte, zu erleben. Sein Hass und Misstrauen gegenüber den Nazis waren so groß, dass er die Vernichtung des Wochenschauberichts über die kurz zuvor entdeckten Massengräber von Katyn veranlasste. Er dachte, dass diese Gräueltat, die brutale Ermordung von mehreren Tausend kriegsgefangenen polnischen Offizieren, das Werk der Nazis war und dass diese den Russen das Verbrechen in die Schuhe schoben, ein cleverer Propagandatrick, eine zynische Lüge. In diesem Fall hatte mein Vater nicht Recht. Das Massaker ging wirklich auf das Konto der Russen; Stalins Methode, mit „unliebsamen" Menschen umzugehen, war genauso barbarisch wie jene der SS. Auch wenn wir die Sowjets viel besser einschätzen konnten als blauäugige westliche Beobachter, standen uns über vierzig Jahre Erfahrung mit kommunistischer Realität bevor. Für den Lichtjahre entfernten Westen ist dieser Albtraum immer noch etwas Abstraktes, ein Gedankengebäude, das jetzt verblasst und auch langweilt.

Kleopatras Indiskretionen

Der Umzug in unsere Villa in den Hügeln gab uns zusätzliche Freiheit. Jetzt hatten wir wirklich Platz, umherzustreifen, die Kiefernwäldchen und Wiesen ebenso wie die neuen Freundschaften in diesem noch wenig entwickelten Gebiet zu genießen. Es waren robuste, einfache Jungen, eine Straßenbande, genau das, was ich wollte. Fußballbegeistert, mit groben Sprüchen auf den Lippen, ein Abklatsch der Cowboyfilme, die wir liebten. Wir hatten Spaß. Vielleicht war es diese Gruppe von Freunden, ihre ungehemmte Leichtigkeit und Offenheit, die mich meine Schulsachen gleich nach dem Nachhausekommen fallen lassen und die Nachmittage mit ihnen statt am Schreibtisch verbringen ließ. Wir spuckten und schworen und lachten gemeinsam. Ich wurde so unabhängig wie sie. Die Dinge wurden beim Namen genannt und ich dachte nie daran zu fragen, was meine Eltern über mein Tun dachten. Ich glaube, sie sahen es gern, mein Vater vertraute meiner Vernunft, meine Mutter wartete in philosophischer Gelassenheit ab. Alles lief gut, in der Schule und zu Hause. Ich schien keine Führung zu brauchen und es wurde mir auch keine angeboten.

Meine beiden letzten Jahre in der staatlichen Volksschule vermittelten mir eine gute Grundlage. Ich mochte die Schule, kam gut mit und war traurig, gehen zu müssen, als es drei Monate vor meinem elften Geburtstag Zeit wurde, ins Gymnasium zu wechseln.

Etwa zu dieser Zeit begann meine Schwester, die sich zunehmend für Jungen interessierte, in die Tanzstunde zu gehen, und verschaffte mir so einen Logenplatz, von dem aus ich die knospende weibliche Psyche aus erster Hand kennen lernen konnte. Bald wimmelte das Haus von halbwüchsigen, rauchenden Matadoren, Jugendlichen, die versuchten, wie Männer und Frauen von Welt auszusehen. Ich entwickelte eine Abneigung gegen Teenager, die alles außer einander ablehnten, wie ich später lesen sollte. Ich wollte einen Weg finden, meine eigenen Jahre als Teenager zu überspringen. Ich habe nie geraucht, auch nie daran gedacht, es zu versuchen, es genügte, die anderen zu sehen, wie sie vor sich hin pafften. Und der Babyspeck, die Unbeholfenheit in Benehmen, Bewegung, Körper und Geist, all das verlagerte mein wachsendes Interesse hin zu jungen Erwachsenen mit wenigstens einem gewissen Maß an Reife und Erfahrung.

Ich erinnere mich noch gut daran, als ich zum ersten Mal das imposante graue dreistöckige Gebäude betrat, das in den nächsten acht Jahren Teil meines Lebens werden sollte. Wir gingen damals vier Jahre in die Volksschule und danach acht Jahre lang ins Gymnasium. Ich empfand Aufregung, etwas Ehrfurcht und eine seltsam nostalgische Traurigkeit. Mir war bewusst, wie die Zeit verging und dass ich nun in eine Phase meines Lebens eintrat, die ihren Lauf nehmen und später nur mehr eine Erinnerung sein würde. Dieses Gebäude verschlang mich jetzt, aber acht Jahre später würde ich den Pflichten eines Erwachsenen gegenüberstehen, mein Leben gestalten und eine Zukunft aufbauen müssen.

In diesem Alter war ich derartige Überlegungen schon gewohnt, fühlte langfristige Folgen wie Schatten auf Abruf. Ich dachte über das Wesen der Zeit selbst nach, über deren Verlauf und unsere Rolle darin. Ich dachte nach über die Anfänge des Lebens, über unser Bewusstsein und warum Erklärungen zu diesen Fragen in der Summe nicht so überzeugten, dass ich damit zufrieden war. Der jetzt obligatorische Kirchenbesuch führte zu weiteren Fragen, auf die es keine Antworten gab. Meine Kirche war evangelisch, ein Minimum an Getue, Gott sei Dank. Rituale und Symbolismus schienen mir nichts mit dem Geheimnis des Lebens zu tun zu haben. Ich mochte zwei der drei Pastoren, die abwechselnd predigten, auch wenn ich den Eindruck hatte, dass sie nur an der Oberfläche kratzten, anstatt nach der Wahrheit zu suchen. Ich sah aber, dass sie ihr Bestes gaben, und dies zumindest mit Hingabe und Ernsthaftigkeit. Was mich beunruhigte, war ihre Selbstzufriedenheit, ihre Sicherheit, dass alles gut und das Geheimnis der Schöpfung ein offenes Buch sei. Noch dazu stimmten mich die Orgel und der Gesang traurig, sodass ich irgendwie deprimiert, wie mit einer Last beladen, aus der Kirche kam. Diese graue Stimmung umgab mich, bis ich nach Hause kam und unsere liebe Köchin mir alles über das Mittagessen erzählte, das sie vorbereitete.

Für andere war wenig, wenn überhaupt etwas von diesen Vorgängen zu spüren. Ich war körperlich stark, fit, gut gelaunt und aktiv. Zuerst war ich Klassenbester, ohne etwas dafür zu tun. Aus Gründen, die ich nicht ganz erklären kann, strengte ich mich nicht an, weil ich hoffte, mit meinem Hausverstand durchzukommen. Ich passte auf und muss recht viel aufgeschnappt haben, aber nicht genug, um weiter an der Klassenspitze zu bleiben – dafür musste immer mehr gelernt werden. So blieb ich weiter in der oberen Liga, hatte aber nicht den Ehrgeiz, andere zu übertreffen, und tat es auch nicht. Ich hatte brillante Einfälle, verfolgte sie aber nicht. Was bedeutete dieser minimalistische Ansatz? Was versuchte ich zu tun oder zu vermeiden?

Viele Jahre zuvor, vielleicht schon während der Kindergartenzeit, musste ich um meiner Selbstachtung willen andere übertreffen. Mit der Zeit aber fing ich an, die Hässlichkeit dieser Selbstsucht und die versteckte Abhängigkeit von der Wertschätzung anderer, die damit einhergeht, zu sehen. Ich erkannte, wie ich diesen unattraktiven Charakterzug auslebte, und gab ihn auf. Vielleicht spürte ich auch die Gefahr, dass jemand Klügerer oder Stärkerer auftauchen und dieses fragile Selbstbild zunichte machen könnte. Daher strengte ich mich nicht an, ich glitt einfach dahin.

Mein Gymnasium war eine gute staatliche Schule in liberaler österreichisch-ungarischer Tradition. Sie baute auf einer breiten Grundlage auf, mit dem Ziel, allgemein gebildete junge Männer heranzuziehen, die fähig waren, eine gute Wahl ihrer weiteren Studien und Karrieren zu treffen. Niemand wurde gezwungen, sich vorzeitig in bestimmte Richtungen zu spezialisieren, was eine fast irreversible Fokussierung auf das eine oder andere Fachgebiet bedeutet hätte.

Gerade diese Spezialisierung führt zu einer Kultur der Entfremdung, Naturwissenschaftler gegen Geisteswissenschaftler, eine Spaltung, auf die C. P. Snow als Erster hingewiesen hat.

Als ich Jahre später in angelsächsischen Ländern lebte, wurde ich Zeuge dieser zur Verarmung führenden institutionalisierten Fragmentierung und konnte nur dankbar für mein Glück sein, gebildet und nicht ausgebildet worden zu sein. Der Gedanke, nicht einmal die Hälfte der eigenen Kultur zu verstehen, zu voneinander losgelösten und loslösenden Fachgesprächen gezwungen zu werden und der Verlust des Überblicks, den die Schule uns vermitteln sollte, sind erschreckend. Viele Jahre später, als ich als Psychologe in Australien arbeitete, wurde ich häufig Zeuge dieser Qual junger Menschen und ihrer Eltern, vorzeitige und dennoch verbindliche Entscheidungen über die Ausbildung treffen zu müssen. Für mich war das eine neue Form der Barbarei, eine Unterbrechung des Austauschs von Ideen und Einsichten, der so wichtig ist für die politische Kultur in einer gut informierten, zivilisierten Gesellschaft.

Uns hingegen wurde geholfen herauszufinden, wie die einzelnen Puzzlestücke zusammengehörten, die Verbindung von Fakten, den Sinn von allem zu erfassen. Ziel war es, Menschen heranzubilden, die in der Lage waren, Zusammenhänge zu erkennen, einen Beitrag zu leisten und überhaupt teilzuhaben an unserer Kultur. Ich glaube nicht, dass dies je explizit ausgesprochen wurde, das war auch gar nicht nötig. Während unserer acht Jahre arbeiteten unsere Lehrer mit uns mit diesem Wissen im Hintergrund. Abgesehen von unserer Muttersprache Ungarisch und verschiedenen Bereichen der Mathematik lernten wir drei Sprachen: Latein, Deutsch und Französisch. Wir hatten Unterricht in Geschichte – antike, mittelalterliche und moderne – sowie in Kunst und Kunstgeschichte; weiters in den wichtigsten Zweigen der Naturwissenschaften, in Geografie, Geologie, Botanik, Zoologie, Biologie, Mineralogie, Chemie und Physik.

Unsere Lehrer waren Fachleute auf ihrem Gebiet und von ihrer Arbeit erfüllt, viele von ihnen heiß geliebt und geschätzt, Charaktere, an die man sich lange mit echter Zuneigung erinnerte. Die Lehre war Berufung, nicht Beruf. Obwohl es Disziplin gab, war die Schule kein Gefängnis und körperliche Züchtigung nicht notwendig. Den individuellen oder kollektiven Missbrauch, der, wie man liest, immer schon zur englischen Privatschule gehört hat, gab es nicht. Unser Benehmen war gut, auch wenn es viel Spaß und Streiche unter uns Jungen gab, die hie und da überschäumten und zufällig Lehrer miteinbezogen. Es herrschten Humor und Menschlichkeit; Sadisten, kontrollierte und andere, begegneten uns nur in Büchern. Ein sehr beliebter Geschichtslehrer war groß, hatte einen watschelnden Gang, war ein Fachmann mit immensem Wissen über Leben und Geschichte. Wenn er die Klasse betrat, schlug er uns zum Beispiel vor, dass alle, die nicht interessiert waren, aufstehen und im Turnsaal Tischtennis spielen könnten, weil wir uns an diesem Tag mit den Folgen von Kleopatras Indiskretionen und dergleichen beschäftigen würden, und dafür brauchten wir kein gelangweiltes Publikum. Natürlich blieben wir alle, und es lohnte sich. Jede einzelne Unterrichtsstunde war fesselnd, wir waren privilegiert und wussten es.

Da wir alle diese bereichernde Prägung genossen hatten, verstreute sich die Klasse auch nach der Matura nicht wirklich, sondern entwickelte sich zu einem Netzwerk treuer Freunde. Mehr als fünfzig Jahre danach sind wir immer noch wie eine erweiterte Familie. Natürlich starben viele, die dazwischen liegenden Jahre sowjetischer Herrschaft waren eine schwere Bürde und die Anspannung verlangte ihren Tribut. Aber als ich nach fünfzigjähriger Abwesenheit unerwartet unter ihnen auftauchte, war ich von der Herzlichkeit des Empfangs und dem unbeschädigten Band, das uns zusammenhielt, überwältigt. Nach unserer Matura 1948 und nach Verlassen des Landes stand ich noch etwa drei Jahre lang mit meinen engsten Freunden in Briefkontakt. Dieser hörte dann auf, zum einen aufgrund meines Unfalls, zum anderen aber auch, weil es politisch riskant war, Kontakt zu Menschen im Westen zu haben. Vernünftigerweise begannen wir zu schweigen und wussten, warum.

Obwohl ich mich gut mit meinen Klassenkameraden verstand und bei allen Späßen mitmachte, hatte ich das Gefühl, nicht richtig dabei zu sein. Dies fiel mir erstmals in Zusammenhang mit der Klassendisziplin auf. Wir hatten ab acht Uhr Unterricht, Einheiten zu je fünfzig Minuten mit zehnminütigen Pausen dazwischen, bis ein oder zwei Uhr nachmittags, auch am Samstag, damals gab es für uns keine zweitägigen Wochenenden. Eine Glocke läutete den Anfang und das Ende der Pause ein, und bevor der Lehrer tatsächlich die Klasse betrat, dauerte es einige Minuten. Zwei Jungen sollten im Rotationsprinzip nach alphabetischer Reihenfolge dafür sorgen, dass es relativ ruhig war und der Lehrer von einer gesitteten Klasse ordentlich begrüßt wurde. Soweit die Theorie. In der Praxis herrschte ein Durcheinander, die Gänge hallten vom Lärm wider.

Nach einem Monat hatte unser Lateinlehrer genug davon. Er sah sich suchend in der Klasse um und zeigte auf mich. „Dich, mein Sohn", sagte er, „mache ich für dieses Durcheinander verantwortlich. Sorge dafür, dass dieser Zirkus nicht mehr vorkommt." Leicht verärgert, ein unlösbares Problem am Hals zu haben und von den Scherzen ausgeschlossen zu sein, die ich ebenso genoss wie die anderen, übernahm ich die Aufgabe. Ich weiß nicht, wer mehr erstaunt war über diese plötzliche Veränderung, die Klasse, der Lehrer oder ich. Noch verstehe ich nicht richtig, was geschah. Ich ging nach vorn, stand auf dem Katheder, schaute auf die Klasse und sagte: „Also, Leute, seid jetzt still", und sie waren still, so einfach war das. Die Folge subtiler Gruppendynamik, vielleicht eine gewisse Schimpansenpolitik, aber es funktionierte. Da muss eine seltsame Chemie aus Entschlossenheit und Standfestigkeit mitgespielt haben, die anerkannt wurde. Etwa eineinhalb Jahre später bat ich den Lehrer schließlich, mich von dieser Aufgabe zu entbinden. Einerseits hatte ich genug davon, da draußen in lehrerhafter Pose zu stehen, viel wichtiger aber war, dass ich diese letzten Minuten vor dem Unterricht dringend brauchte, weil ich am Nachmittag davor die Zeit, die ich eigentlich mit der Unterrichtsvorbereitung hätte verbringen sollen, mit meinen Kumpanen in den Hügeln Fußball gespielt hatte. So wurde ich diesen Job los und mein Ersatz war ein sofortiger Reinfall. Auch wenn ich mir etwas schäbig vorkam, empfand ich doch eine gewisse Befriedigung.

Georg, ein Banknachbar, war Jude, ein intelligenter, liebenswerter Knabe. Ich war mit ihm und auch mit Erwin, seinem Glaubensgenossen, einem hübschen, ein wenig verwöhnten, sehr geliebten Kind, eng befreundet. Es war in den Kriegsjahren, natürlich, und die Tendenz der Politik hin zu Verfolgung hätte den Pöbel – immer bereit, die Verwundbaren und Exponierten zu unterdrücken – durchaus in Scharen auf den Plan rufen können. Tatsächlich gab es frühe Anzeichen derartiger Tendenzen, spöttische Bemerkungen, Sticheleien und schwer definierbare Dinge, Unterschwelligkeiten in der Gruppendynamik, bei denen das Potenzial für eine Eskalation spürbar wurde. Dennoch, vielleicht aufgrund meiner Anwesenheit, berührte nichts davon diese Jungen oder gefährdete deren geistige und körperliche Sicherheit. Viele Jahre später, bei unserem Maturafest, nahmen mich Georg und Erwin beiseite, um mir für meine Freundschaft zu danken, die ein Sicherheitsschild für sie bedeutet hatte. „Solltest du je in deinem Leben Hilfe brauchen", sagte Erwin bewegt, „wende dich an uns, verlass dich auf uns." Ich war gerührt, aber auch überrascht, weil ich mich nicht erinnern konnte, in dieser Sache je etwas Großartiges oder Heldenhaftes getan zu haben. Doch ich spürte, was er meinte. Es war ein Band der Freundschaft, wertvoll und bleibend. Viele Jahre später ließ mich Georg, der immer noch in Budapest wohnte, vom Roten Kreuz suchen, um brieflich wieder mit mir in Kontakt zu treten. Ich hätte diese Verbindung gern aufgenommen und es tat mir sehr Leid, als ich von seinem plötzlichen Tod erfuhr. Erwin ist eine andere Geschichte. Ihn sehe ich häufig; wie erwartet ist er ein großartiger Mensch geworden und wir stehen uns sehr nahe.

In jenen tumultartigen Jahren vor, während und nach dem Zweiten Weltkrieg aufzuwachsen, bescherte mir einen Crashkurs in

Geschichte. Er reichte von den allerletzten Jahren des Feudalismus zum Faschismus, dann ein flüchtiger Blick auf die Demokratie, dem linke Kontrolle und der widrige Wind drohenden Terrors folgten. Ich lernte viel, sah viel – alles lag offen vor mir.

Es gab natürlich auch gute Zeiten. Verträumte Sommer, glückliche, sorglose Tage am Fluss. Ein Freund, ein geschickter Bastler, konstruierte einen genialen Mast und eine Takelage für unser Kielboot – die Touring-Version eines Rennrumpfes, breiter, viel offener und robuster, aber mit den gleichen Rollsitzen und den dazugehörigen Rudern. Meiner Mutter wurde klargemacht, wie wichtig es war, uns ein großes Bettlaken zu schenken, und es konnte losgehen. Eigentlich wurde ihr gar nichts klar, sie hatte nur genug von meiner Bettelei und wusste meine verbalen Bemühungen zu schätzen. Letztlich gab sie gern nach.

Das Segel war ein großer Erfolg. Damit folgten wir dem Südwind, der uns flussaufwärts trug. Das leichte Boot flog geradezu dahin. Die ruhige Nachtluft wurde zu einer leichten Morgenbrise, mit der höher steigenden Sonne kräuselte der Wind die Wasseroberfläche und wurde allmählich recht böig. Gegen Ende des Sommers verschwand der Frühjahrstreibsand fast zur Gänze, das Wasser nahm einen grünlich-blauen Glanz an, wo die Sonnenstrahlen die Wellen durchdrang. Es war toll und begeisternd.

Andere Male gelang es uns, ein Seil am Ende eines flussaufwärts fahrenden Lastkahn festzumachen, der von einem starken Schlepper gezogen wurde, zumeist einem kräftigen, mit Kohle betriebenen Raddampfer. Nach einigen Kilometern schnitten wir uns dann los und glitten mit der Strömung hinunter, ausgestreckt im Boot liegend, Tagträumen nachhängend, das tiefe Wasser unter uns und die weißen Wattewolken über uns beobachtend. Es war warm, wir waren frei und sorglos. Gegen Ende des Krieges war der Fluss, der Transportweg für die rumänischen Öllieferungen nach Deutschland, von Minen übersät. Diese überall lauernde Gefahr hatten wir immer im Hinterkopf. Ich habe dieses Gefühl der Bedrohung aus der Tiefe all die Jahre hindurch mit mir herumgetragen. Immer wenn ich ins Meer gehe, macht es sich in meinem Unbehagen vor Haien bemerkbar. Mein Gefühl übersteigt die Sorge der meisten Australier und führt mich immer zu jenem letzten turbulenten Sommer zurück.

Im letzten Kriegsjahr flogen die Alliierten viele Luftangriffe gegen Ungarn. Die Bombardierungen von Budapest begannen. Von unserem etwa 45 Kilometer von der Stadt entfernt gelegenen Wohnort aus konnte man die Nachtangriffe beobachten. Die Suchscheinwerfer kämmten den Himmel ab, die Leuchtspurgeschosse der automatischen Flakfeuer stiegen wie gepunktete rote Linien immer höher in den Himmel. Ein seltsames Feuerwerk, schön, wenn man es ohne jeden Zusammenhang betrachtete.

Die etwa fünf Kilometer entfernte Eisenbahnbrücke wurde oft, aber erfolglos angegriffen, stattdessen wurde ein nahe gelegenes Kieswerk getroffen. Eine riesige Staubwolke wurde aufgewirbelt, die einige Minuten später von der nächsten Bomberstaffel als Ziel angesehen wurde. Da aber hatte heftiger Wind die Wolke schon eineinhalb Kilometer weiter auf offene Felder zu getrieben, die dort von einer Landstraße durchquert wurden. Nun wurde dieses Gebiet bombardiert, ein Blindgänger schlug in der Straße ein und blieb monate-, vielleicht sogar jahrelang dort liegen. Mit unseren Fahrrädern mussten wir oft daran vorbeifahren, und auch wenn wir uns daran gewöhnten, hielten wir doch den Atem an und fuhren schneller, bis wir die Stelle glücklich passiert hatten.

Im August und September 1944 begannen lange Flüchtlingstrecks – Siebenbürger Sachsen, die vor den Russen flohen – die Straßen zu verstopfen. Sie kehrten nach Deutschland zurück, das sie vor siebenhundert Jahren verlassen hatten, um sich dort in den lieblichen Tälern der dunklen, von Kiefern bedeckten Berge niederzulassen. All dies gehörte zu der immer größeren Umwälzung, dem steigenden Tribut an vernichtetem, zerrissenem Leben, Hitlers neuem Europa, einer verfluchten Wirrnis.

Zwei Türen weiter von unserer am Ufer gemieteten Villa lebten meine Sommerfreunde. Zwei vife Jungen, die etwas älter waren als ich, mit einer jüngeren Schwester im Schlepptau, einem hübschen Mädchen, alle drei gläubige Katholiken. Wir diskutierten über Religion, Sünde und Sex, der nun im Hintergrund immer da war, nicht offen angesprochen, aber trotzdem da. Gemeinsam fuhren wir zu unserem 15 Kilometer entfernten Bauernhof am Ipoly, aßen einen uralten Kirschbaum leer, der außergewöhnlich groß war und saftige, dunkelrote, übergroße Früchte trug. Wir drei Jungen wetteiferten, wer am meisten Kirschen auf einmal in den Mund stopfen und essen konnte, ohne die Kerne auszuspucken oder zu verschlucken.

Damals hatten wir ein Motorrad, eine 125-Kubik-Maschine, da ich aber aufgrund meines Alters noch keinen Führerschein besaß, fuhr ich damit meistens nur in unserem Garten, wo wir Rennstrecken mit scharfen Kurven anlegten. Wir fuhren damit auch im unebenen Waldgelände und am Flussufer, wenn der Fluss wenig Wasser führte und zehn bis zwölf Zentimeter unter der Wasseroberfläche einige Sandbänke auftauchten. Wir waren sehr schnell, hohe Wasserfontänen spritzten rund um uns auf. In jenem Jahr beaufsichtigte ich das Dreschen auf unserem Hof, vier Tage voll staubiger, lauter, fröhlicher Arbeit, Abwiegen und Tragen von schweren Weizensäcken. Ich mochte die Landarbeiter, aß gemeinsam mit ihnen und wurde von ihnen akzeptiert. Für einen Stadtjungen war das eine tolle Sache.

Einige Jahre zuvor war ich zu den Pfadfindern gegangen. Als ich in meiner brandneuen Uniform, tipptopp aus dem Ei gepellt, dastand, machten sich die anderen Pfadfinder über mich lustig, bis auch meine Kleidung langsam Spuren von Abnützung zeigte. Ich fuhr auf zwei Lager mit, eines im weit entfernten Siebenbürgen. Es war hoch in den Karpaten, sogar im Frühsommer konnte man in der Ferne die schneebedeckten Berggipfel sehen. Manchmal heulte irgendwo ein Wolf, es gab dunkle Wälder mit alten Kiefern, eiskalte Gebirgsbäche und plötzlich hatte ich Heimweh. Ich hatte es gut zu Hause, dachte ich, ich sollte das mehr zeigen und beschloss, bei meiner Rückkehr brav zu sein. Also tat ich, was mir gesagt wurde, war ordentlich, höflich, hilfsbereit, zuvorkommend und gab keine frechen Antworten. Bald wurden alle nervös. Ich aber glühte vor goldener Rechtschaffenheit und verstand die Irritationen, die ich damit auslöste, nicht. Etwa eine Woche lang hielt ich dieses makabere Spiel guten Benehmens durch, dann, in einem unachtsamen Augenblick, kam der Rückfall und ich verfiel wieder auf mein normales Niveau von Unheiligkeit. Alles war wieder gut, ich wurde geliebt, gerügt und in Ruhe gelassen – meist in Ruhe gelassen – und das funktionierte gut.

Ich spielte unaufhörlich, geistig und körperlich, damals und später, bis heute. Eines Tages wandte sich mein Vater an mich und sagte: „Mein Sohn, etwas stimmt mit dir nicht, du hörst nie zu spielen auf." So weise er war, so Recht er auch in vielen Dingen hatte, in diesem Fall hatte er in zwei Punkten Unrecht. Bei mir stimmte mehr als nur eine Sache nicht, aber das Spielen gehörte nicht dazu. Mein Spielen war etwas anderes, wichtiger, als es den Anschein hatte. Es war Ausdruck ständigen Hinterfragens, ein Drang zum Experimentieren, die Suche nach neuen Blickwinkeln, nach einem anderen Standpunkt, einer besseren Lösung, Ausdruck dafür, nichts physisch oder mental als gegeben hinzunehmen. Ich drehte die Dinge ständig um und visualisierte sie, versetzte ich mich in Situationen, versuchte genau zu verstehen. Ich suchte nach Mustern, wie die Dinge funktionieren, und ich wurde gut darin. Ich ahnte kaum, wie praktisch diese Begabung einmal für mich sein sollte, dass sie mein Leben retten würde, weil sie mir ein Ziel gab. Als mir Jahre später die Maske auf mein Gesicht gebunden, als die Welt unsichtbar wurde, war ich darauf vorbereitet. Meine Leidenschaft für das Rätselraten konnte nun ins Zentrum rücken. Wieder drehte ich die Dinge um, ging das Rätsel der Rätsel von innen an, das jahrhundertelang dem Rätselraten von außen widerstanden hatte.

Schatten auf „sonnenbeschienenen Höhen"

Der Krieg rückte immer näher, sowohl geografisch, als auch – noch stärker – im politischen Sinne. Fast unmerklich wurden wir in eine Krise hineingetrieben. Der Beginn der deutschen Besatzung ein Jahr vor Kriegsende brachte den ganzen Abschaum an die Oberfläche, der immer bereit und willig ist, die Drecksarbeit der anderen zu erledigen. Auf Hitlers Befehl begann die Verfolgung der Juden in Ungarn. Von Adolf Eichmann organisiert und überwacht, kam es immer öfter zu Deportationen. Dann, Ende 1944, drei Monate vor dem Ende des Krieges und damit auch dem Ende des ungarischen Staatsoberhauptes Reichsverweser Horty, der einen Separatfrieden angestrebt hatte, wurde die extreme Rechte aktiv. Horty wurde von der SS gefangen genommen und nach Deutschland gebracht. Und während eine von den Sowjets unterstützte Militärregierung im Osten kämpfte, um die Nazis zu vertreiben, herrschte weiter im Westen, noch unter deutscher Kontrolle, weitgehende Rechtlosigkeit, gemein und willkürlich. Bewaffnete und uniformierte Schlägertrupps übernahmen die Macht und jeder war sich selbst der Nächste. Die Stadt und das Land versanken in Finsternis, Angst und zunehmend düsteren Befürchtungen. Die Gerüchteküche brodelte. Es kam zu Gräueltaten, Plünderungen und es gab keinen Weg aus der Drangsal. Zusätzlich brach der Winter herein und die Unsicherheit wurde mit jedem Tag bedrohlicher. Wir saßen in der Falle und auch das Licht am Ende des Tunnels, das Ende des Krieges, leuchtete nur schwach. Bald waren Gewehrschüsse in der Ferne zu hören. Am Weihnachtstag war die Stadt von sowjetischen Truppen eingeschlossen. Die Einkesselung Budapests begann.

Der Westen reagierte auf diese Vorgänge weitgehend verständnislos: Viele Menschen denken in Filmausschnitten, in Wochenschauberichten. Einige Explosionen und Gewehrfeuer, das eindeutig Gute kämpft gegen das eindeutig Böse und überwindet es. Eifrig überziehen Flugzeuge, an deren Steuer ehrbare Rächer sitzen, das Land mit Bombenteppichen, Hintergrundmusik unterstreicht das Pathos. Die moralische Überlegenheit wird nie angezweifelt, der Marsch zu den sonnenbeschienenen Höhen von Freiheit und Demokratie geht unablässig weiter.

Die Realität sieht anders aus. Die Filmausschnitte blenden Wochen, Monate und Jahre grauer Angst, Jahre von Elend und Ermattung aus. Solschenizyns Wahrheit, dass „die Linie zwischen Gut und Böse jedes menschliche Herz in der Mitte spaltet", wird spürbar. Masken werden weggerissen, Persönlichkeiten lösen sich auf, Freundlichkeit und Gleichgültigkeit werden unberechenbar, gleichzeitig gibt es immer mehr Schmutz und Zerfall. Die Unverschämtheit kommt ans Ruder. In den letzten Augenblicken, Stunden, bevor die *Titanic* sinkt, werden Flaschen und Lager geleert, als gäbe es kein Morgen. Ich war damals erst fünfzehn, ein Beobachter und leicht zu beeindruckender Zuseher. Es war ein frenetischer Maskenball, für dessen trauriges Ende zu Mitternacht niemand die Regieanweisung schreiben konnte.

Die Nazis setzten meinen Vater wegen seiner liberalen Haltung und seiner jüdischen Freunde auf die schwarze Liste. Mein Cousin wurde gefangen genommen und nach Deutschland deportiert, weil er aus politischem Protest den gelben Davidstern angesteckt hatte. Daher begrüßten wir die Einkreisung der Stadt durch die Russen und erhofften uns davon Erleichterung. Einige Monate zuvor waren mein Vater und ich zum Haus meiner Großmutter auf dem alten Familiengut gefahren, um uns zu verabschieden und einige Erinnerungsstücke in Sicherheit zu bringen; wir wussten nicht, dass Feuer und Zerstörung auf sie warteten. An einem milden und ruhigen Herbstnachmittag standen wir am Grab meines Großvaters auf dem kleinen Friedhof am Hügel. Von dort aus konnten wir den Park, das Gutshaus, den sich dahinschlängelnden Fluss, das von meinem Großvater gepflanzte Akazienwäldchen, die Weiden am Wasser und die fruchtbaren braunen Felder rundherum ausmachen, die Sonne ging gerade unter. Keiner von uns beiden würde diesen Anblick je wieder erleben.

Mein Vater sollte dreizehn Jahre später sterben, ich besuchte den Ort das nächste Mal fünfzig Jahre später, im Jahr 1994, gemeinsam mit meiner Frau Dawn. Durch ihre Augen sah ich die Gegenwart wie sie durch meine die Vergangenheit. Die heutige und die vergangene Welt wurden für uns beide wieder lebendig. Vom Park und dem Gutshaus meiner Großmutter ist nicht mehr übrig. Die quadratische Einfriedung des Grabsteins mit einem schmiedeeisernen Zaun und jeweils einer Zypresse an den Ecken entging der Zerstörung. Der Fluss schlängelt sich noch immer in seinem alten Bett von den Bergen im Norden nach Süden, wo er in die Donau mündet. Die landwirtschaftlichen Gebäude stehen ebenso noch wie der kleine Weiler, dessen Namen ich trage. All dem haftet eine zeitlose Flüchtigkeit an, die Biografie eines Volkes, einer Familie, eines Zeitalters, ungeschriebene Erinnerungen, deren Wächter selbst schnell vergehen. Das Erbe eines gewalttätigen Jahrhunderts.

Wie stemmt man sich gegen die Flut, bewahrt Standfestigkeit in all dem Chaos, welches das Leben in unvermeidbare Verwirrung stürzt? Jene, die sich in Sicherheit, außer Reichweite und fernab der Vorkommnisse befinden, begreifen nur selten, wie hilflos wir alle in der Sturmflut der Geschichte sind.

Zu Weihnachten 1944 saßen wir also an der Frontlinie fest, als der russische Vormarsch auf dem Hügelkamm etwa 100 Meter von unserem Haus entfernt zum Stillstand kam. Sie hätten weiter vorrücken können, wollten aber ihre Nachhut sichern, weil das Gerücht umging, die deutschen Divisionen planten, die Einkesselung zu durchbrechen und ihre Kameraden zu retten. Ein sechswöchiges Patt begann. Die Deutschen hielten unsere Straße als ihre Frontlinie. Die Russen überzogen immer wieder alles mit Gewehrfeuer aus ihren Handfeuerwaffen und mit Antipersonenbomben. Die deutsche Flak schoss als Antwort darauf einmal zu kurz und zerstörte das oberste

Stockwerk unserer Villa, während gleichzeitig Mörserbomben eindrangen und weiteren Schaden anrichteten. Es herrschte ein ohrenbetäubender Lärm. Wir waren angespannt und ängstlich, außerdem hungrig, durstig und schmutzig.

25 Menschen befanden sich zusammengepfercht in unserem Kohlenkeller, manchmal mit Kerzenbeleuchtung. Da Winter war, lag Schnee, den wir nachts im Schutze der Dunkelheit hereinschaufelten, um etwas Trinkwasserähnliches daraus zu machen. Ein weiteres Problem war das Essen. Sobald die wenigen Einmachgläser leer gegessen waren, blieben nur mehr Zwiebeln und Zwiebelsuppe. Wir waren nicht darauf eingestellt, so lange eingesperrt zu sein, und auch nicht darauf, gezwungenermaßen Nachbarn aufzunehmen, die von den Deutschen zu uns getrieben wurden, weil diese sie aus dem Weg haben wollten. Wir saßen meist in der dunklen, dumpfen Kälte herum. Aus einem unbekannten Grund feuerten die Deutschen einen Warnschuss durch die Metalltür in den Keller ab; das Loch und die Kugel, die im gusseisernen Boiler, von dem sie gestoppt wurde, steckt, sind noch immer zu sehen. Schließlich wurde das ganze Haus in Brand gesteckt. Wir bemerkten es allerdings erst, als die Decke warm und die Temperatur erstmals angenehm wurde. Die Betondecke des Kellers schirmte uns von dem Inferno ab.

Nach sechs auf diese Weise zugebrachten Wochen waren die Russen am Zug. Der sporadische Beschuss der vorangegangenen Wochen wurde zu einem scharfen, anhaltenden Crescendo. Dann kam alles in Bewegung, rasches Trappeln von Füßen und Geschrei. Die Vorhut der Roten Armee tauchte auf, kritische Augenblicke, unkalkulierbar, irrational, das Leben hing am nervösen Finger eines Abzugs, Übelkeit erregend, albtraumartig. Ein schmutziger Soldat unbestimmbaren Alters mit Stahlhelm schwang ein Gewehr mit Bajonett, fast ebenso ängstlich wie wir bei diesem ungeplanten Aufeinandertreffen im Keller. Er sah sich schweigend und misstrauisch um, suchte nach Deutschen, aber die waren verschwunden. Sekunden später folgten bullige, laute Rüpel, die kaum Interesse für uns zeigten und sich bald an die Verfolgung des im Rückzug befindlichen Feindes machten. Wir waren erleichtert und wie betäubt, ziellos und verwirrt. Was nun? Wir konnten vielleicht kommen und gehen, aber wohin und warum?

Die Nachbarn gingen nach und nach ihrer Wege und so verstrich ein Tag. Was sollten wir im Untergeschoss des ausgeweideten Gebäudes anfangen, diesem Ziegelhaufen und den nur mehr zur Hälfte stehenden Wänden unseres ehemaligen Zuhauses? Es gab kaum mehr Spuren unserer menschlichen Behausung: ein einziges kleines Stück gebogenen Metalls, das mich an meine Modelleisenbahn erinnerte, vereinzelte Scherben kaputten Steinzeugs inmitten von verkohltem Staub- und Ziegelschutt, darüber der kalte, graue Himmel. Ich kletterte in dieser neuen Ruine herum, ließ alles auf mich wirken, staunte, ihr früheres Aussehen noch frisch im Gedächtnis, die Möbel, die Dinge unserer Existenz, alles spurlos verschwunden. Jahre später, als ich allein durch die verlassenen Straßen von Pompeji spazierte, still in den mit Schutt gefüllten leeren Räumen saß, hatte ich ein ähnliches Gefühl, aber 1945 war die Vergangenheit nur einen Herzschlag und nicht Jahrtausende entfernt.

Wir mussten fort und so machten wir uns mit ein paar Habseligkeiten auf den Weg über schneebedeckte hohe Hügel und durch Täler, dorthin, wo wir glaubten, Unterschlupf zu finden. Nach einer Nacht in einer geplünderten, verlassenen Villa ruhten wir uns im Haus eines alten Freundes aus. In dieser Gegend standen die Häuser noch, aber es herrschte noch Krieg. Überall Truppen der Roten Armee, viel Bewegung, Lärm und Bedrohung. Sie lächelten nicht. Wir Zivilisten versteckten uns wie unerwünschte Ratten, versuchten nicht aufzufallen, versuchten geduldet zu werden.

Die Belagerung Budas befand sich in ihrer Endphase. Die deutschen Streitkräfte unternahmen einen Ausbruchsversuch durch einen unterirdischen Kanal, etwa einen Kilometer von uns entfernt; der Versuch scheiterte. Es gab viele Verwundete auf beiden Seiten und in dem in aller Eile in der kleinen Volksschule eingerichteten Feldlazarett wurden freiwillige Bahrenträger gebraucht. In der Hoffnung, etwas Nahrung für uns zu ergattern, ging ich hin. Hastig waren zwei Klassenzimmer eingerichtet, Bänke zusammengeschoben worden, nackte Matratzen dienten als Operationstische. Ein kleiner Kohleofen in der Ecke milderte die Kälte des Spätwinters ein wenig. Alles war einfach, rasch, unsentimental und entscheidend. Ungeschlacht aussehende Männer, nicht zu unterscheiden von den anderen Frontsoldaten, machten die Arbeit, flickten, schnitten weg, säuberten klaffende Wunden mit etwas, das wie reiner Alkohol aussah. Das war alles.

Die Körper wurden der Reihe nach bearbeitet. Ein anderer Jugendlicher und ich hatten die Aufgabe, die Lebenden in eine der geplünderten, leeren Villen hinüberzutragen, wo sie auf den mit Stroh bedeckten Boden gelegt wurden. Die Toten wurden in das Sportgerätelager in einem Nebengebäude der Schule gebracht. Durch die Ritzen der glaslosen, nun mit Brettern verbarrikadierten Fenster drang ein wenig Licht, sodass alles in ein schmutzig-graues Dämmerlicht getaucht war.

Unser erster Leichnam, ein junger Mann um die zwanzig mit einer klaffenden blutigen Wunde an der Stelle, an der zuvor sein innerer Oberschenkel gewesen war, wurde auf die Bahre gerollt und wir trugen ihn zum Lager. Sobald sich unsere Augen an das trübe Licht gewöhnt hatten, sahen wir eine Pyramide nackter Leichen, die im hinteren Eck aufeinander gestapelt waren. Darüber waberte ein seltsamer Dunst: Die Körperwärme stieg bei den Minustemperaturen von den Leichen derjenigen auf, die kurz zuvor noch am Leben gewesen waren. Es war ein fesselnder Anblick, irgendwie apokalyptisch, zerfetzte, ineinander verkeilte Körper, Blut und Flüssigkeit. Wir standen einen Augenblick lang hilflos da, dann erkannten wir die einzige Möglichkeit, wie wir unsere Last auf dem Haufen deponieren konnten. Wir zählten bis drei und wuchteten den Leichnam hinauf. Er landete oben, aber dann verschob sich der Leichenhaufen. Unser Mann bewegte sich und glitt langsam mit dem Kopf voran den dampfenden Abhang hinunter. Zuerst standen wir wie gelähmt da, machten dann einen Schritt zurück, als er vor unseren Füßen zu liegen kam.

Es war ein Augenblick der Wahrheit, das Endresultat all dessen, was geschehen war. Ein Berg junger Menschen, Russen, Deutsche, Ukrainer, Ungarn, alle waren hier gleich tot. Das war kein John-Wayne-Film mit Heldentaten, moralischen Predigten und einem Tod für Demokratie oder Vaterland. Das war keine Metapher, sondern ein multikultureller Konsens über die Tragödie. Das war das wahre Problem, dieser Haufen abgeschlachteter junger Männer, die den Preis bezahlt hatten. Ich sehe diese mit Blut durchtränkte Pyramide noch heute ganz deutlich vor mir. Diese Erinnerung ist zum Richtwert dafür geworden, was im Leben wirklich zählt.

Ein, zwei Tage nach meiner Begegnung mit dem wahren Gesicht des Krieges hatte ich ein weiteres prägendes Erlebnis. Während sich unsere jeweiligen Familien in einer Villa versteckten, sammelten fünf von uns große Äste und machten daraus Brennholz. Die Aufteilung der Arbeit war unausgewogen: Ich hackte, übernahm also die anstrengendste Arbeit, während ein Mann Anfang fünfzig die leichteste Arbeit verrichtete. Er stand nur herum, bis ein kleiner Korb voll war und zum gemeinsamen Ofen getragen werden konnte. Er sah müde aus, abgehärmt und beteiligte sich kaum an der Teamarbeit. Bis ich schließlich aufhörte, irgendwie aufgebracht durch seine, wie ich meinte, Pflichtvergessenheit, und sagte: „Warum wechseln wir uns nicht ab, damit die Arbeit etwas gerechter verteilt wird?"

Er blickte mir in die Augen, kein Muskel bewegte sich in seinem Gesicht. „Mein Sohn", sagte er, „wenn dich das Leben grün und blau geschlagen hat, dann wirst du glücklich sein, diese Arbeit leisten zu können." Da war kein Groll in ihm, nur Weisheit, aus Schmerz geboren, und ich hörte sie mit meinem Herzen. Er hatte Recht, natürlich, und ich wusste es. Viele Jahre später, schon blind, hackte ich gerade Holz für unseren Kamin, als dieses Gefühl ganz deutlich wieder zurückkam. Auch wenn ich nicht grün und blau geschlagen worden war, so war ich ganz sicher dankbar, in der Lage zu sein, die Axt schwingen, Holzscheite hacken zu können, ein Feuer im Kamin zu haben, die Wärme und das Knistern der Flammen zu genießen.

„Und was geschieht jetzt?", fragten wir uns. „Wie werden Ordnung und Autorität wiederhergestellt, wie das Leben wieder aufgebaut? Wer wird Wasser und Strom wieder anstellen, die Leitungen und Rohre flicken?" Große Teile des hügeligen Stadtteils Buda lagen in Trümmern, mit gesprengten Brücken, zerstörten Straßenbahnschienen, ohne Vorräte, mit geschlossenen Schulen, geplünderten Büros, ohne amtierende Regierung – die Welt hing in der Luft, chaotisch und willkürlich. Soldatentrupps, oft betrunken, bedrohlich, streiften umher. Vergewaltigungen und Plünderungen waren an der Tagesordnung. Männer wurden auf der Straße wahllos zusammengetrieben und mit vorgehaltener Waffe abgeführt, um für zwei oder drei Jahre in eine sowjetische Kohlemine abgezogen zu werden – für viele bedeutete dies ihr Ende.

In Ungarn schien der Krieg nicht zu Ende zu sein, nur dessen Naziphase und der grausame Umgang mit den jüdischen Opfern. Es war schrecklich. Ein süßlicher Verwesungsgeruch – ein Fuß ragte aus dem Schutt, sein Besitzer unter Ziegeln begraben, der Schuh nicht mehr da – und eine neue Welle von uns damals unbekannten Rohlingen, die nicht wieder weggehen sollten. Metallschrott, Trümmer und verschossene Munition mischten sich mit Unrat, Granatwerfern und Holzsplittern. Menschen wanderten ziellos umher, hatten kein Zuhause, nichts zu tun, Pferdefleisch wurde auf der Straße verkauft, ein Schleier des Verfalls, abgestumpfte Gefühle, nichts erstaunte sie mehr.

Und doch kündigte sich der Frühling an und nach einigen Wochen, in denen das Chaos langsam wich, bildeten sich so etwas wie Ordnung und eine Befehlskette heraus. Eine Übergangsregierung wurde eingesetzt, und unter strenger sowjetischer Kontrolle begannen sich die Dinge zu bewegen. Über Zeitungen und Plakate wurden Vorschriften erlassen, Schulen wieder geöffnet, hastig provisorische

Brücken über den Fluss geschlagen, um die beiden Stadthälften wieder miteinander zu verbinden, und es gab Nahrungsmittel in beschränktem Umfang. Die Inflation der Währung setzte zunächst langsam ein, geriet dann aber außer Kontrolle, brach alle bekannten Rekorde, erreichte Trillionen der Grundeinheit, sodass die Währung ein Jahr später, kurze Zeit vor ihrer Reform, gar nicht mehr ernsthaft verwendet wurde. Gold und der US-Dollar waren stattdessen die Richtgrößen. Ohne Bargeld und hungrig verkauften die Menschen ihren Schmuck, um an Essen zu kommen. Und doch entspannte sich alles allmählich.

Da unser Haus eine Ruine war, gingen wir auf die andere Seite des Flusses und teilten uns mit anderen auf der Pest-Seite eine möblierte Wohnung, deren Eigentümer vor den Russen geflohen waren. Ich ging wieder zur Schule. Es tat gut, die Freunde wieder zu sehen. Zerlumpt und zerfetzt wie wir waren, wetteiferten wir mit dem Aussehen unserer Schule und dem allgemeinen Zustand des Verfalls. Zuerst bahnten wir uns unseren Weg über zerstörte Bauten, sammelten die Bänke, die wir brauchten, auf einem Friedhof zerstörter Tische ein und beschäftigten uns mit mittelalterlicher Geschichte, Trigonometrie und Französisch. Jeden Tag mussten wir eine halbe Stunde lang den Trümmerhaufen zwischen den beiden Schulhöfen aufräumen. Während der Belagerung war das oberste Stockwerk eingestürzt und alle Ziegel und Balken waren in die Höfe gefallen, wo sie sich jetzt fast zwei Meter hoch auftürmten.

Viele unserer Lehrer waren wieder bei uns, es gab aber auch neue Gesichter, die kurzfristig unserer Schule zugeteilt worden waren, weil manche andere wegen der fehlenden öffentlichen Verkehrsmittel nicht zu uns gelangen konnten. So kam es, dass der Französischunterricht von einer attraktiven jungen Frau erteilt wurde – eine Überraschung für uns Jugendliche, und wir ließen es uns auch nicht nehmen, diese willkommene Zerstreuung gebührend auszunutzen. Wir begannen mit ungewöhnlicher Höflichkeit, mit einem täglich frischen Blumenstrauß, was eine eindeutig nicht-schulische

Stimmung schuf. Natürlich lernten wir wenig, aber es war ein gutes Zeichen für wiederkehrendes Leben. Sie wurde ohnehin bald gerettet und kehrte in ihre angestammte Schule zurück, war wieder auf sicherem Grund. Das hieß jedoch nicht, dass der uns zugeteilte ständige Französischlehrer mehr aus uns herausholte. Ihm blieb aber wenigstens das tägliche Blumenpräsent erspart.

Wir sahen aus wie Lumpenpack und waren das auch, froh, dort weiterzumachen, wo wir aufgehört hatten. Manche fehlten, waren tot, weg, nach Osten oder Westen verschwunden. Unsere Stimmung war aber wieder da, Leben keimte aus dem Schutt. Jahrzehnte später sollten wir erfolgreiche Freiberufler, Ingenieure, Sprachwissenschaftler, Mathematiker, Kunsthistoriker, angesehene Männer sein. Eine tolle Freundesclique.

Das Menetekel war natürlich schon sichtbar, aber nur wenige von uns sahen es. Es war das Bild der „großen Drei" bei der Konferenz von Jalta im Februar 1945, die Europas Schicksal besiegeln sollte. Ein kränklicher, alter Roosevelt, flankiert von einem unergründlich düsteren Stalin und einem mürrischen, Zigarre rauchenden Churchill. Da waren sie, hatten sich gerade darauf geeinigt, dem zivilisierten Mittel- und Osteuropa noch ein weiteres halbes Jahrhundert zerstörerischer Barbarei aufzuzwingen. Wo waren jetzt die großen Reden? Was war mit den „sonnenbeschienenen Höhen von Freiheit und Demokratie", dem Land der Verheißung nach dem Sieg über die Nazis? Abgesehen von Stalin, der das sowjetische Reich persönlich entwarf und den Preis kannte, wussten Roosevelt und Churchill nicht, was den mit Füßen getretenen, gequälten, erschöpften Menschen – uns, unseren Nachbarn und den sowjetischen Menschen selbst – bevorstand. Oder wollten sie es nicht wahrhaben?

Ich erinnere mich, dass ich als leicht zu beeindruckender Jugendlicher eine Doppelausgabe der Wochenschau in einem der großen Kinos sah, die nun den politischen Parteien gehörten – ein Vorgeschmack auf die kommenden Ereignisse. Gezeigt wurde der Nürnberger Prozess gegen die führenden Nazis, im Anschluss daran die

Parade anlässlich des Gedenkens an die große Oktoberrevolution, die Übernahme Russlands durch die Kommunisten, bei der die oberste Sowjetführung zu sehen war. So wie die Kamera langsam über die Galerie düsterer Gesichter aufgereihter Nazis schwenkte, so langsam schwenkte sie an jenen ihrer sowjetischen Gegenspieler vorbei, oben auf der Tribüne am Roten Platz. Die Gesichter waren austauschbar. Das gleiche Gesindel noch einmal. Stand uns tatsächlich eine zweite Runde der Entmenschlichung bevor? Es war kaum zu fassen.

Überzeugt anglophil wie wir waren, auf Anstand, Vernunft, ja sogar berechtigten politischen Egoismus vertrauend, konnten wir nicht glauben, dass nach sechsjährigem Opfer und Kampf, den Sieg zum Greifen nahe und das nukleare Monopol als zusätzliches Gewicht, der Frieden von den Alliierten verschenkt und die Welt in eine düstere Spaltung und einen gefährlichen Kampf mit den Mächten der Finsternis gestürzt werden sollte. Wir hatten noch viel zu lernen.

Jene, die den Albtraum der sowjetischen Welt nicht erlebt haben, können nicht ermessen, in welchem Ausmaß der Krieg und dessen Folgen unser Leben beeinflussten, wie sie in unseren Alltag eindrangen, unsere Hoffnungen und Pläne prägten. Im Westen ist das Leben mit der Politik eine Frage der Entscheidung: Man kann sich damit befassen oder sie ungestraft ignorieren; wie jedes andere Hobby oder jede andere Beschäftigung kann man nach eigenem Gutdünken handeln oder es auch sein lassen. Das persönliche Leben, die Liebschaften, Hassgefühle, Ambitionen oder die Freizeit können weitgehend frei gestaltet werden. Keine Regierung, ob liberal oder sozialdemokratisch, ob republikanisch oder demokratisch, wird einem vorschreiben, was man am Wochenende tun soll, die Auswahl an Zeitungen, Fernseh- und Radioprogrammen einschränken, Löhne kürzen, Arbeitstage verlängern, jemanden in Arbeitslager stecken, die Eltern aus ihrem Haus weisen und fordern, dafür lautstark gefeiert zu werden. Daher ist es vielleicht schwer, sich die erdrückende

Gegenwart eines willkürlichen und brutalen „Willens" vorzustellen, seine unsichtbaren, allgegenwärtigen und immer näher kommenden Tentakel, wenn man sich in die Enge der gefährdeten Privatsphäre zurückzieht.

Diese stillen Übergriffe sind für den zufälligen Beobachter von außen nicht zu erkennen, und doch sind sie die psychische Essenz des Systems. Was wir in Ungarn wussten, was die Menschen im besetzten Mitteleuropa wussten, was auch die sowjetischen Bürger wussten, der Westen aber nicht und noch immer kaum fassen kann: dass das sowjetische Reich kein ideologischer Monolith, keine mächtige und geeinte Kraft war, mit der gerechnet werden musste. Es war ein riesiges Meer erschöpfter Dissidenten, ein Substrat widerwilligen Scheins, Bürger, die um Erlösung beteten, eine Militärmaschinerie, die hoffte, besiegt zu werden. Wir wussten, was der Westen nicht wusste, dass die „Bedrohung durch die Kommunisten" – abgesehen von den späteren nuklearen Möglichkeiten des Kremls – ein Papiertiger war und der Heldenmut des russischen Volkes während des Krieges wilder Patriotismus und nicht eine Verteidigung des widerwärtigen Systems war, von dem es beherrscht wurde.

Uns war auch klar, dass sich das System auf drei soziale Untergruppen stützte, wie dies auch die Nazis getan hatten und es alle ähnlichen Zwangsdiktaturen tun: die ideologischen Fanatiker, die zynischen Opportunisten und die psychopathischen Verbrecher. Insgesamt machten sie nie mehr als zehn Prozent der Bevölkerung aus, dies genügte aber, um jeden hilflos und gefügig in Ketten zu halten. Die Gesamtbevölkerung mit diesen kontrollierenden Untergruppen zu verwechseln, die stimmlose Mehrheit für die von den Verbrechern und Ideologen verübte Unmenschlichkeit zu dämonisieren, ist ebenso verlockend wie gefährlich. Es ist eine Fehleinschätzung, die die wahre Ursache, die zugrunde liegende menschliche Dynamik verkennt, in eine andere Richtung sieht und dadurch Gefahr läuft, eine Wiederholung der Geschichte zuzulassen.

Die sowjetische Präsenz war nun allumfassend, um uns herum

und sogar in uns. Die dunkle Eminenz, der Große Bruder, warf einen langen Schatten auf unsere Welt – allgegenwärtig und aufdringlich. Als mich meine Mutter fast dreißig Jahre später in Australien besuchte, lange vor dem Fall der Berliner Mauer, lasen wir zwei oder drei ungarische Zeitungen von der ersten bis zur letzten Seite, um mir ein Gefühl für das Leben dort zu geben. Es war eine seltsame Erfahrung. Meine Mutter las, ich hörte zu und jene Präsenz war immer im Hintergrund, wartete, beobachtete, sah alles. Wir waren immer zu dritt, mit dem Großen Bruder zwischen den Zeilen, in der Wortwahl, Zurückhaltung und ideologischen Korrektheit der Kommentare und Interpretationen.

Ich konnte mich gut daran erinnern. Wie alles begann, das ekelhafte Vordringen der Unterdrückung, die verstohlenen Blicke, die erste Verteidigungslinie. Der niedrige Lebensstandard, die Engpässe und Entbehrungen waren gleichgültig, allein dieser mentale Nebel zählte.

Die Einkesselung von Budapest zu Weihnachten 1944 und die folgende Belagerung schienen der letzte Akt zu sein, bevor wir das Drama abschließen konnten. Mein Vater, den die extreme Rechte gegen Ende des Krieges von seiner Arbeit entlassen und auf die schwarze Liste gesetzt hatte, hoffte nun, wieder sein Filmstudio aufbauen zu können. Das sollte nicht sein; sobald der Krieg vorbei war, wurde die gesamte Filmindustrie von der kommunistischen Partei übernommen. Mein Vater wurde verhaftet, diesmal von der extremen Linken, ihm wurde vorgeworfen, ein Klassenfeind zu sein. Ein Prozess wurde ihm gemacht und er in allen Punkten freigesprochen. Er war von allen, die ihn kannten, Angestellten, Kollegen, Künstlern, Schriftstellern und Freunden, jüdischen und nichtjüdischen, massiv unterstützt worden. Diese Loyalitätsbekundungen und diese Menschlichkeit stärkten unsere Zuversicht und unsere Hoffnung. Das Urteil fiel ebenso klar und einstimmig aus, wie die Beschuldigungen erfunden und grotesk gewesen waren. Dennoch wurde bald klar, dass der Prozess ein Jahr später, als Ungarn vollständig von den

Sowjets beherrscht war, anders ausgegangen – vielmehr vorherbestimmt – und sein Schicksal besiegelt gewesen wäre.

Unmittelbar nach dem Krieg, im Jahr 1945, mussten sich die Behörden damit begnügen, dass er sich aus dem öffentlichen Leben zurückzog, sein Stück Land bebaute und sich um seine eigenen Dinge kümmerte. Dies tat er trotz wiederholter Trockenheit, trotz Missernten und schwindender Hoffnung, bis ihm, meiner Mutter, meiner Schwester und deren kleiner Tochter aus ihrer ersten Ehe 1951 gemeinsam mit vielen anderen „politisch Unzuverlässigen" und so genannten Klassenfeinden das gesamte verbliebene Eigentum weggenommen wurde und ihr inneres Exil nach sowjetischem Muster begann.

Irgendwann 1946 oder 1947, als unsere Hoffnung auf eine bessere Zukunft immer rascher schwand, fragte ich meinen Vater, was geschehen, was aus uns allen werden würde. „Nun", sagte er, „die Rassengesetze, die von den Nazis in Europa zur Diskriminierung der Juden erlassen wurden, werden nun auf uns alle angewandt. Wir werden zu Flüchtlingen, zu willkürlich Gejagten und schließlich werden jene, die genügend Glück haben oder clever genug sind zu fliehen, in die Diaspora gehen." Diese prophetische Aussage sollte sich als richtig erweisen, aber da hatte ich schon das Land verlassen – wie sich herausstellen sollte, keinen Tag zu früh. Damals aber verkauften wir unsere völlig zerstörte Villa um einen Pappenstiel und erwarben eine kleine Wohnung. Auch ich lebte dort für kurze Zeit am Ende meiner Schulzeit.

Meine Matura im Juni 1948 warf die Frage nach meiner Zukunft auf. Von Karrierechancen oder -aussichten zu sprechen, wäre sinnlos gewesen. Ich saß tatsächlich in der Falle; keine universitäre Bildungseinrichtung würde mich aufnehmen, da ich keine proletarische Herkunft aufzuweisen hatte. Ich war als Klassenfeind gebrandmarkt, als künftiges Futter für Arbeitslager oder Gefängnis oder was auch immer sich unsere Politiker einfielen ließen. Es war nur eine Frage der Zeit – von Monaten, vielleicht einem Jahr –, dann würden sie mich fertigmachen.

Ich versuchte es bei ein paar Arbeitsstellen. In einer staatlichen Bank wurde mir gesagt, dass von mir in dem unwahrscheinlichen Fall meiner Anstellung erwartet würde, linientreu zu sein, in die Partei einzutreten, mich begeistert anzupassen. Natürlich wurde nichts daraus, aber einfach aus Neugier ging ich zu ein paar Parteiseminaren – ideologischen Trainingssitzungen – und fand sie schrecklich geistlos. Absichtlich tauchte ich dort mit einem Zweitagebart und einem etwas behäbigen Akzent auf. Ich wurde misstrauisch beäugt. Ich passte einfach nicht dazu, auch wenn ich immer wieder nickte und Interesse vortäuschte. Jemand fragte mich, zufällig, wie es schien, über meinen Hintergrund aus und ich erwähnte, dass mein Vater vom Land kam, was wohl stimmte, aber nur wenig Eindruck machte.

Wie Menschen diese Kost regelmäßig jahrein, jahraus ertragen können, werde ich wohl nie verstehen. Vielleicht passen sie sich aus Schutz an, graben sich ein, sind bereit zu glauben. Schon 1948 waren Anzeichen für eine derartige geistige Anpassung zu erkennen; sie minimierte den Stress.

Während zum einen meine berufliche Laufbahn blockiert war, musste ich mich zum anderen zusätzlich damit herumschlagen, dass ich nicht wirklich wusste, was ich wollte. Ich glaube, dass ich intelligent genug gewesen wäre, vieles zu tun, aber mir fehlten stets Begeisterung oder Erfolgswille. Mein eigentliches Interesse war noch nicht ausgeformt, und, obwohl zunehmend dringlich, fehlte es ihm an Konturen. Ich war ein nachdenklicher Zeuge historischer Ereignisse, widerstreitender Ideologien sowie des Irrsinns und der Täuschung. Ich erkannte, dass der Schlüssel zu dieser Selbsttäuschung zu einem großen Maß im Bewusstsein lag; und dieses Rätsel galt es zu lösen.

Auch wenn mein Ziel ein wenig später klarer wurde, blieben die akademischen Schritte dorthin noch weiterhin im Unklaren. Neurologie, Gehirnforschung, Psychologie und Philosophie schienen damit etwas zu tun zu haben, doch meine Suche ging über diese Disziplinen hinaus. Ich fühlte, dass ich eine vollkommen neue Synthese schaffen musste. Um der Wahrheit die Ehre zu geben, hätte ich auch dann, wenn mir alle Wege offen gestanden wären, nicht gewusst, wie ich die Sache angehen sollte.

Was sollte ich also tun? Mein Vater hatte einen guten alten Freund, einen Budapester Geschäftsmann, der gerade aus London zurückgekehrt war. Er war bestens informiert, hatte gute Verbindungen, kannte sich in der Welt aus und er sollte mich beraten. Und das tat er ohne zu zögern. „Schau", sagte er und nahm kein Blatt vor den Mund, „wir sind wieder einmal verkauft worden. Die sowjetische Herrschaft wird sich hier festsetzen und es wird nur schlimmer werden. Wir werden sie vielleicht ein halbes Jahrhundert, vielleicht länger ertragen müssen. Wenn du bleibst, musst du dich ihnen anschließen, alles mitmachen und das Beste hoffen. Wenn dir das nicht liegt, dann geh, am besten morgen. Je schneller, desto besser." Und daher ging ich. Rückblickend blieb mir tatsächlich keine Wahl.

Ein Doppelleben – Abschied vom Paradies

Dann war da noch das andere Geschlecht, jene Hälfte der Menschheit, die mir im Großen und Ganzen wohlgesonnen war. Nach meiner prägenden Begegnung mit Lily und dem schüchternen Interesse an jenem kleinen Mädchen und dem Kuss auf ihre taufrische Wange beschäftigte ich mich überhaupt nicht mehr mit diesem Thema. Sex wurde weder in der Öffentlichkeit noch im privaten Rahmen großgeschrieben. Er wurde nicht so missbilligt wie im Westen, man ging daher weniger verklemmt, aber auch weniger offensiv damit um. Die damals noch kaum existente Werbeindustrie hatte ihn noch nicht entdeckt und der Krieg brachte andere Probleme mit sich. Da mein Interesse also weder provoziert noch stimuliert wurde, schlummerte es bis fast zum Ende des Krieges, dann aber brachte es unerwartet Farbe und Aufregung in mein Leben.

Das Interesse kündigte sich durch einige Anzeichen an: eine veränderte Sichtweise, das verstärkte Wahrnehmen von Formen und Silhouetten, ein Bedürfnis, sich daran zu weiden und ihnen nahe zu sein; zunächst noch schwach, trat es zunehmend in den Vordergrund. Ich freute mich nun, wenn ein wohlgeformtes Mädchen in der Früh eine Haltestelle nach meiner in die Straßenbahn stieg. Lebhaftigkeit und Anmut waren dabei wichtiger als ein hübscher Anblick. Nun erschienen also Mädchen auf der Bildfläche, nicht wirklich in Massen, aber genug, um mein Herz täglich schneller schlagen zu lassen.

Der Übergang von der Sicht eines Knaben auf weibliche Erwachsene zum Blick eines jungen Mannes auf Frauen ist gewaltig. Die frühere Zurückhaltung muss fallen, man muss sich selbst neu definieren und sein Auftreten neu überdenken. Diese neue Ebene verlangt nach neuen Standpunkten, und das bedeutet eine unerprobte, riskante Veränderung, wo Schüchternheit und frühere Tugenden einen keinen Schritt weiterbringen. Wie die Stimme muss auch das Eis brechen, und es lohnt sich.

Da ich im Gegensatz zum unfertigen Babyspeck erwachsene Eleganz schätzte, fiel mir zuerst eine wohl geformte, sonnengebräunte dreißigjährige Brünette mit alarmierender Direktheit auf. Meine Eltern kannten sie aus der Gesellschaft; als junge Frau eines hohen Beamten lebte sie in einer gemieteten Villa ein, zwei Kilometer von uns entfernt, fernab vom Bombenhagel. Während ihr um einiges älterer Ehemann in einem Büro in der Stadt arbeitete, besuchte sie meine Mutter etwa ein- oder zweimal pro Woche zum Kaffee. Ich war damals fünfzehn, umkreiste sie, saugte ihren Anblick in mich auf; es konnte ihrer Aufmerksamkeit nicht entgangen sein. Sie zeigte sogar ein wenig Interesse für mich, sprach mich mit der ungarischen Höflichkeitsform an, dem Äquivalent zum französischen „vous" oder zum deutschen „Sie", und verlieh mir dadurch einen Erwachsenenstatus, für den ich zwar noch nicht bereit war – aber es fühlte sich dennoch gut an. Einmal kam sie spät oder blieb länger und es wurde dunkel und bewölkt. Könnte ich sie vielleicht nach Hause bringen? Sie saß hinter mir auf meinem Motorrad. Das war einfach großartig und ging weit über meine Erwartungen hinaus. Sie setzte sich hinter mich, ihre schönen Beine eng um meine Hüften, damit ihr Rock nicht verrutschte, die Arme der Sicherheit wegen um mich gelegt. Ich wollte schnell fahren, um anzugeben, und dabei keinen Zentimeter weiterkommen, um den Traum in die Länge zu ziehen.

Später sah ich sie ein- oder zweimal am Ufer. Sie winkte, ich winkte zurück. Eine angenehme und vernünftige Person, ich mochte sie instinktiv. Etwa vier Jahre später traf ich sie kurz, ein oder zwei Tage bevor ich Ungarn verlassen sollte. Ich brauchte von ihrem Mann irgendeine Auskunft, und als ich zu ihnen nach Hause kam, öffnete sie die Türe. Es war früh am Morgen und ich kam unerwartet. Sie trug einen eng anliegenden Schlafrock mit weitem Dekolletee. Während der Jahre, in denen wir uns nicht gesehen hatten, hatte sie sich überhaupt nicht verändert, im Gegensatz zu mir. Wir sahen einander an, sie errötete leicht, als sie den Schlafrock am Hals schloss, eine Geste der Anerkennung, eine weitere Auszeichnung für mich. Eine seltsame, schwache, symbolische Romanze, ein simples Geschenk, das ich einfach so bekam; noch heute kann ich den Nachhall spüren.

Nach dieser frühen Begegnung dauerte es noch etwa ein Jahr, bis ich selbstbewusst genug war für den Schritt vom Knaben zum jungen Mann. Die Entwicklung verlief ungleichmäßig und sprunghaft, wurde jedoch durch die von mir übernommenen Verantwortungen und Aufgaben erzwungen. Zeitweise lebte ich bei Freunden auf dem Land, auf halbem Weg zwischen unserem Gut und der Hauptstadt; ich war viel unterwegs – zeitweilig führte ich den Besitz. Ich unternahm eine aufregende Lastwagenexpedition, um besonderes Saatgut zu beschaffen. Ich brach die Schule ab und hoffte, am Ende des Schuljahres eine Sonderprüfung ablegen zu können, um für die letzten beiden Jahre bis zur Matura wieder zu meiner Klasse zu stoßen. Es war eine unsichere, chaotische Zeit, in der wir alle auf der Stelle traten, auf irgendein deutliches Zeichen für die Zukunft des Landes und unsere eigene warteten.

In diesen turbulenten Zeiten kamen wir mit vielen Leuten zusammen, zufällig, flüchtig, über ehemalige Barrieren und Konventionen hinweg. So traf ich damals, sechzehnjährig, ganz zufällig auf eine weitere attraktive Frau. Sie war unkompliziert, zwischen zwei Ehen und sie schätzte mich, meine Energie – oder das intensive Gefühl der Wertschätzung meinerseits? Es fiel mir nicht schwer, mich zu verlieben. Ich packte die Gelegenheit beim Schopf und es klappte.

Eines Abends besuchte ich sie auf meinem Nachhauseweg. In einem leichten Schlafrock und kurz davor, zu Bett zu gehen, überrascht, aber erfreut, ließ sie mich ein. Die Lichter waren gedämpft, die Atmosphäre einladend. Wir setzten uns und auf ihren fragenden Blick hin sagte ich, dass ich gekommen sei, um ihr süße Träume zu wünschen. Dann neigte ich mich vor und wollte sie auf die Wange küssen, traf aber stattdessen ihre Lippen. In mir wallte Erregung auf. Ich wusste, sie mochte mich, ich wusste, sie mochte meine Gefühle für sie. Wie weit konnte diese Zuneigung uns tragen? Sie spürte, dass in diesem Moment mehr mitschwang und fragte: „Meinst du es ernst?" Ihre Frage schnitt mir den Rückweg ab, der nun ohnehin weit entfernt war. Wir standen auf, umarmten uns, und als wir uns, diesmal absichtlich, küssten, schlossen sich ihre Arme um meinen Hals. So einfach war das, wie auch das Übrige.

Mein Glücksgefühl lässt sich nicht beschreiben; meine Welt hatte sich verändert. Unsere Beziehung war unkompliziert, nicht belastet durch den Aufbau einer Zukunft oder einer Fassade für die Außenwelt. Es gab nur uns beide und dabei blieb es. Die süße Melancholie der Gewissheit, dass dies alles einmal vorbei sein musste, ließ uns den Augenblick noch mehr auskosten.

Unsere Liaison dauerte zwei Jahre und ihr Ende hatte nichts mit dem zu tun, was wir teilten. Es war mein persönliches Wachstum, die Erweiterung meines Horizonts und der Interessen, deren Verwirklichung in den Grenzen unserer einsamen, meist nächtlichen Beziehung schwierig bis unmöglich geworden war. Bald begann ich mich wie ein Gigolo zu fühlen; für diese Rolle war ich nicht geeignet und wollte so nicht weitermachen. Ich teilte ihr also mit, dass ich die Erregung von früher nicht mehr spürte und daher vielleicht die Zeit gekommen sei, die Beziehung zu beenden. Es war nicht leicht, vor allem weil ich keine triftigen Gründe für eine Beendigung vorbringen konnte. Während ich die Vorstellung fürchtete, ihr Schmerz zuzufügen, erinnerte ich mich an ein früheres Gespräch darüber, wie eine solche Situation zu handhaben wäre. Es sollte keinerlei Aufhebens gemacht werden, keine Vorwürfe, keine Szenen geben. Solche Dinge lassen sich im Leben nicht vermeiden, wir würden das Schlechte positiv aufnehmen. Ihre heftige Reaktion kam daher vollkommen unerwartet für mich: Schimpf und Schande. Rückblickend ist mir klar, dass ihre Reaktion eigentlich hilfreich war. Mit Tränen und Leid hätte ich viel schlechter umgehen können.

Alles in allem hatte ich viel gelernt, mir eine gewisse Raffinesse angeeignet, kam mir wie ein Mann vor und verliebte mich einige

Monate später erneut. Es war eine ernsthafte und idealistische Beziehung und ich hoffte, dass sie letztlich in eine Ehe münden würde. Sie war eine reizende Person, aber an einen alles andere als perfekten Mann gebunden und musste sich um zwei kleine Mädchen kümmern. Eine Lösung würde also nicht einfach sein. Wie sich aber herausstellte, brachten Zeit, Entfernung, auseinander driftende Verpflichtungen und schließlich mein Unfall diesen Plan zu Fall.

Bevor ich Ungarn verließ, lebte ich mehr als zwei Jahre lang ein Doppelleben: das eines jungen, verliebten Mannes, der eine Beziehung unterhält – eigentlich schon das ein Full-Time-Job –, und daneben regelmäßiger Schulbesuch mit allem, was dazugehört: Volleyball, Basketball, viele Dummheiten, enge Kameraderie, verrückte Unternehmungen wie Höhlenforschung – bei dem Gedanken daran wird mir noch heute übel. In klaustrophobischer Enge robbten wir stundenlang etliche Meter unter der Erde, tief im Gedärm eines Berges, in gewundenen, engen, dunklen Gängen, die Taschenlampe im Mund; tasteten uns zentimeterweise flach auf dem Bauch liegend vor, orientierungslos, halb fest steckend, ängstlich, oft ohne Möglichkeit, die anderen zu hören oder gehört zu werden, weil unsere Körper den Tunnel blockierten, in dem wir Verrückten uns fortbewegten. Und gleichzeitig fragten wir uns verwundert, warum wir uns überhaupt auf diesen Wahnsinn einließen oder wann und wie er wohl enden würde. Das war die dunkle Seite des Testosterons, die Prüfung, wie weit junge Männer bereit sind zu gehen und ihr Leben aufs Spiel zu setzen.

Dann kam ich mit dem Schmuggel in Kontakt und auch mit dem Gesetz. Natürlich war der Krieg eine Zerstörungsorgie. Kaputte Gebäude, Trümmer, Zerfall, Engpässe, erschöpfte Vorräte, dezimierter Viehbestand – alles war baufällig, verarmt und behelfsmäßig. Auf der anderen Seite der Grenze, in der Tschechoslowakischen Republik, sahen die Dinge etwas rosiger aus. Es gab Waren und auch genügend Vieh.

Das Finanzministerium, dem die Kontrolle der Produktion und

der Verteilung von Tabak unterstand, wandte sich an meinen Vater, der mithelfen sollte, einen landwirtschaftlichen Versuchsbetrieb mit Milchkühen neu zu bestücken. Die Idee war, im Austausch gegen ungarische Zigaretten in Exportqualität, die in der Tschechoslowakei sehr gefragt, aber kaum zu bekommen waren, qualitativ hochwertige Tiere über die Grenze zu bringen. Tausende und Abertausende sorgfältig verpackte Zigarettenkartons wurden vereinbarungsgemäß auf unseren Hof geliefert, der direkt am Ipoly lag, einem kleinen Nebenfluss der Donau, der die Grenze bildete. Auf der anderen Seite organisierte man sich und der nächtliche Spaß begann, von unserer Seite offiziell gebilligt, von der anderen jedoch nicht. Das ging drei Monate lang so und ich erinnere mich noch genau an drei Vorkommnisse: die fliegende Kuh, das Gerichtsverfahren und die palastartige Residenz von Charlie, dem schmächtigen Kommunisten.

Wie man sich vorstellen kann, genoss ich es als Siebzehnjähriger, mitzumachen, die Waren hinüberzuschaffen und die Kühe zurückzubringen. Etwa einen Kilometer von uns entfernt fand der Austausch statt, jenseits der Wassermühle, wo der Fluss aufgestaut war. Das Wasser war etwa einen Meter fünfzig tief, auf unserer Seite mit leicht abfallendem Ufer, auf der slowakischen Seite mit einem steilen Abhang, dem jähen Rand einer großen Wiese, den der früher rasch fließende Fluss in der Kurve ausgehöhlt hatte. Dort oben auf der Wiese standen die Kühe; unten, eineinhalb Meter tiefer, war ich, nur mein Kopf schaute aus dem Wasser. Der Mond stand hoch, noch nicht ganz Vollmond, oben zeichnete sich die Kuh gegen den Himmel ab. Ich befestigte einen Strick um ihren Hals, während meine Gegenspieler ihr Hinterteil bearbeiteten, um sie zum Springen zu bringen und so die Übergabe abzuschließen. Leichter gesagt als getan. Sie wollte sich partout nicht vom Fleck rühren – verständlich, aber lästig.

Die Operation war riskant – nur wenige Wochen zuvor war ein junges Mädchen unweit dieser Stelle von Soldaten erschossen worden, als es versucht hatte, auf die andere Seite zu gelangen. Ich zog mit zunehmendem Druck am Strick und der andere Kerl schlug auf den Hintern der Kuh ein. Sie rührte sich weiterhin nicht, bis es ihr plötzlich zu dumm wurde und sie sich von sich aus ins Leere stürzte – und ich genau in ihrer Flugbahn. Ein Blick auf diesen riesigen, vom sanften Mondlicht beschienenen Schatten in der Luft über meinem Kopf, mein letzter Augenblick, ein Schritt seitwärts, mehr schaffte ich nicht, doch gerade genug, dass das Tier neben mir aufklatschte. Eine riesige Fontäne schoss hoch und eine kleine Flutwelle schleuderte mich weg.

Derartige Operationen verlaufen selten reibungslos. So gab es auch hier gewisse Schwierigkeiten mit einem unserer Partner und die darauf folgende Rauferei hatte meinen Auftritt vor dem Budapester Hauptgericht zur Folge. Mein Fall sollte vor einem Richter verhandelt werden. Ich war natürlich schuldig, auch wenn der andere Kerl angefangen hatte, aber es gehören immer zwei dazu und ich vertraute darauf, dass der Richter von meiner Reumütigkeit und von mir als aufrechtem, sauberem jungen Mann beeindruckt sein würde. Es war nicht der geringste Schaden entstanden, und daher erwartete ich, dass er mir sagen würde, ich solle es nicht wieder tun, und damit wäre die Sache erledigt. So kam es auch, aber nicht ohne eine peinliche Überraschung. Ich betrat den Gerichtssaal, ein großes Amphitheater für die Zuhörer, und sah, dass der Saal bis auf den letzten Platz mit reizenden jungen Damen in farbenfrohen Gewändern gefüllt war, die mich alle prüfend ansahen und sich Notizen machten. Auch wenn ich ein Mann von Welt war, das war zu viel für mich! Ich vermochte meine Bewegungen nicht mehr zu koordinieren, meine Arme schwangen gleichzeitig und nicht gegenläufig zu den Beinen, ich ging also in einem pathologischen Krabbengang auf meinen Platz zu. Außerdem verließ mich meine Stimme, die ich normalerweise beherrsche, was meine Verlegenheit vervollständigte. Ich war gedemütigt. Die Studentinnen, auf Studientour durch die Gerichtssäle und vor allem an dem jugendlichen Straftäter interessiert, hatten viel zu schreiben.

Und dann war da Charlie, ein harmloser, etwas zweifelhafter und unsympathischer Schmalspurkommunist. Ihn schickte das Ministerium, um den Schmuggel zu überwachen. Er hing herum, meist als fünftes Rad am Wagen, war aber freundlich und auf etwas dümmliche Art extrovertiert. Eines Tages lud er mich unvermutet ein, ihn und seine Familie in seiner Villa im Nobelbezirk am Rosza Domb (Rosenhügel) mit Blick auf die Donau, die Stadt und die Burg, einer wirklich exklusiven Gegend, zu besuchen.

Neugierig, wie ich war, schaute ich tatsächlich einmal bei ihm vorbei. Er bat mich herein und führte mich durch eine Reihe schön möblierter, aber staubiger und ungenutzter Räume eine breite, mit einem Teppich ausgelegte Treppe hinauf, durch weitere unbewohnte Zimmer, bis wir in die Bibliothek kamen. In dem großen, mit Büchern voll gestopften Raum war in der hintersten Ecke ein Teil durch Tücher abgetrennt, die über ein Seil hingen und eine bescheidene kleine Einfriedung bildeten. Dort, in diesem überfüllten Abteil, lebte er mit seiner Frau und ihrem kleinen Kind, dort kochten, aßen, wuschen und schliefen sie. Es war ein Elendsquartier inmitten von Raum und Fülle, ein Beispiel dafür, wie Menschen ihre Umgebung gestalten, um sie ihrer Sichtweise anzupassen, unabhängig davon, welche Möglichkeiten ihnen zur Verfügung stehen.

Die Villa war offensichtlich beschlagnahmt und dann diesem Parteigetreuen übergeben worden, damals nichts Außergewöhnliches. Ich hätte mich auch nicht wundern sollen, als ich einige Monate später in der Zeitung über Charlies Prozess und Verurteilung wegen rechtsextremer Schlägereien gegen Ende des Krieges las. Dieses Umschwenken von einem Extrem ins andere war zu erwarten gewesen, da er zu jener Sorte von Gesindel gehörte, dem jegliche Überzeugung fehlt und das bereit ist, jede schmutzige Arbeit zu erledigen, die ein Regime für nötig hält.

Es war Zeit für mich, Budapest und meine Familie zu verlassen. Mir blieb keine andere Wahl, als aus dem Land wegzugehen, das nun von kommunistischen Funktionären mit sowjetischer Ausbildung geführt wurde, die mich zu guter Letzt als Klassenfeind kriegen würden – es war lediglich eine Frage der Zeit. Das Herz war mir schwer wegen meiner Freunde, die zurückbleiben würden, die Kompromisse und Zugeständnisse machen würden müssen, um leben, arbeiten und hoffen zu können. In Anbetracht ihres Schicksals respektierte ich auch ihren Mut. In jenen dunklen Tagen brauchten wir alle Mut, ob zum Bleiben oder zum Gehen.

Die ruhigen, grünen, hügeligen Vororte, die mir so ans Herz gewachsenen gelben Straßenbahnen, die himmelblauen Busse von Budapest, die romantische und beeindruckende Burg über dem Fluss – all das sollte bald nur mehr Erinnerung sein. Die saftig-grüne Insel, die nach der Heiligen Margarete aus dem königlichen Hause der Arpad benannt ist, die eleganten Brücken, die die breiten Fluten der Donau überspannten, das Parlament, die alte U-Bahn mit nur einem Wagen und die noch älteren Pferdfuhrwerke, die Landschaft, die Familientreffen, die Wälder, die wir durchstreiften, der Fluss, auf dem wir ruderten, die sandigen kleinen Inseln mit ihren Weiden, so weit zurück wie meine Erinnerung mich trug und noch darüber hinaus: Alles versank, als wäre es Teil eines anderen Lebens, nicht mehr vorhanden. Die langsam verblassenden Herbstfarben, die früh einfallenden Nebel, der erste Schnee und dann und wann die kristallene Bahn der gefrorenen Donau. Dann wieder der Frühling, ein sanfter Wind, erfüllt vom Geruch feuchter Erde, Besuche im Tiergarten, im Vergnügungspark, voll Zauber ferner Länder und voller Reiseträume. Das war die Vergangenheit, aus der ich nun heraustrat, der Zeitfluss, in den alles gebettet war. Nun sollte ich all das hinter mir lassen, Unerledigtes, um ein neues Leben zu beginnen.

Damals, im August 1948, war jeder Versuch, den Eisernen Vorhang, die Grenze zwischen Ungarn und Österreich, zu überqueren, äußerst gefährlich. Die Grenze wurde schwer bewacht, war teilweise schon mit Stacheldraht gesichert und sollte schon bald vermint, mit Hundestaffeln und Scheinwerfern dicht gemacht werden. Es war keine Zeit zu verlieren, bevor das alles kam: ein unüberwindbares Hindernis, um die Bürger des Paradieses im Zaum zu halten. Ich hatte noch die Chance durchzukommen und es war das Risiko wert, auch wenn man nicht an die Folgen eines Scheiterns denken durfte. Der Versuch der Grenzüberschreitung war kein Bagatellvergehen, das bloß missbilligt wurde, sondern ein Verbrechen, politische Häresie, an deren Ende die Inquisition stand.

Über Mundpropaganda erfuhr ich von drei jungen Männern in den Zwanzigern, die immer wieder Grenzübertritte riskierten. Ich nahm Kontakt mit ihnen auf, zwielichtige Typen, die sowohl über ungarische als auch über österreichische Dokumente – höchstwahrscheinlich gefälscht – verfügten. Ich hatte nicht die leiseste Ahnung, welcher Art von Geschäften sie nachgingen, und kann es mir auch heute noch nicht vorstellen. Für Spione sahen sie zu dumm aus, für Schmuggler zu abgerissen. Sie hatten kein Gepäck bei sich außer kleinen braunen Papierpäckchen, die, ihrer Größe nach zu schließen, bestenfalls Ersatzschuhe enthalten konnten. Das ergab keinen Sinn und ich war nervös. Ich übergab ihnen einen kleinen Betrag, etwa zwanzig Dollar, damit sie mich mitnahmen. Die Summe stand in keinerlei Verhältnis zum Risiko der bevorstehenden Aufgabe. Wir sollten einen Frühzug nach Sopron nehmen, einer größeren Stadt nahe der österreichischen Grenze, die von dicht bewaldeten Hügeln umgeben war. Dort wollten wir über die Grenze gehen.

Meine letzte Nacht in Ungarn verbrachte ich mit meinen Eltern und meiner Schwester – ihre kleine Tochter schlief tief und fest – in unserer kleinen Wohnung. Wir sprachen bis spät in die Nacht miteinander, dachten über Gegenwart, Vergangenheit und Zukunft nach, klammerten uns an die Hoffnung, dass meine Flucht nach Österreich erfolgreich verlaufen und sie in Ungarn sicher sein würden, und schoben gleichzeitig alle Ängste von uns, die wir natürlich hatten. Es sollte das letzte Mal sein, dass wir zusammen waren. Drei

Monate später wurde ich neunzehn. Sie setzten all ihr Vertrauen in mich und wir wollten glauben, dass wir uns schon bald wieder vereint finden würden, befreit von der Finsternis, die uns umgab. Am frühen Morgen verabschiedete ich mich, steif und lächelnd, und versuchte, meinen sinkenden Mut zu verbergen. Mein Vater begleitete mich das kurze Stück bis zur Straßenbahnhaltestelle auf meinem Weg zum Bahnhof. Ich hatte nur Kleidung zum Wechseln und die Zigarrenkiste meines Großvaters als Erinnerungsstück mit.

Auf der Fahrt dachte ich über traurige Abschiede nach. Erst acht Monate zuvor hatte ich meine geliebte Großmutter nach ihrem allzu kurzen Aufenthalt bei uns in Budapest auf der gleichen Strecke zum Donauübergang nach Komárom begleitet. Sie musste zu meinem Onkel in die Slowakei zurückkehren, wo sie nach den Verwüstungen des Krieges, dem Verlust ihres eigenen Hauses und der Zerstörung des unseren einen Zufluchtsort gefunden hatte. Wir verbrachten eine einzige wertvolle Stunde gemeinsam im Zug, die herbstliche Landschaft still und grau. Wir sprachen nicht viel, die bevorstehende Trennung lastete schwer auf uns, hatte das Gewicht der Endgültigkeit, da ihr Leben zu Ende ging und meines erst begann.

Langsam gingen wir zur Brücke. Wir umarmten uns, ich küsste ihre Hand, die Hand, die in früheren Jahren die meine gehalten hatte, wenn wir im Park spazieren gingen, die Hand, die mir viele kleine Schätze gezeigt hatte, Erinnerungsstücke aus Schränken, die von vergangenen Zeiten und Leben erzählten. Ich konnte nur bis zum Kontrollpunkt auf der ungarischen Seite mitgehen. Sie ging langsam und allein auf der leeren Brücke weiter, blickte sich nicht um, eine immer kleiner werdende Gestalt, die aus meinem Blick verschwand, aus meinem Leben, nicht aber aus meinem Herzen. Ich blieb stehen, vermochte mich nicht zu bewegen, den Bann nicht zu brechen.

Der Zug, den ich jetzt nehmen sollte, würde mich zu einem anderen Übergang bringen, vielleicht in eine bessere Welt. Wie vereinbart trafen wir vier uns, stiegen in den Zug und saßen voneinander getrennt, jeder mit eigenen Dingen beschäftigt, lesend, in die Parteizeitung vertieft, um vor fremden Blicken einen rechtschaffenen Eindruck zu vermitteln. Nach unserer Ankunft in Sopron sollten wir uns am Stadtrand auf dem Weg zu dem Wald treffen, in dem wir die Grenze überqueren wollten.

Es war ein Frühsommernachmittag, warm und verschlafen, mit wolkenlosem, blassblauem Himmel. Alles war ruhig, kein Blatt bewegte sich. Auf die Unverfrorenheit einer Grenzüberschreitung am helllichten Tag waren die in einiger Entfernung im unmittelbaren Grenzbereich stationierten Wachen vielleicht nicht vorbereitet, zeigten sich um diese Zeit weniger wachsam. Wir kamen im Schutz der Bäume leise und rasch voran; immer wenn wir gesehen werden konnten, robbten wir durchs Unterholz. Pausieren, lauschen; mit Herzklopfen und zugeschnürter Kehle erreichten wir schließlich den Rand eines breiten, offenen Streifens. Das war die Grenze. Hier gab es keinerlei Deckung. Die Mittellinie dieser Ödnis war die gefürchtete Grenze, etwa fünfzig Meter entfernt, dahinter weitere fünfzig Meter, bevor man auf österreichischer Seite wieder Deckung erreichen konnte. Es sah wie ein erstklassiger Schießplatz aus, unheimlich still.

Wir warteten, kamen zu Atem, lagen flach auf dem Boden. Es war weder etwas zu hören noch zu sehen. Zeit verstrich. Wir mussten weiter. Wir wussten von gut getarnten Beobachtungsposten, die alles sehenden Augen des Großen Bruders beobachteten uns vielleicht schon durch eines der Zielfernrohre ihrer Gewehre. Meine drei Gefährten mit ihren kleinen Papierpäckchen, ich mit meiner kleinen Tasche, wir waren durch nichts behindert. Wir waren jung und durchtrainiert und konnten um unser Leben laufen – und wir waren viel zu weit gekommen, um nun einen Rückzieher zu machen. „Wir brechen aus der Deckung und rennen gemeinsam gleichzeitig los", flüsterte einer von ihnen. Das klang vernünftig. „Vielleicht schauen sie gerade nicht in unsere Richtung, wenn wir losrennen, dann haben wir einige Sekunden Vorsprung. Vielleicht sehen sie uns überhaupt nicht. Oder vielleicht schießen sie sofort oder innerhalb von Sekunden. Wir sind bewegliche Ziele, die Entfernung ist eher groß, unsere Chancen stehen gut. Bleib also nicht stehen, was immer auch passiert. Los jetzt."

Der Spurt zur Linie und dann auf die österreichische Seite des Waldes dauerte nur Sekunden und schon waren wir wieder zwischen Bäumen. Nichts bewegte sich. Wir lauschten angestrengt, ob etwas zu hören war. „Sie können uns noch eine Zeit lang verfolgen", sagte einer von ihnen. „Die österreichische Seite ist fast unbewacht und sie würden es auf eine Jagd anlegen, besser, wir laufen weiter." Wir rannten weiter mit mörderischer Geschwindigkeit. Erst nach ein, zwei Kilometern fühlten wir uns allmählich sicherer, wurden langsamer und entspannten uns. Bald kamen wir durch das erste österreichische Dorf und stießen dann auf die Straße zur nächsten Stadt. Dort stiegen wir in einen Bus, der uns zur Bahn in Wiener Neustadt bringen sollte, mit der wir nach Wien fuhren. Da wir uns in der sowjetischen Zone Österreichs befanden, mussten wir vorsichtig sein, aber die erste Hürde war genommen.

Als wir, wie zuvor getrennt, im Expresszug saßen, der nun in der einfallenden Dämmerung an Fahrt gewann, sah ich das glitzernde Lichtermeer, als Wien auftauchte. Ich war in Hochstimmung, elektrisiert von dem Abenteuer, aber dennoch erstaunt, wie problemlos unsere Reise bis jetzt verlaufen war. Darin spiegelten sich vielleicht die negativen Erwartungen wider, die wir uns während und nach dem Krieg angewöhnt hatten, wo wir immer darauf lauerten, dass etwas schief gehen könnte. Ich war unruhig. Hatte ich irgendwelche Vorahnungen hinsichtlich meiner schweigenden Gefährten?

Wir stiegen in einem Vorort von Wien aus, um den vermuteten sowjetischen Kontrollpunkt am Südbahnhof, dem wichtigsten Bahnhof Richtung Süden, zu vermeiden, und machten uns auf den Weg in eine schäbige Pension, wo man uns keine Fragen stellte. Hier übergaben mir meine Gefährten einen allem Anschein nach gültigen österreichischen Identitätsausweis. Er war auf einen fiktiven Namen ausgestellt und hatte ein zum Glück verschwommenes Passfoto von einem der drei. Ich wähnte mich in Sicherheit. Der Pass hatte zwar die gleiche Größe wie der, den österreichische Bürger bekamen, aber, wie ich später erfuhr, außen eine verdächtig andere Farbe, die mich auf den ersten Blick als im Land lebenden Ausländer auswies, ohne Reisegenehmigung und erst recht ohne Berechtigung zum Übertritt der schwer bewachten und streng kontrollierten Zonengrenze zwischen der russischen und der amerikanischen Besatzungszone. Noch dazu waren die echten österreichischen Dokumente in vier Sprachen ausgestellt – Deutsch, Englisch, Russisch und Französisch. Mein Dokument hatte nur eine deutsche Seite; die anderen Seiten waren leer. Ohne es zu wissen, befand ich mich im Besitz einer Fahrkarte nach Sibirien.

In seliger Unwissenheit, nicht ahnend, dass ich im Begriff stand, mich selbst den sowjetischen Behörden auszuhändigen, wenn wir im Laufe des Tages die russisch-amerikanische Zonengrenze passieren würden, an der Truppen mit Maschinengewehren im Anschlag bei der Passkontrolle den Zug umstellten, setzte ich mich am nächsten Morgen in den Expresszug und genoss in aller Ruhe die Landschaft. Ich wollte mich zu meinem Cousin durchschlagen, der in der britischen Zone in Südösterreich lebte. Obwohl meine Gefährten sich nirgends blicken ließen, fühlte ich mich sicher und entspannt. Die Österreicher in meinem Abteil waren still, lasen entweder oder blickten aus dem Fenster. Beim Kontrollpunkt hielten wir an und warteten, während die Soldaten von einem Abteil zum nächsten gingen. Draußen sah man Soldaten ohne jedes Lächeln, wachsam und bereit, jederzeit zu handeln. Schließlich wurde unsere Abteiltür aufgeschoben und ein junger Russe trat ein, seine suchenden Augen streiften über unsere Gesichter.

Ich öffnete mein verräterisches „Dokument", verdeckte dabei unabsichtlich die eklatant falsche Farbe des Umschlags und hielt es ihm mit der deutschen Seite, der einzigen, die es gab, unter die Nase. Er sah mich an, warf einen Blick auf das tödliche Dokument, dann wieder auf mich. Vielleicht versuchte er, Schweißperlen um die

Lippen oder ein Zucken der Augenmuskeln zu entdecken, Zeichen für Anspannung, nach denen die Grenzsoldaten Ausschau halten sollten. Da er keine sah und auch kein großes Interesse an mir zu haben schien, nickte er und ließ mich passieren. Hatte er sich täuschen lassen? Verdeckte die haarsträubende Aneinanderreihung unwahrscheinlicher Zufälle die Wahrheit oder wusste er Bescheid und ließ mich leben?

Als der Zug aus der Station rollte und wir sicher in der amerikanischen Besatzungszone waren, wurde mir durch meine österreichischen Reisegefährten, die sich bis dahin ruhig verhalten hatten, klar, was sich soeben ereignet hatte. Als sie meinen Ausweis mit der verräterischen Farbe gesehen hatten, waren sie erstarrt, hatten den Atem angehalten und das Schlimmste befürchtet. In diesem eisigen Augenblick der Konfrontation, als die suchenden Augen des Soldaten über unsere Gesichter geglitten waren, war ich, der ich mich eigentlich in größter Gefahr befand, als Einziger ruhig geblieben. Die anderen, die völlig unschuldig waren und nichts zu befürchten hatten, ließen Nervosität und Anspannung erkennen.

Zunächst starr vor Ungläubigkeit, brach es plötzlich aus mir heraus und ich verfiel in Ekstase. Alles war in goldenes Licht getaucht – ich war in einer unvergesslichen Hochstimmung, schwerelos, hingerissen von diesem Lebensgeschenk, eine Woge, die mich mitriss. Ich redete und redete, euphorisch, strahlend, meine Mitreisenden lächelten, fasziniert von diesem Ausbruch unkontrollierter Begeisterung. Die Finsternis lichtete sich, die Niedergeschlagenheit der vergangenen drei Jahre verflog – diese Reaktion war auch eine Anklage jener kriminellen Unterdrückung, die solche Düsternis hervorgerufen hatte. Der Zug fuhr durch das Ennstal, felsige Berge hoch oben, die Sonne spiegelte sich glitzernd im grünen Strudel des Flusses wider. Es war überwältigend, Energie und Hoffnung, Freiheit und Jugend, für immer im Gedächtnis.

Bei der Fahrscheinkontrolle machte mich der Schaffner jedoch darauf aufmerksam, dass meine Fahrkarte nur bis zu dem kritischen

Kontrollpunkt bezahlt worden war. War das Ende meiner Reise also vorprogrammiert gewesen? Ich werde es nie erfahren, ja nicht einmal – wenn überhaupt – in Ansätzen begreifen, was da vorgefallen sein könnte, geschweige denn warum. Jedenfalls sah ich meine drei Reisegefährten, die mich bis zu diesem Ort der potenziellen Katastrophe begleitet hatten, nie mehr wieder.

Ich kaufte eine Karte bis nach Friesach in Kärnten, meinem Zielort, wo mein Lieblingscousin Stephan mit seiner attraktiven österreichischen Frau lebte. In ihrem Haus sollte ich eine vorübergehende Bleibe haben, bis ich meinen Weg in ein englischsprachiges Land gefunden hatte. Ich musste umsteigen, um über die Tauern nach Süden ins Murtal in der Steiermark zu gelangen. Bis zum Anschlusszug hatte ich eine Stunde Zeit und schickte meinen Eltern ein kodiertes Telegramm, um ihnen mitzuteilen, dass alles gut gegangen und ich sicher durchgekommen war. Dann musste ich noch einmal umsteigen und auf dem letzten Stück meiner Reise einen weiteren Pass überwinden.

Der Tag neigte sich dem Ende zu und der Zug war fast leer. Es wurde dunkel, der Mond ging auf und tauchte den Wald in silbriges Licht. Als ich ausstieg und langsam ins Stadtzentrum ging, wo ich hin musste, fühlte ich mich glücklich, unglaublich glücklich. Kurz zuvor hatte es geregnet, nun aber glitzerte der Himmel und die Sterne funkelten aus den Pfützen zurück. Die Straßen waren leer, still, gelegentlich wies ein erleuchtetes Fenster auf eine menschliche Behausung hin. Es sah aus wie die Märchenstadt in Walt Disneys *Pinocchio*. Als ich den alten Stadtgraben überquerte, blieb ich stehen und sah auf das klare, stille Wasser hinunter. Dann ging ich langsam weiter, blickte mich um, nahm den Zauber dieses Augenblicks ganz in mich auf. Ich sah ein großes, von Lampen erleuchtetes Fenster im ersten Stock der einladenden Wohnung meines Cousins. Ich war angekommen.

Ein idyllisches Intermezzo

Die frenetische Geschwindigkeit, die Aufregung und die Dramatik der letzten Tage noch frisch im Gedächtnis, verstärkt durch mein abenteuerliches knappes Entkommen und den plötzlich offenen Blick auf eine freie Welt, hatte ich es jetzt eilig. Die Berge, die das Tal umschlossen, und die Gipfel der südlichen Bergkette in der Ferne, die in den Strahlen der untergehenden Sonne schön und leicht bedrohlich rot aufleuchteten, rührte all das ebenso wenig wie die Flüchtlingsorganisation, die über mein Schicksal entscheiden sollte. Ich brauchte einige Tage, um mich an den Rhythmus dieser verzauberten, verschlafenen Welt anzupassen, an die alte Stadt, die wie ein Ansichtskartenmotiv wirkte, an den von Befestigungsmauern umgebenen Graben, die gotische Kirchenruine am Felshang und die Stille.

Das Österreich der Nachkriegszeit war ein märchenhaftes Land, ohne jeden Tourismus, nur gelegentlich unterbrach ein Auto die Stille der sich dahinschlängelnden Bundesstraße. Ein kleiner Fluss, der munter nach Süden rauschte und die Nebenflüsse aus den versteckten Seitentälern aufnahm, die Menschen, die in aller Ruhe ihren Geschäften nachgingen, freundlich, vielleicht ein wenig neugierig auf das neue Gesicht. Räumlich und zeitlich war ich hier weit entfernt von dem höllischen Kesseltreiben, dem ich gerade entkommen war. Auch wenn ich nicht wusste, was auf mich zukommen würde, war mir das Herz schwer, wenn ich an mein Land und meine Familie dachte, die ihr ganzes Vertrauen in mich setzte und um deren Sicherheit ich besorgt war. Mein Aufenthalt in Österreich war der erste Schritt in eine Zukunft, die ich für sie und für mich aufbauen musste.

Mein Cousin Stephan, ein fröhlicher, großer und stattlicher Mann Mitte Dreißig, machte gerade sein Doktorat in Handelswissenschaften an der Universität Innsbruck und führte gleichzeitig ein kleines Geschäft mitten im Ort, das die Nachbartäler versorgte.

Seine sympathische Frau Hanni hatte zwei kleine Kinder aus einer früheren Ehe und erwartete ein drittes; sie überhäufte mich mit unzähligen charakterbildenden Predigten. Es war ein Rat, den ich nicht suchte, aber so konnte ich wenigstens mein Deutsch üben.

Die beiden waren, ebenso wie ihre Freunde, herzlich und gastfreundlich. Ich war jung, sah gut aus, mit leicht exotischem Touch, hatte etwas erlebt und würde es noch weit bringen. Sie waren der ideale Rückhalt, aber im Grunde war ich unabhängig. Wir waren Freunde, kamen gut miteinander aus und waren traurig, als ich sie schließlich verlassen musste. Nach der Düsternis der sowjetischen Herrschaft, der Holzhammermethode ihrer einschläfernden Ideologie war die Welt, in der ich mich jetzt befand, eine Offenbarung.

Zuerst brauchte ich Papiere, um auf eine der Einwanderungslisten für Übersee zu kommen, und Arbeitserfahrung, um etwas zu lernen, das ich in Übersee anwenden konnte. Das alles würde Zeit brauchen, wie mir gesagt wurde. Ich bestand die Sicherheitskontrolle in der britischen Besatzungszone, und ein freundlicher junger englischer Offizier, der dafür verantwortlich war, bot mir seine Hilfe an, um einen Job als Armeelastwagenfahrer zu bekommen. Vorausgesetzt, ich bestand die Fahrprüfung. Meine Begeisterung war groß, legte sich aber bald, als ich schließlich hinter dem Lenkrad des 5-Tonnen-LKWs saß, die Gänge hineinwürgte und damit meinem Prüfer, einem finster dreinblickenden Wachtmeister, auf die Nerven zu gehen begann. Nur allzu rasch machte er mich mit einem für sich selbst sprechenden neuen Vokabular bekannt, dessen Bedeutung mich noch nervöser und meine Fahrweise damit potenziell gefährlich machte. Da ich noch nie etwas Größeres als ein Auto gelenkt hatte, hätte ich mich nicht wundern sollen, ich fühlte mich aber töricht und hätte ein, zwei Worte der Ermunterung gut gebrauchen können. Es gab jedoch weder ein Lächeln noch einen Händedruck.

Dennoch bekam ich einen Job, zuerst in den Lagern der Armeefilmabteilung, dann in deren Werkstatt, wo 16-mm-Filmprojektoren überholt wurden. Sie gehörten zur Freizeitausstattung der Besatzungsstreitkräfte und wurden nun, da diese in das Vereinigte Königreich zurückkehrten, abgebaut. Es war eine recht gut bezahlte Handwerksarbeit; ich verdiente so mein Taschengeld und konnte Englisch mit Muttersprachlern sprechen. Als ich mich an meinem ersten Arbeitstag mit dem System und den Ersatzteilen in den Lagern vertraut machte, entdeckte ich einen großen Vorrat an Graphitstäben für die Erzeugung von Lichtbögen, wie sie in Kinoprojektoren verwendet wurden. Sie sahen interessant und teuer aus, und ohne lange nachzudenken, steckte ich vier davon ein. Ich nahm sie mit nach Hause, verstaute sie sorgfältig und erst dann wurde mir ganz plötzlich – völlig verblüfft – bewusst, was ich getan hatte. Ich hatte diese Dinge ohne jede Veranlassung oder jeden Grund gestohlen, ohne sie haben zu wollen, sie zu brauchen, ja ich konnte sie nicht einmal verwenden oder verkaufen. Was war mit mir los? Es ergab keinen Sinn. Ich war kein Dieb, ich war noch nie in Versuchung geführt worden, hatte nie gestohlen. Warum das, warum jetzt? Da begann mir langsam zu dämmern, dass ich den unbewussten Kaufzwang des sozialistischen Bürgers mit seiner typischen Hamstermentalität verinnerlicht hatte. Es war ein Ausdruck des Unwillens gegen eine erdrückende staatliche Autorität, der Drang, den Großen Bruder zu sabotieren, Zeichen der systembedingten Entfremdung. Am nächsten Morgen brachte ich die Dinger so schnell wie möglich zurück.

Dies war nicht die einzige Nachwirkung meines Lebens hinter dem Eisernen Vorhang. Ein alter Freund der Familie, der einige Tage auf Besuch zu meinem Cousin kam und sich für meine Erlebnisse unter den sich rasch verschlechternden Bedingungen in Ungarn interessierte, wandte sich mir nach einiger Zeit zu und sagte: „Weißt du, dass du mit einer marxistischen Mentalität sprichst? Was ist los mit dir?" Ich war ziemlich entsetzt, denn ich hasste die Welt, die ich hinter mir gelassen hatte, ihre Ideologie und ihre Praxis, und ich hatte den Eindruck, dass ich kein Hehl daraus machte. Manchmal ließ ich mich sogar zu einer leidenschaftlichen Anprangerung des sowjetischen Systems hinreißen, ließ niemanden ungeschoren, der auch nur indirekt dafür verantwortlich war, dass den Russen große Teile Europas zur Schändung überlassen worden waren. Ich, ein Kommunist?

Das ergab keinen Sinn, aber dann wies er mich darauf hin, dass ich bei all meiner Ablehnung ihnen gegenüber ihre geistige Haltung, ihre Terminologie, ihre Definitionen und ihren Bezugsrahmen verwendete. Dass ich selbst mich als Klassenfeind oder Reaktionär bezeichnete. Genau das war es, was sie erreichen wollten. Tatsächlich wäre es falsch, zu glauben, das sowjetische System würde völlige Makellosigkeit und Konformität anstreben – weit gefehlt. Es brauchte Häresie, Dissidenz, Trotzkisten, Klassenfeinde, die sie jagen, hetzen, verfolgen, vor denen sie warnen und die sie ausmerzen konnten. Dies alles gehörte zu diesem quasireligiösen Programm, das heilige Kriege, Reinigung, Orthodoxie und Wachsamkeit einforderte. Es waren wichtige, dynamische Prozesse, durch die der Staat seine Bürger kontrollieren und in einem psychischen Schraubstock halten konnte. Jetzt spielte ich ihr Spiel mit, wenn auch unbewusst. Der alte Freund unserer Familie hatte Recht. Wenn ich mich auf Deutsch oder Englisch unterhielt, verfiel ich interessanterweise nicht in diese sich eines bestimmten Vokabulars bedienende Liturgie. Nur wenn ich Ungarisch sprach, die Sprache der Liturgie, manifestierte sich diese Mentalität.

Mein Kurzaufenthalt bei der Armee endete nach etwa einem Monat, weil die Film-Einheit nach England zurückkehrte, daher musste ich mir etwas Neues suchen. Glücklicherweise fand ich eine freie Stelle in der Werkstatt eines guten einheimischen Schuhmachers. Da ich nicht bezahlt wurde, hatte ich die Freiheit, mich in der Werkstatt überall umzusehen, um während meines kurzen Aufenthalts in Österreich vor meiner Emigration so viel wie möglich zu lernen.

Die erste Woche sah ich nur zu. Dann begann ich Schuhe zu flicken, gerissene Riemen und abgelöste Schnallen zu richten und neue Sohlen anzunageln oder anzunähen, je nachdem. Gegen Ende meines siebenmonatigen Aufenthalts stellte ich selbst Schuhe her. Ich war sorgfältig und langsam, das Ergebnis aber war erfreulich. Es war harte Arbeit von sieben Uhr morgens bis sechs Uhr abends mit einer Stunde Mittagspause. Am Samstag schloss die Werkstatt zu Mittag.

Die in einem oberen Stockwerk gelegene Werkstatt war ein geräumiges Zimmer, hell und freundlich, mit Fenstern auf allen Seiten und Geranien in den Blumenkästen. Die Ausstattung war gut und ich arbeitete mit sieben Leuten zusammen: mit vier sehr begabten Handwerkern, zwei älteren, zwei jüngeren, mit zwei Lehrlingen und einer etwas verbraucht aussehenden jungen Frau um die Dreißig, die in einem angrenzenden kleineren Raum die Oberteile nähte. Die Handwerker waren Künstler, ihre Bewegungen exakt und sicher. Das Leder roch wunderbar, meine Kollegen unterhielten sich, neckten und akzeptierten mich –einen eindeutigen Außenseiter – in freundlicher Kameradschaft. Ich hörte zu, beteiligte mich an den Gesprächen, lernte. Jede Minute meiner Zeit dort genoss und schätzte ich.

Es war dies ein Beispiel dafür, wie ein kleines Unternehmen geführt werden und wie die Beziehungen zwischen Arbeitgeber und Arbeitnehmern funktionieren sollten. Hier gab es keine Spur jener Arbeitsmentalität des „Wir gegen sie", auf die ich als Arbeiter in der englischsprachigen Welt stoßen sollte. Diese kontraproduktive Sinnlosigkeit wundert mich bis heute. Erst später bekam ich durch Bücher über Wirtschaftsgeschichte einen tieferen Einblick in dieses Problem.

Die Tochter des Meisters, die mich mochte, begann immer häufiger in der Werkstatt vorbeizuschauen und ich wurde geneckt, dass ich „bald der Schuhmacherkönig des vereinten Österreich" sein würde, wenn ich auf die richtige Karte setzte. Das tat ich nicht, vor allem, weil ich damals schon eine sehr attraktive junge Frau gefunden hatte, die mein Deutsch auf den neuesten Stand brachte.

Unsere Begegnung war rein zufällig, der Ausgang sofort klar. Die Beschreibung des Aussehens dieser adretten grauäugigen Brünetten würde ihrem außergewöhnlichen Liebreiz nicht gerecht werden. Eva war einige Jahre älter als ich und unterrichtete Englisch am Friesacher Gymnasium. Ich zögerte eine Weile, weil ich mir der Verantwortung einer persönlichen Beziehung bewusst war. Dann aber legte ich meine Karten auf den Tisch und sprach von meinen Plänen, vielleicht schon in wenigen Monaten fortzugehen. Ihr machte das nichts aus, war das Leben doch insgesamt ständig im Fluss. Meine Erinnerung an dieses herrliche Land, frisch verschneit im Winter, Spaziergänge im Wald und einsame Straßen in jenem Frühling, all dies gewann durch sie zusätzlich an Farbe. Fast drei Jahre später, als Eva von meinem Unfall und meinem Sehverlust erfuhr, war sie bereit, mir zu helfen. Da sie nicht wusste, dass ich gerade geheiratet hatte, bereitete ihr Interesse mir in der Folge so manche Schwierigkeiten.

Mein Aufenthalt in Österreich war eine prägende Zwischenstation, die mir neue Kräfte schenkte. Ich bestieg einige Berge in der Nähe, fuhr mehrmals mit dem Zug nach Osttirol, den Blick auf den Großglockner gerichtet, die nördlichen Ausläufer der herrlichen Gebirgsformationen der Dolomiten über mir aufragend, Wälder, Wildbäche und Almen, ein Märchenland. Wenn ich hoch über der Baumgrenze dahinkletterte, genoss ich atemberaubende Rundblicke. Ich sog den Frieden und die Stille in mich auf und beschloss, eines Tages zurückzukehren, um die gleichen Bergspitzen zu erklimmen, die gleiche Luft zu atmen. Das tat ich auch, obwohl ich nicht mehr sehen konnte, außer mit meinem inneren Auge und den reichen Erinnerungen, aus denen ich schöpfen konnte.

Vierzig Jahre später unternahmen meine zweite Frau Dawn und ich diese lang geplante Reise. Unser Auto stand in der kleinen Siedlung am Fuß des Berges, wir brauchten etwa drei Stunden bis zum Gipfel. Weit über der Baumgrenze hatten wir die mageren Grasbüschel, das Moos und die Flechten hinter uns gelassen, es gab nur mehr Fels und Schiefergestein um uns herum, zu kalt für Leben. Das Tal lag weit unten, eine Miniaturlandschaft mit Spielzeughäusern, und zwischen den Bergspitzen hing hier und da ein kleines, weiches Wölkchen. Es war der Gipfel der Welt und ich wurde von einer überschwänglichen Lebenslust erfasst, hatte das großartige Gefühl, etwas geleistet zu haben.

Sportlich und abenteuerlustig wie sie war, genoss Dawn diese riskanten Vorhaben und wir hatten gemeinsam viel Spaß daran. Manchmal kletterte sie neben mir, dann wieder ein oder zwei Schritte vor mir, wobei wir einen Stock zwischen uns hielten. Hin und wieder musste eine vielleicht eineinhalb Meter breite Spalte überwunden werden. Da gab es dann kein Festhalten mehr, nur mehr das Vertrauen auf die Anweisungen, die verbalen Angaben, um die Gegebenheiten zu visualisieren und dann zu handeln. Wir kamen rasch und wunderbar voran. Ab einem gewissen Punkt beschloss ein Freund, der mit uns kletterte, allein weiterzugehen, da er den Anblick nicht würde ertragen können, wenn wir ins Unglück stürzten, was sicherlich nur eine Frage der Zeit war. Alles verlief problemlos. Es war ein schöner Tag, ein intensives, neue Kraft schenkendes Erlebnis, genauso wie ich mir Jahrzehnte zuvor diese Rückkehr vorgestellt hatte.

An einem frischen, kalten Morgen im Winter 1948/1949, der Schnee war tief und unberührt, der dunkelgrüne Nadelwald und die kahle Felskette lagen in klaren Umrissen vor mir, lieh ich mir Ski, Skischuhe und Ausrüstung von meinem Cousin aus und machte mich auf den Weg. Ich stieg immer höher hinauf, weit über die Wälder hinaus, bis ich den Gipfel erreichte. Dort ruhte ich mich ein wenig aus, der Aufstieg hatte mehr als zwei Stunden gedauert. Ich aß das mitgebrachte Brot, schnallte mir die Ski an und blickte in das weit, weit unten liegende Tal. Plötzlich stockte mir das Blut in den Adern. Ich erkannte, wie wahnsinnig mein Vorhaben war: Ein unerfahrener Skiläufer, in unbekanntem Gelände, will sich ganz allein den Berg hinunterstürzen, ohne die Möglichkeit, sich im Bedarfsfall zu verständigen oder Hilfe zu holen. Ich erinnere mich noch, wie ich da stand, bereit zur Abfahrt. Vor mir der steile Hang und dann Leere, weil es immer steiler wurde und der Boden nach einer Geländestufe nicht mehr zu sehen war. Alle Voraussetzungen für eine totale Katastrophe. Also beugte ich mich vor, schnallte die Ski ab, nahm sie auf die Schulter und begann meinen langen Abstieg.

Ich war geläutert, aber auch belustigt und dankbar, dass mir dieser seltene Geistesblitz der Vernunft gekommen war. Mein Abenteuer wurde noch durch die Bekanntschaft mit zwei unfreundlichen Jagdhunden gesteigert, die beschlossen, mich auf meinem Rückzug zu begleiten. Sie versuchten immer wieder, mich von hinten einzukreisen, nur die Ski, mit denen ich immer wieder wild in ihre Richtung stieß, schienen sie einzuschüchtern. Dennoch eskortierten sie mich bis ins Tal, dann erst hatte ich ihr Territorium hinter mir gelassen und war in Sicherheit. In späteren Jahren zogen Zuhörer diese Geschichte spannenderen Erzählungen vor. Vielleicht weil sie Vernunft bewies, ein ungewöhnlicher Charakterzug bei jungen Männern.

Das Haus meines Cousins war für mich eine feste Basis, er und der Freundeskreis seiner Frau mein sozialer Umgang. Wir trafen uns oft mit Angehörigen des medizinischen Teams vom schwedischen Roten Kreuz, das damals in Österreich eine TBC-Impfkampagne durchführte. Es herrschte ein kosmopolitisches Flair, eine glückliche Mischung aus Arbeit und Spiel; es war schön, zu diesen interessanten Leuten zu gehören. Ich war jung, sollte bald in ein fernes Land aufbrechen, die Aufgabe meines Lebens lag vor mir. Ein Gefühl der Erwartung, der Aufregung erfüllte mich und ein Mädchen vervollständigte mein Glück. Ich war wirklich privilegiert.

Mittlerweile schritt die Versklavung der Menschen in Ungarn rasch voran. Es war ein Albtraum von immer größerer Beklemmung; meine Euphorie, einige Monate zuvor noch knapp der Falle entronnen zu sein, spiegelte nur allzu gut wider, was aus meinem Heimatland geworden war. Die von den Sowjets eingesetzte kommunistische Regierung nahm Kardinal-Erzbischof Mindszenty fest, es folgten ein sorgsam inszenierter Prozess, seine Verurteilung und Inhaftierung. Innenminister Lászlo Rajk, selbst ein alter Bolschewik, wurde des „Titoismus" angeklagt, nationalistischer Abweichungen, die den stalinistischen Monolith zu unterwandern drohten. Er wurde verhaftet, verurteilt und erhängt. Die Schauprozesse waren nun in vollem Gange. Die Briefe meiner Eltern wurden seltener, zurückhaltend, enthielten keinerlei Informationen mehr, angesichts der strengen Zensur sprachen sie nur von ihrer Angst vor der „Winterkälte" und ihrer Hilflosigkeit. Schwache Lebenszeichen, nicht mehr.

Die Berlin-Blockade begann und eine Weile lebte die Hoffnung, dass der Westen aufwachen würde, erkennen könnte, was für die Menschen hinter dem Eisernen Vorhang kalte, harte Realität war. Wir wünschten sogar einen Zusammenstoß herbei, der den sowjetischen Zusammenbruch beschleunigen würde, weil wir alle wussten, wie schwach das System war, das von dem brutal misshandelten und desillusionierten Volk fast einhellig abgelehnt wurde. Und wieder erkannten die unter dem sowjetischen Joch Gefangenen nicht, wie völlig indifferent sich die westliche Führung verhielt, welch riesige Kluft zwischen Worten und Taten klaffte und, zynischer ausgedrückt, dass die Militärindustrie ein in die Länge gezogenes Wettrüsten einem raschen, sauberen Aufeinanderprall und einem bleibenden Frieden vorzog. Die Geschichte wiederholte sich; wie schon 1938, als den europäischen Juden in den Vereinigten Staaten, in Großbritannien, Frankreich und anderen Staaten Asyl verwehrt und damit den Nazi-Wahnsinnigen unbewusst signalisiert wurde, dass ihre bösen Absichten gegenüber den Juden zu keinerlei Protest oder Intervention führen würden. Genau so, wie sich niemand mehr an das türkische Massaker an den christlichen Armeniern im Jahr 1915 erinnerte. Nun waren wir an der Reihe, vergessen zu werden, und so geschah es auch.

Als ich unter der Ägide der Internationalen Flüchtlingsorganisation die Länder nennen musste, in die ich auswandern wollte, galt meine erste Präferenz Nordamerika, weil es näher lag und bekannter war als die fernen Länder der südlichen Hemisphäre. Da dessen Quoten aber überfüllt und die Chancen, auf die Liste zu gelangen, gering waren, entschied ich mich für Australien, wo mein Vater einige alte Freunde hatte, Menschen, die ich kannte, mochte und denen ich vertraute, Fixpunkte in einer unbekannten, neuen Welt.

Damals konnte ich keine Pläne schmieden. Ich musste natürlich von etwas leben. Zwar verlangte der Zweijahresvertrag mit der australischen Regierung, dass wir in bestimmten bezahlten Berufen arbeiteten. Aber was dann? Mein wirkliches Interesse, die Erforschung des menschlichen Geistes, das Knacken des komplexen Codes, der den Schlüssel zum Leben und zum Bewusstsein enthält, schien außer Reichweite – eine bloße Illusion, ich sah keinen Weg, der mich dorthin führen könnte. Neurologie, Gehirnforschung, Philosophie, vielleicht Psychologie, welche akademischen Schritte, wenn überhaupt, mochten dorthin führen? Ich hatte auch das Gefühl, dass all das damals eher nebulose Worte für mich waren und ich Vorstudien betreiben und Hintergrundwissen erwerben musste, wenn ich den Bau von Luftschlössern vermeiden wollte. Daher änderte ich mein Vorhaben. Ich beschloss, zunächst einmal Fuß zu fassen, einen Beruf zu erlernen, dem ich gerecht werden konnte, für den ich nicht meine Seele verkaufen musste.

Ich lernte einen jungen australischen Arzt kennen, der später ein herausragender Spezialist in Sydney werden sollte und kurze Zeit der Einwanderungsbehörde zugeteilt war, um den Auswahlprozess für Australien zu überwachen. Meine Eltern kannten seine Familie und er gab mir einen guten Rat: Zahnarzt, ein hervorragender Beruf, genau das, was ich brauchte. Die Ausbildung war kürzer als bei Medizin, man hatte regelmäßige Arbeitszeiten und ich hätte dadurch genügend Zeit, mich einzuleben, meine Sprachkenntnisse zu verbessern und auf mein langfristiges Ziel hinzuarbeiten. Das ergab Sinn; ich musste es nur noch tun.

Als neun Monate nach meiner Ankunft in Österreich die Zeit kam, mich von Stephan und meinen Freunden zu verabschieden, wurde mir das Herz schwer. Aber ich war entschlossen. Doch unsere Verabschiedung war voreilig. Als ich mich beim Aufnahmelager meldete, um dort den Zug nach Italien zu besteigen und mich dann weiter für die Seereise einzuschiffen, kam es zu organisatorischen Schwierigkeiten, eine Verzögerung von sieben bis zehn Tagen wurde angekündigt. Ich trieb mich im Lager herum, und während eines

Spazierganges sah ich das Auto meiner Freunde vom schwedischen Roten Kreuz auf mich zukommen, ein toller Zufall. Sie waren gerade auf dem Weg zu meinem Cousin, wo eine Abschiedsparty stattfand, weil ihr Dienst zu Ende ging.

Ich winkte ihnen zu und beschloss kurzerhand mitzufahren. Wie mit den Schweden besprochen betrat ich ganz lässig ohne jede Ankündigung das Haus, gerade als das Abendessen aufgetragen wurde, entschuldigte mich für meine kleine Verspätung und setzte mich auf meinen üblichen Stuhl. Das Erstaunen, die Freude und die Überraschung über diese Rückkehr waren groß und wärmten mein Herz. Es war ein herrlicher Abend. Ich verabschiedete mich noch einmal, diesmal endgültig, zunächst allerdings nur, um noch einen weiteren Besuch zu machen. Es war weit nach Mitternacht, als ich an Evas Türe klopfte. Später dachte ich, dass solche Dinge eigentlich nur in Filmen vorkommen.

Als sich unser Zug einige Tage später in Bewegung setzte und die eindrucksvolle Kette der Karawanken, die nördliche Grenze des damaligen Jugoslawien, den Blicken entschwand, war ein verzweifeltes, atavistisches Aufstöhnen voll Abschiedsschmerz zu hören. Es stammte von einer Gruppe leidenschaftlicher junger Serben, die ihrer Heimaterde entrissen worden waren. Es war einerseits bewegend, andererseits aber auch beängstigend. Tief aus ihren Herzen kommend hatte es die gleiche seismische Intensität, die sich auch in ihrem Patriotismus, in ihrer Liebe, ihrem Hass und ihrer Blutrache zeigt. Diese schiere rohe Kraft ließ mich erschauern.

Wir fuhren in Etappen, blieben eine Woche in Salzburg, sodass ich die Stadt erkunden konnte. Dann ging es über Innsbruck, den Brennerpass und Südtirol nach Senigallia, einem Ferienort an der Adria, der von der Flüchtlingsorganisation übernommen worden war und als Übernachtungsort auf dem Weg zum Einschiffungshafen diente. Wie sich herausstellte, mussten wir weitere drei Wochen auf unser Schiff warten, diesmal in einem ehemaligen US-Militärlager, in einer Zeltstadt etwas außerhalb der antiken römischen Stadt Capua am

Ufer des Volturno, unweit von Neapel. Als Hannibal dort während seines Feldzugs gegen Rom sein Winterquartier aufgeschlagen hatte, also mehr als zweiundzwanzig Jahrhunderte zuvor, dürfte der stimmungsvolle alte Ort nicht sehr viel anders ausgesehen haben.

Ich schlenderte durch die engen Gassen, mit Wohnungen, die direkt auf die Straße gingen, ein kollektiver, unbewachter, freundlicher Raum, um den sich eine enge Gemeinschaft gebildet hatte. Ich hatte wenig Geld, kaufte daher frisches Brot und einheimischen Käse. Ich teilte es mit einem Freund, saß mit ihm gemeinsam auf einer alten Steinmauer und trank Wein, während wir die Welt um uns herum beobachteten.

Während wir auf unser Schiff nach Australien warteten, waren wir offiziell staatenlos und mussten innerhalb der Lagergrenzen bleiben. Dies hielt einige von uns nicht davon ab, durch die Umzäunung ins nahe gelegene Caserta zu entschlüpfen, dessen imposanter Königspalast die letzte Residenz der Könige von Neapel und bei Kriegsende das Hauptquartier der Alliierten unter Feldmarschall Earl Alexander gewesen war. Ich schaffte es sogar noch weiter und besuchte Neapel und Pompeji, diesen märchenhaften Ort. Ich saß in den einsamen, stillen Höfen jener Stadt, wartete, entspannte mich, ließ die Zeit dahinfließen, die Vergangenheit auf mich wirken. Ich sah den Schutt, das gleiche staubige Durcheinander wie bei unserem Haus in Budapest, eine grausame Unterbrechung des Lebens.

Wenn ich heute, mehr als fünfzig Jahre später, zurückschaue, wundere ich mich, wie rasch und effizient der Transport der großen Flüchtlings- und Emigrantengruppen, jeweils 1000 oder 1500 Menschen, über große Entfernungen in Zügen und Bussen bewältigt wurde. Sie bekamen zu essen und wurden in Transitlagern untergebracht, ohne dass es nennenswerte Engpässe gegeben hätte. Junge, allein stehende Männer waren kein Problem, die meisten Emigranten jedoch waren Familien mit kleinen Kindern und schwangeren Frauen, die oft unter Stress litten. Die überwiegend polnische, ukrainische und jugoslawische Gruppe, in der ich mich befand, war tapfer und ertrug geduldig die Entbehrungen und Belastungen. Nun, da wir in wenigen Wochen unseren endgültigen Bestimmungsort erreichen würden, wollten wir bis zum Ende durchhalten und sogar genießen, was es zu genießen gab. Die diesen Exodus beaufsichtigenden Beamten taten ihren Job gut und zeigten sich verständnisvoll.

Mit einer einzigen Ausnahme, einem Vorfall, dessen Zeuge ich persönlich wurde und bei dem sich ein Offizier außerordentlich arrogant und grausam verhielt. Unsere Zeltstadt in Capua stand auf einem trockenen Kalksteinplateau, mit Schotterwegen zwischen den Zelten und nicht einem Grashalm oder Erde zum Anpflanzen. Eines Morgens kam ein australischer Brigadekommandant, um uns in seiner damaligen Rolle als Einwanderungsinspektor zu überprüfen. Wie MacArthur aussehend und auftretend, schlenderte er zwischen den Zelten umher, sein Gefolge im Schlepptau, blieb immer wieder stehen, um da und dort ein paar Worte mit jemandem zu wechseln, sich dies oder jenes anzusehen. Irgendwann kam ein junger Pole, Vater von drei Kindern, das jüngste auf seinem Arm, auf ihn zu. Er wollte etwas, vielleicht Beruhigung, Information, ein nettes Wort. Aber statt ihm die Aufmerksamkeit und menschliche Wärme zu geben, die er gebraucht hätte, wurde der Brigadekommandant wütend und warf dem Mann Trägheit vor, weil er „kein Blumenbeet um das Zelt angelegt" hatte. Noch während er sprach, geriet er in Rage über das nichtsnutzige Menschenmaterial, das die australische Regierung da zu übernehmen gedachte. Ich stand ganz in der Nähe, hörte und verstand alles und hoffte, dass dies bei dem jungen Polen nicht der Fall war. Mitten in diesem Ausbruch und sich seiner imaginären moralischen Überlegenheit sicher, machte er plötzlich kehrt und verließ den Schauplatz.

Aschfahl im Gesicht und völlig verwirrt stolperte der Pole in sein Zelt zurück. Irgendjemand folgte dem Mann, um ihn zu trösten, die Unmenschlichkeit des Brigadekommandanten aber blieb allen, die Zeugen dieses Ausbruchs gewesen waren, für immer im Gedächtnis. Seit damals habe ich immer wieder die gleiche hochfahrende Grausamkeit erlebt, insbesondere bei „Schreibtischtätern" jeder Hierarchiestufe. Vor allem Regierungsmitglieder, die der Realität entrückt und von den Folgen ihrer Politik abgeschirmt sind, werden immer argwöhnisch, wie das Flüchtlingselend der letzten Jahre zur Genüge beweist. Ich möchte aber betonen, dass diese Haltung, zumindest im unmittelbaren Kontakt, der menschlichen Haltung des australischen Volkes weit gehend fremd ist.

Nelly, ein 12 000-Tonnen-Frachtschiff unter panamesischer Flagge mit schwedischen Offizieren, lag am internationalen Terminal in Neapel und wartete auf uns. Dieses ziemlich neue Schiff, das recht gut für den Transport von Menschen umgebaut worden war, konnte uns 1500 Personen leicht aufnehmen. Frauen mit Kindern wurden nahe der Schiffsmitte untergebracht, wo das Stampfen des Schiffes kaum spürbar war, während allein stehende Männer am vorderen und hinteren Ende untergebracht wurden. Wir schliefen unten in den Laderäumen in Kojen, in denen drei übereinander liegende Pritschen aufgestellt waren. Endlose Stahlleitern verbanden die Ebenen miteinander und führten auf das offene Deck. Überall waren Menschen. Die Verpflegung war anständig, wie auch alles andere, und die Reise dauerte nur vier Wochen. Die Salzwasserduschen – wir hatten keine andere Wahl – waren nicht unbedingt angenehm, aber das war keine Luxuskreuzfahrt und wir waren froh, unserem Ziel entgegenzufahren.

Bis einen Monat zuvor, als wir in einem Transitlager mit Ferienanlage an der italienischen Adriaküste übernachtet hatten, hatte ich das Meer noch nie gesehen. Der ungarische Plattensee war das größte Gewässer, das ich bislang gekannt hatte. In ost-westlicher Ausdehnung ist er über 80 Kilometer lang, das andere Ufer liegt weit hinter dem Horizont. Es ist eine eindrucksvolle Wassermasse, aber in keiner Weise mit dem Meer zu vergleichen. Und hier war es nun, endlos blaues Wasser von einem Horizont zum anderen. So sehr ich Berge, Flüsse, Seen, Täler und sogar Wüsten mag, für das Meer kann ich mich nicht begeistern. Es ist zu groß, ohne Konturen, zu endlos, zu tief und in seiner Unermesslichkeit zu grausam und unversöhnlich. Seine Küste mag ein netter Saum sein, aber schon in geringer Entfernung lauert der sichere Tod, kalt und dunkel. Nur wenn es von einem Sturm aufgepeitscht wird, sich Tausende Tonnen heben und senken und in wilder Wut auf die Küste zurasen, wird es faszinierend und lebendig.

Nun, da wir Fahrt aufnahmen, machte sich das Auf und Ab der Schiffsbewegung bemerkbar und viele wurden zumindest vorübergehend seekrank. Wir segelten zwischen Capri und Sorrent, hielten auf die Straße von Messina zu und passierten die Insel Stromboli mit ihrem aktiven Vulkan. Es war schon dunkel und wir erlebten einen spektakulären Ausbruch. Am nächsten Tag waren die entschwindenden Lichter der kalabrischen Küste das Letzte, was ich von Europa sah. Ich blieb an Deck, lehnte mich an die Heckreling, bis sie hinter dem Horizont verschwand.

Langsam segelten wir am britischen Kreuzer *Vanguard* vorbei, der am Eingang des Hafens von Port Said lag, und fuhren in den Suez-Kanal ein. Eine andere Welt, der Rand Afrikas, der Wiege der Geschichte, Kreuzungspunkt der Zeiten. Sanddünen säumten die Wasserstraße, die Mondsichel hing im Osten. Hie und da Gruppen von Palmen. Die Stadt Ismailia tauchte am westlichen Ufer auf und ich sah zum ersten Mal Bougainvilleen, in Morgenlicht gebadet. Dann kamen die Bitterseen, glühende Hitze stieg von der schimmernden Oberfläche auf, felsige Höhen weiter hinten; bald folgten Suez, das Rote Meer und die fernen Berge des Sinai im Osten. Der Lotse ging von Bord, das Schiff gewann an Fahrt und hielt südlichen Kurs über den immer weiter werdenden Golf. Er war schön und bedrohlich, der Höhenzug im Osten ganz anders als andere hohe Bergketten. Eine undefinierbare Präsenz war spürbar, ein Eindruck, der in der Erinnerung haften blieb, wenn ich ihn mir auch auszureden versuchte und mit meiner Faszination für die Geschichte erklären wollte. Der *spiritus loci* ließ sich nicht leugnen.

Die Sommerhitze machte sich bemerkbar, als wir uns den Tropen näherten, mit Wüste auf beiden Seiten der Meerenge und ohne kühlende Brise. Das Schiff war wie das Innere eines überhitzten Dampfbades. Die Hitze war anstrengend, unbarmherzig, bis wir schließlich den Indischen Ozean erreichten und der Monsunsturm uns Erleichterung verschaffte. Nach drei oder vier Tagen erreichten wir Aden, das arabische Felsplateau lag nun weit hinter uns, rot glühend in der Ferne.

An Bord der *Nelly* herrschte, zumindest für mich, keinen Augenblick Langeweile. Ich überließ meine träge dahindösenden Gefährten ihrem Schicksal und suchte eine andere Beschäftigung. So meldete ich mich freiwillig für Lagerarbeiten. Als kleine Gruppe hatten wir die Aufgabe, große Mengen an Nahrungsmitteln aus den Kühlräumen zu den Küchen zu tragen, wo man mit der Essenszubereitung für die Massen beschäftigt war. Einmal sollten sechs von uns riesige Fleischbrocken aus dem Tiefkühlraum holen, in dessen großem Lager eine halbe, in Stücke zerkleinerte Rinderherde auf Fleischerhaken hing. Nachdem wir unsere Fracht aufgeladen hatten, verließen wir einer hinter dem anderen diese arktische Höhle. Ich war der Letzte, weil ich bei dem Versuch, das elefantenbeinähnliche Stück besser zu fassen, etwas Zeit verloren hatte. Da fiel die schwere Stahltüre durch die rollende Bewegung des Schiffes zu und die automatische Innenbeleuchtung erlosch. Ich saß in der Falle. Keine Möglichkeit, mir Gehör zu verschaffen, kein Lichtschalter, auch die Türe schien innen keinen Griff zu haben. Klaustrophobie erfasste mich. Mir wurde schlecht. Ob man bemerken würde, dass ich fehlte? Vielleicht fiel dem Koch auf, dass Fleisch fehlte, das könnte mich retten. Was aber, wenn das Abendessen aus Käsemakkaroni bestand, für die kein Fleisch und damit kein weiterer Besuch in meinem eisigen Grab nötig war?

Die Situation hatte sicherlich auch eine lustige Seite, aber nur im Nachhinein und nicht damals, als ich zwischen gefrorenen Kadavern im Dunkeln hockte. Aufgrund der tropischen Hitze draußen nur mit Shorts und einem dünnen Hemd bekleidet, kühlte ich jetzt rasch aus und mir wurde der Ernst meiner Lage bewusst. Ich war zu jung, um so zu enden, festzufrieren nur wenige Meter vom dampfenden Ofen des Roten Meeres entfernt. Etwas musste geschehen. Ich konnte zumindest versuchen, ein wenig Körperwärme zu erzeugen und damit die Unterkühlung aufzuschieben, die mich sicher erfassen würde, wenn ich mich nicht bewegte. Nicht, dass es einfach war, auf diesem begrenzten Raum mit all den unsichtbaren Kadavern um mich herum Turnübungen zu machen, aber ich schaffte es. Nach etwa vier oder fünf Minuten dieser verzweifelten Bemühungen wurde die Türe plötzlich geöffnet, das Licht ging an. Meine Abwesenheit war tatsächlich nicht bemerkt worden – meine Rettung reiner Zufall.

Ich ging oft an Deck, wenn alles schlief, bahnte mir den Weg zum Schiffsbug, um den Zauber der Nacht auf mich wirken zu lassen. Ein oder zwei Tage nach Aden begann sich das Meer zu heben, der Wind zerrte an uns. Wir befanden uns in einem wilden, jahreszeitlich bedingten Sturm. Das Schiff pflügte sich seinen Weg vorwärts, hob und senkte sich, mein Magen und meine Stimmung stiegen. Das Wasser unter dem Schiff war schwarz, weißer Schaum umtoste das Mondlicht. Ich hielt mich an der Reling über dem Abgrund fest, unter mir Finsternis und Tod.

Nach der Überquerung des Indischen Ozeans erhaschten wir einen fernen Blick auf den südwestlichen Zipfel von Australien, ein kaum sichtbarer dunkler Strich am Horizont, der bald wieder aus dem Blickfeld, nicht aber aus unseren Gedanken entschwand. Eine seltsame neue Welt, unser künftiges Zuhause. Was erwartete uns? Drei Tage danach, es wurde schon dunkel, kamen die schroffe Küste von Cape Otway und die grünen Hügel dahinter in Sicht. Am späten Abend desselben Tages wandten wir uns nordwärts und fuhren in die Bucht von Port Phillip ein, in das Binnenmeer, auf unserem Weg nach Melbourne mit seinen Abermillionen glitzernden Lichtern, blinkend und still unter dem bedeckten Winterhimmel.

Es war der 17. Juli 1949, das Ende unserer langen Seereise und ein Augenblick der Wahrheit, unbekannt, unheimlich und aufregend.

Australien – Zeitreise und Pracht

Nachdem die *Nelly* am nächsten Morgen am Station Pier von Melbourne angelegt hatte, kam eine Gruppe energischer Zollbeamter an Bord. Ein rascher Blick auf unsere bunt zusammengewürfelte Gruppe genügte, um sie zu überzeugen, dass sie ihre Zeit verschwendeten. Es wurde wirklich überraschend wenig Aufhebens um uns gemacht und wir wurden umgehend in einen am Pier stehenden Sonderzug verfrachtet, der uns zu unserem Bestimmungsort brachte. Dieser war ein großes, über dreihundert Kilometer landeinwärts in Bonegilla am Ufer des Hume Weir nahe der Stadt Albury an der Grenze der Bundesstaaten Victoria und New South Wales gelegenes, ehemaliges Militärcamp.

Vom Station Pier wurden wir auf das Hauptgleis verschoben, fuhren am Rand der Stadt mit ihren hohen und fremdartigen Gebäuden vorbei und durch eine noch fremdere Landschaft mit sich endlos dahinziehenden Vororten, kleinen, zumeist aus Backstein errichteten Häusern auf Rasenflecken mit wenigen Bäumen und, so weit wir sehen konnten, sehr wenigen Menschen. Der Himmel war grau und kalt. Alles wirkte seltsam unbewohnt.

Ich sah mich aufmerksam um, suchte nach Leben da draußen jenseits der Schienen, aber sogar die Häuser verloren sich, es blieben nur endlose Distanzen. Nichts rührte sich und es schien, als wäre da draußen nichts, das sich bewegen könnte. Der Boden rot, das Gras silbrig grün, keine erkennbare Bewirtschaftung, ein paar seltsame Bäume hier und da, die Eisenbahnschranken bei den Kreuzungen zwar geschlossen, aber ohne Verkehr, der darauf wartete, das wir vorüberfuhren. Später sah ich ein Mädchen auf einem Pony zur Schule reiten, aber es waren keine Gebäude zu sehen. Man hatte den Eindruck eines Märchenlandes im Winterschlaf, einer riesigen Bühne. Mein europäischer Geist erwartete, dass sich diese zeitlose

Fata Morgana plötzlich auflösen und eine bislang verborgene Handlung offenbaren würde. Sie löste sich aber nicht auf, damals nicht und niemals. Es war vielmehr so, dass ich meine Erwartungen ablegen musste, und schließlich tat ich das auch. Erst dann konnte ich dieses Land, seine unterschiedlichen Schattierungen, seine schroffe Größe erkennen; natürlich nicht sofort, aber nach und nach, so wie man ein geliebtes Gesicht zu verstehen lernt.

Mit der Zeit lernte ich Australien kennen, seine Berge, Hochplateaus, die undurchdringlichen Wälder, seine alten, hohen Küsten, die tropischen Regenwälder, Wüsten, Savannen, Wadis, Flüsse, die vor Krokodilen wimmeln, seine Sümpfe und Wasserfälle, und alles ungeheuer groß, oft grenzenlos. Und ich sollte erfahren, wie der australische Charakter durch diese Endlosigkeit geprägt wurde, die Arroganz zunichte macht, Anmaßung in Entfernung und Hitze ertränkt, einen Filter für Dummheiten entwickelt, der die Launen von außen nicht durchlässt, die in städtischen Treibhäusern voll Trägheit und Unheil wie Pilze aus dem Boden schießen.

Wenn die ewige Frage nach einer Definition der australischen Identität auftaucht, dann erstaunt es mich immer wieder aufs Neue, dass diese unveränderliche, einzigartig prägende Kraft übersehen wird. Der australische Outback ist ein unerschöpfliches Reservoir für das Essenzielle, er bringt fernab jeglicher Ideologie lakonische Pragmatiker hervor. Die aus diesem Schmelztiegel hervorgehende Sprache zeigt dies recht gut; alle seltsamen Intonationen des allgemeinen Englisch werden ausgemerzt. Das Hinterland wirft einen langen Schatten, der bis zum Meer reicht. Bewohner des kontinentalen Küstenstreifens, Pseudo-Städter, tragen den gleichen Stempel, auch wenn sie nie über die Great Dividing Range hinausgekommen sind, welche die Küste vom riesigen trockenen Inneren trennt. In ihrem Akzent, ihrer Mentalität und ihrer Sichtweise gleichen sie unmissverständlich und unverkennbar ihren Cousins im „Busch". Auch die Globalisierungskräfte können daran nichts ändern. Der Charakter Australiens und jener der Australier sind eng miteinander verwoben. Letzterer ist kein kulturelles Artefakt, sondern Teil der Landschaft und des Klimas; urbane Raffinessen können an der Oberfläche kratzen, nicht aber sein Wesen verändern.

Auf halbem Wege zu unserem Bestimmungsort im Landesinneren hielt der Zug an. Im Erfrischungsraum des Bahnhofs teilten grün uniformierte junge Mädchen gratis Tee, Kaffee und Kekse aus und gaben jedem beim Abschied eine Orange mit. Ich wurde weggerufen, um am Ende des Zuges als Dolmetscher ein kleineres Missverständnis aufzuklären, und so entging mir die Party am Kiosk. Als die anderen wieder in den Zug einstiegen, wandte ich mich an ein hübsches Mädchen hinter der Theke, erklärte ihr, warum ich zu spät kam, und fragte, ob sie noch etwas für mich hätte. Sie sah mich an, lächelte, griff hinter die Theke und gab mir nicht eine, sondern zwei Orangen. Ich mochte das Lächeln und die Geste und wusste, dass ich willkommen war.

Die Uhr tickte; mir blieben nur mehr weniger als zwei Jahre. Während dieser Gnadenfrist sollte ich viel sehen, viel lernen und viel tun. Bei meinen Reisen durch das Land lernte ich die Städte kennen, erspürte deren Atmosphäre, nahm Eindrücke auf und erlernte die Verhaltensweisen ihrer Bewohner. Ich arbeitete hart, oft hatte ich zwei Vollzeitjobs, um mich zu erhalten und um für die Universitätsgebühren meiner Ausbildung zu sparen, die das Sprungbrett für all meine künftigen Pläne sein sollte.

Während meines einwöchigen Aufenthalts im Bonegilla Camp besuchte ich mehrmals die nahe gelegene Kleinstadt Albury. Es war wie ein Ausflug in die Vergangenheit, wenn ich in der schläfrigen, ruhigen, hübschen Geisterstadt herumspazierte. Ich fand einen riesigen Teppich sorgfältig gepflegter Rasenstücke vor, Blumenbeete, großteils Backsteingebäude, Häuschen, deren Eingangstüren mit Bunt- oder Bleiglas eingerahmt waren und Namen statt Nummern trugen, asphaltierte Straßen, Bäume und Parks und eine Vielzahl exotischer Pflanzen im botanischen Garten. Ich kletterte auf den bescheidenen Hügel mitten im Zentrum, mit seinen kaskadenartigen Stufen, die zu einem Obelisk führten, einem Kriegerdenkmal, das als Krönung die Stadt überragte. Leichte Melancholie lag über dem Ort. Kein Zeichen von Armut oder Reichtum, zeitlose Langeweile hing in der Luft und keinerlei Anzeichen dafür, dass diese sich jemals verflüchtigen könnte. Das alles zeugte von einer Existenz und einem Lebensstil, deren Wurzeln und Dynamik keinerlei Antrieb zeigten.

Im Stadtzentrum gab es einige zweistöckige Gebäude, Banken, Büros, Warenhäuser, Lagerhallen und natürlich ein paar Hotels, ein Euphemismus für „Trinkbuden", mit gefliesten Wänden und Böden, die am Ende des Tages leicht abzuspritzen waren. Natürlich hatten die Hotels auch Zimmer – ungastlich, spartanisch, ganz offensichtlich nebensächlich und vielleicht nur da, um die Bezeichnung des Gebäudes zu rechtfertigen. Es gab einige Bekleidungsgeschäfte, Schuhgeschäfte, Elektroläden, unspektakuläre Provinzversionen ihrer städtischen Äquivalente. Die wenigen Menschen, die ich sehen konnte, trugen ordentliche, schlecht sitzende Kleidung, es fehlte ihnen an Vitalität und Zielstrebigkeit. Ich suchte offensichtlich etwas, das ich nicht fand. Es war nichts wirklich falsch, außer vielleicht das Schuhwerk. Offenkundig maschinell gefertigt, mit Leisten, die von Menschen entworfen worden waren, die noch nie einen Fuß gesehen hatten. Der Ort war eine puritanische Siedlung, eine unbedarfte englische Version des Westens, der nicht mehr wild war und es allem Anschein nach nie gewesen war.

Ich hatte es jetzt eilig, in eine Stadt zu kommen, und bewarb mich für den erstbesten Job. Es gab jede Menge Arbeitsstellen und innerhalb von drei Tagen war ich auf dem Weg zurück nach Melbourne. Vor meiner Abreise zog mich der Begrüßungsoffizier des Lagers, ein freundlicher, mittelalterlicher Kleriker aus Tasmanien, der den Neuankömmlingen ein geistiges Rüstzeug mitgeben wollte, beiseite und warnte mich mit gesenkter Stimme vor den Verführungen, die mich in der großen Stadt erwarten würden. Das war der erste Hoffnungsschimmer.

Eine Gruppe von zwanzig jungen Männern wurde zu einer militärischen Einrichtung in Broadmeadows am nördlichen Rand von Melbourne gebracht. Wir wurden in einfachen Wellblechbaracken untergebracht, die Mahlzeiten kamen von der Armee. Unsere Arbeit bestand aus allen möglichen Handlangerdiensten, Auffüllen von alten Übungsgräben, die vom Krieg übrig geblieben waren, Bau von Überlaufabflüssen und Drainagesystemen, Lagerarbeiten und Ähnlichem. Es war eine ideale Stellung, ein nützliches Sprungbrett für weitere Streifzüge durch Melbourne. Nun konnte ich mit der Aufgabe beginnen, mich selbst in dieser seltsamen neuen Welt zurechtzufinden.

Ich blieb vier Monate in Melbourne und erkundete alles. Ich lernte den Ort kennen – eine deutlich verbesserte Version der ländlichen Stadt, die ich zuvor gesehen hatte, und nicht ohne Charme und Möglichkeiten. Es gab einige attraktive und beeindruckende Boulevards, hohe, imposante Gebäude, Straßen, die von Bäumen und Büschen gesäumt wurden, großzügige Plätze, große Parkanlagen und Gärten sowie ansprechende Wohnviertel. Es gab offenkundigen Reichtum, sogar Exklusivität, und viele Menschen – ja während der fünftägigen Arbeitswoche sogar Menschenmassen. Ich stellte mich an den wichtigsten Knotenpunkt der Stadt, die Haltestelle Flinders Street, damit ich einen Eindruck von den Gesichtern und Typen bekam, die auf ihrem Heimweg in die Vororte hier vorbeiströmten. Die Mädchen waren zumeist gut angezogen und schlank, auch wenn manche einen verkniffenen Gesichtsausdruck hatten. Ihre Knöchel waren leicht bläulich, was mich erstaunte, bis ich erfuhr, dass in den kalten, zugigen Büros völlig unzureichend geheizt wurde.

Ich fand heraus, dass die Australier dem Frischluftkult huldigten: Beachte die Kälte nicht, sie tut dir gut. Sie kühlt auch die Leidenschaft, was vor allem den Kirchen nur recht war, die eine erstaunlich wichtige Rolle in dieser Gesellschaft spielten, die sich tatsächlich auf Vorkriegs-Niveau befand. Der Tag des Herrn musste eingehalten werden, die Sonntage waren daher endlose Langeweile – kein Sport, keine Unterhaltung, nicht einmal eine Zeitung gab es, die Stadt von Menschen geleert, eine stille Geisterstadt.

Es gab viele Straßenbahnen, grüne und beige, die ein verzweigtes Netz bedienten, ein zivilisiertes Transportwesen, das angenehme Assoziationen in mir wachrief. Ich lernte einige Leute kennen, nahm so manch großzügige Einladung an, wurde mit dem Auto zu den nahe gelegenen Dandenong Ranges geführt und kam auf eigene Faust weit herum. Besonders gern mochte ich die Mornington-Halbinsel, die die südliche Seite der Bucht bis zu der Enge bildete und die Verbindung zum offenen Meer und zur Welt draußen darstellte. Es war eine kahle, windumbrandete, romantische Küste mit felsigen Landzungen, sandigen Stränden und tosenden Wellen. Ich erinnere mich noch sehr gut daran und war seitdem oft wieder dort. Es ist so etwas wie ein Außenposten, eine Welt mit heftigem, hohem Seegang, bis zur Antarktis, bevölkert von Walen, Seehunden und Pinguinen. Unwirtlich, ein Schutzwall mit zwergenhaften Bäumen, die sich von den ständigen Winden abkehren, als würde sie den Kontinent davor abschirmen.

Beinahe hätte ich meine zweite Frau bei den schönen Kooyong-Tennisplätzen kennen gelernt, wo sie drei Jahre in Folge Highschool-Champion ihrer Altersgruppe war. Ich sprach mit Harry Hopman über einen österreichischen Tennisprofi, der sich in Australien niederlassen wollte. Kurz nach meiner Ankunft in Melbourne und mit dem Geld für ein Flugticket, das mir australische Freunde borgten, deren Bekanntschaft ich eine Woche zuvor gemacht hatte, flog ich für ein Wochenende nach Sydney, um mich dort umzusehen und mir Gedanken über meinen nächsten Schritt zu machen: wo dieser stattfinden und wie ich ihn herbeiführen sollte. Ich war von der Stadt sofort begeistert und nach meiner Rückkehr nach Melbourne machte ich mich gleich an die Umzugsvorbereitungen. Außerdem kannte ich Leute in Sydney, alte Freunde meines Vaters. Und zusätzlich dauerte die Zahnarztausbildung an der Universität der Stadt ein Semester kürzer als in Melbourne. Nun wusste ich endlich, wo es losgehen sollte. So stieg ich am Tag vor meinem zwanzigsten Geburtstag in den Zug für die erste Etappe der zwei Tage dauernden Reise nach Sydney. An der Grenze zwischen Victoria und New South Wales musste ich umsteigen, da die breite Spurweite von Victoria dort endete und die Standardweite begann: ein kurioses Überbleibsel der australischen Kolonialzeit. Es gab noch immer drei Spurweiten, Qualität und Komfort konnte man bei allen dreien getrost vergessen.

Sobald ich mich einmal in Sydney eingelebt und einen Zwei-Jahres-Vertrag mit der Regierung in der Tasche hatte, begann ich zu arbeiten. Ich putzte Eisenbahnwaggons am Hauptbahnhof von Sydney, einige Monate später wechselte ich in dessen Paketbüro und belud Bremswägen in Vormittags- und Nachmittagsschichten. Dieses Arrangement kam mir sehr zupass, da ich so die Stadt, ihre Kanäle, Attraktionen und Einrichtungen erforschen konnte.

Erst nachdem ich einen Sprachtest in Englisch bestanden hatte, wurde ich an der Fakultät für Zahnmedizin aufgenommen. In meinem ungarischen Maturazeugnis war Englisch nicht angeführt und ohne dieses wurde man nicht an der Universität zugelassen. Ich mochte den Ort mit seinen gotischen Sandsteingebäuden und dem weiten, viereckigen Innenhof. Hier begann ein neues Kapitel für mich, ein weiteres Abenteuer.

Ich konnte natürlich etwas Englisch oder zumindest eine Abart davon; aber wer nicht wirklich seine Sprache gewechselt, ein Sprachmuster durch ein völlig anderes ersetzt hat, kennt die damit einhergehenden Frustrationen nicht. An einem Tag ist man redegewandt, kann Gefühle, Gedanken und wichtige Nuancen übermitteln, Ideen ausdrücken und mit Menschen kommunizieren. Am nächsten empfindet man sich selbst als linkisch, ungenau, rückentwickelt und auf das Notwendigste reduziert. Man strengt sich an, versucht es, tritt ins Fettnäpfchen, löst manchmal Gelächter, manchmal Bestürzung aus.

Ganz zu Beginn fuhr ich einmal per Anhalter von Melbourne Richtung Norden auf der Autobahn. Ein älteres Ehepaar nahm mich in seinem nagelneuen Chevrolet mit. Ich saß hinten, wir unterhielten uns über dies und das, bis sie anhielten, um mich aussteigen zu lassen, bevor sie abbogen. Sie waren mir sympathisch, es waren freundliche Leute, was man ihnen auch ansah. Ich fühlte mich gedrängt, meinen Dank zum Ausdruck zu bringen, mehr als einfach „danke" zu sagen. Ich wollte ihnen vermitteln, wie positiv ich es empfand, mittellos am Straßenrand stehend aufgenommen zu werden und ihre Freundlichkeit zu erfahren, und dass ich selbst in Zukunft auch anderen gegenüber so großzügig sein wollte.

Komplexe, abstrakte Gedanken zu formulieren erfordert eine Verallgemeinerung, die damals über mein sprachliches Niveau hinausging. Ich wurde daher konkret und zählte die Einzelheiten auf: „Ich stand völlig mittellos an der Straße und Sie nahmen mich in Ihrem schönen Auto mit. In ein, zwei Jahren, wenn ich in meinem schönen neuen Auto vorbeifahren und Sie völlig mittellos an der Straße stehen werden, werde ich dasselbe für Sie tun" oder Ähnliches. Rückblickend kann ich nur hoffen, dass sie den Schock bald überwunden und mich verstanden haben.

Um die Sache noch etwas komplizierter zu machen, blätterte ich immer wieder in meinem Ungarisch-Englisch-Wörterbuch, griff Worte heraus, die gut klangen oder mir gefielen, wie „*doom*" (Schicksal) und „*spurn*" (verschmähen) und „*thwart*" (vereiteln). Bald beherrschte ich ein unangemessenes und leicht antiquiertes Vokabular, das bei anderen ein gewisses Misstrauen und leichtes Erstaunen auslöste. Natürlich verbesserte sich mein Englisch nach und nach, dafür musste ich aber sprechen, nicht nur zuhören oder ins Kino gehen, sondern reden und erzählen.

Mittlerweile hatte ich mich in einem Zimmer im zweiten Stock einer Pension in zentraler Lage mit zweifelhaftem Ruf eingerichtet. Ich kaufte mir ein paar ordentliche Kleidungsstücke, was damals nicht einfach war, und begann, in die Trocadero-Tanzhalle zu gehen, mit ausgezeichnetem Tanzboden und einer bunten Mädchenschar. Ich muss betonten, dass die linguistische Förderung lediglich Nebensache war. Mir gefielen die Atmosphäre, die frischen, jungen Gesichter, die anschließenden Rendezvous, die ungezwungenen Gespräche. Die Mädchen drückten sich gewählter aus und waren auch besser angezogen als ihre männlichen Pendants, die Bürstenfrisuren und schlecht sitzende Kleidung trugen und nur eine beschränkte Konversation pflegten.

Damals herrschte eine kulturelle Geschlechtertrennung. Männer und Jungen auf die eine Seite, Frauen (Damen) und Mädchen auf die andere. Das ging denn doch zu weit, dachte ich, eine quer durch die Mitte gespaltene Gesellschaft. Für öffentliche Toiletten, vielleicht auch Klassenzimmer ging das ja noch an, um die Ablenkung auf ein Minimum zu reduzieren, selbst für Kirchen, um die Nähe der bösen Versuchung zu verhindern, dass aber gesellschaftliche Veranstaltungen davon beherrscht wurden, was die Unterhaltung auf peinliche Pausen und zusammenhanglose Klischees reduzierte, erschien mir doch mehr als seltsam.

Wer sich unterhalten wollte, musste sich fast ausschließlich auf die eigenen geschlechtsspezifischen Themen wie Sport, Freizeit oder das Wetter beschränken – eine weitere Manifestation der weit verbreiteten Fragmentierung, die überall spürbar war. Ich habe schon weiter oben von „Bildung" im Gegensatz zur „Ausbildung" gesprochen, die eine einschränkende frühzeitige Spezialisierung darstellt, die jungen Menschen in völliger Unwissenheit auferlegt wird. Noch auswegloser wurde die Sache, weil Politik, Sex und Religion, selbst in abgeschwächter Form, Tabuthemen waren. Damit wurde jede kreative Interaktion, jedes Zusammentreffen von Menschen sowie jegliche intime Nähe und jedes Vertrauen, welches die Grundlage von Beziehungen und Freundschaften bilden, wirkungsvoll unterbunden.

Ich bedauerte das und war besorgt, ja sogar etwas verärgert über das System. Als Europäer war ich ein Außenseiter und sah, wie die australische Gesellschaft funktionierte; ich spürte die zu Verarmung führenden Folgen. Eine Gesellschaft der Frauen, eine Gesellschaft der Männer und eine Gesellschaft der verschiedenen Berufssparten: Zahnärzte, Lehrer, Mechaniker, Akademiker, die in geschlossenen, sterilen Lebensbereichen – faktisch Ghettos – lebten, voneinander ferngehalten und ohne jegliches Gefühl eines von der Gemeinschaft geteilten Bewusstseins. Überall gab es Barrieren, Cliquen, abgeschottete Gruppen – kein Wunder, dass man sich so gerne an die tödlichen Herausforderungen des Krieges erinnerte, die die Grenzen kurzfristig verwischt und die Menschen zusammengebracht hatten.

Ich tat mein Bestes, lotete Grenzen aus, kämpfte – nicht ganz ohne Erfolg – gegen Konventionen an, erreichte aber nie den erhofften offenen, entspannten Dialog. Meine Bemühungen zeitigten einige recht unerwartete Ergebnisse. Eines Abends traf ich ein mir bekanntes Mädchen, das mit seinem Begleiter bei einer Citybushaltestelle wartete. Ich necke sie ein wenig, fröhlich und harmlos, ließ dabei aber unsere männlichen und weiblichen Identitäten nicht ganz außer Acht. Mir hätte auffallen müssen, dass das nicht allzu gut ankam, da keiner der beiden einen Augenkontakt suchte und sie, als der Bus kam, so schnell wie möglich hineinsprangen und wegfuhren. Später hörte ich, dass man mich für betrunken gehalten hatte, und da ich überhaupt selten trinke und in diesem Fall nicht einen Tropfen angerührt hatte, lernte ich dadurch, wie schmal die Bandbreite für eine akzeptierte verbale Kommunikation war.

Das System schien mir voller Zwänge. Dieses reiche und friedliche Land mit seiner egalitären Gesellschaft, die im Großen und Ganzen keine Klassenunterschiede kannte, verfügte dennoch über unsichtbare kleine zwischenmenschliche Zwangsjacken. Es gelang mir nicht, die liberale Gemeinschaft zu finden, die ich suchte. Sie schien nicht zu existieren.

Das Herz wurde mit schwer und ich begann, meine Worte zu zensurieren. Ich wollte die Gedanken, Gefühle und Vorstellungen der Menschen kennen lernen, aber vielleicht hatten sie keine oder nicht ausreichend, oder diese waren nicht ausformuliert und nicht für die Öffentlichkeit bestimmt. Mir fiel auf, dass meine eigenen Gedanken zum Beispiel in Bezug auf den letzten Krieg oder die Zustände und die Realität der Nachkriegszeit bei meinen Gesprächspartnern nur Unverständnis, wenn nicht gar Langeweile hervorriefen. Sie hörten nicht zu, ich konnte nicht mit ihnen kommunizieren. Es war, als wäre der australische Charakter, der alle Ideen von außen abgewehrt hatte, gegen Ideen ganz allgemein gefeit und wüsste daher mit nicht vertrauten Themen nichts anzufangen.

Langsam dämmerte mir dann, dass dieses Land bis zum damaligen Zeitpunkt, 1950, einfach kein brauchbares, authentisches australisches Rollenbild für die Menschen, ob männlich oder weiblich, entwickelt hatte. Kurzum, ich sprach eine Geisteshaltung an, die noch nicht erfunden worden war, was in den folgenden Jahren aber geschehen sollte. Das hatte nichts mit mangelnder Intelligenz zu tun, sondern resultierte aus Widerstand und Misstrauen, die in den verschiedenen Aspekten der Kolonialgeschichte des Landes ihren Ursprung hatten. Da ein genuin australisches Rollenvorbild für Menschen fehlte, gab es zwei Möglichkeiten – entweder man wurde Engländer oder Marxist, was in jedem Fall unaustralisch und entfremdend war.

Mein Englisch, das damals bei weitem noch nicht ausreichte, diese Erkenntnisse zu formulieren, bewahrte mich davor auch nur zu versuchen, solche Ansichten zum Ausdruck zu bringen. Es gab auch niemanden, dem ich sie hätte mitteilen können, daher suchte ich die Gesellschaft anderer Neuankömmlinge. Das war kein Opfer. Es gab viele interessante, intelligente, brillante Menschen, Freunde, von denen viele mir noch heute nahe stehen, manche haben sich im Medizinstudium, in den Natur- oder Ingenieurswissenschaften hochgearbeitet, einige waren sogar in Forschung und Lehre tätig. Gute Gesellschaft, und später, als ich sie wirklich brauchte, eine großartige Unterstützung für mich. Ich lernte einige Familien kennen und verbrachte als häufiger und willkommener Gast viele herrliche Abende in ihrer Gesellschaft.

Und dann gab es noch meine Vermieterin, Mrs Whitworth, die

eine Pension in dem farbenprächtigen, alten Vorort Surry Hills nahe dem Hauptbahnhof betrieb. Sie war Witwe, über fünfzig, ihr einziger Sohn war von den Japanern drei Tage nach Kriegsende getötet worden. Sie war eine wunderbare, lebenskluge, lebhafte Person. Ihr verstorbener Mann war ein erfolgreicher Buchmacher gewesen. Sie verfügte über ein schlaues und geradliniges Verständnis des menschlichen Wesens.

„Sie werden zwei Pennies für den Gasdurchlauferhitzer brauchen, wenn Sie eine volle Badewanne mit heißem Wasser haben wollen", beschied mir Mrs Whitworth und ich brachte es nicht übers Herz, ihr zu sagen, dass ich bei meinem Körperumfang dann mit Glück einen Wasserstand von etwa zehn Zentimetern erreichte. Dann gab es noch Whiskers, den alternden Hund ihres Sohnes, eine freundliche Promenadenmischung, ein lebendes Verbindungsglied zwischen Mutter und Sohn, *persona grata* und über jedes Gesetz erhaben. „Streichle Whiskers für mich", hatte John, ihr Sohn, in seinem einzeiligen Abschiedsbrief geschrieben, bevor er wegen angeblicher Spionage hingerichtet wurde. Der Nachbar, der Whiskers zu töten drohte, weil er immer seine Autoreifen anpinkelte, bekam es mit Mrs Whitworth zu tun. „Wenn Sie meinen Hund auch nur einmal anrühren", drohte sie ihm, „können Sie etwas erleben." Sie hatte einen Gehilfen, einen pensionierten rotköpfigen schottischen Matrosen namens Jerry, der ihr im und ums Haus an die Hand ging. In ihrem breiten Schatten hatte er wenig zu sagen, war aber gutmütig und höflich. Ab und an begleitete er Mrs Whitworth auf ihren Ausflügen und glich dann einer freundlichen Version von Popeye, mit Pfeife und allem, was dazugehört.

Mrs Whitworth und ich verstanden uns gut – ja, sie adoptierte mich geradezu, senkte meine Miete, versorgte mich immer mit Geschichten voll Lokalkolorit, Erinnerungen und unpassenden Ratschlägen. Sie war eine erstklassige Vertreterin der *oral history* mit ein, zwei ungeschriebenen Memoiren. Ihre Augen zwinkerten schelmisch. Ihr früheres Temperament und attraktives Aussehen waren nicht zu verkennen. In ihrer Gegend stellte sie etwas dar, sie war beliebt und respektiert. Später habe ich es sehr bedauert, sie nach meinem Unfall, der mich ins Krankenhaus und dann in eine komplizierte Ehe führte, nicht mehr besucht zu haben. Mein guter Freund Béla, der im Stockwerk unter mir wohnte, sagte mir, dass Mrs Whitworth es vorzog, sich an mich so zu erinnern, wie ich war, als wir das letzte Mal miteinander sprachen. Der Verlust ihres eigenen Sohnes hatte ihr genügt – vielleicht konnte sie sich einreden, dass mit mir alles in bester Ordnung war. Wahrscheinlich eine weise Entscheidung.

Mir gefiel Sydney vom ersten Augenblick an. Der Hafen gehört natürlich zu den schönsten auf der Welt, mit seiner felsigen Einfahrt, den hoch aufragenden Klippen und etwa 160 Kilometer zerklüfteter, gewundener Binnenküste. Große und kleine Buchten und Meeresarme, es gibt einen nördlichen Ausläufer und hohe, bewaldete Hügel mit Villen, die dem Wasser zugewandt sind. Die Brücke, die den Hafen überspannte, verband die nördlichen Vororte mit der eigentlichen Stadt. Elektrifizierte Bahnstrecken gingen strahlenförmig vom Zentrum aus, es gab Straßenbahnen und beige und grüne Doppeldeckerbusse, keine roten wie in London. Das eigentliche Geschäftszentrum mit Banken, Warenhäusern, Büros und Kinos unterschied sich stark von europäischen Städten, wo die Menschen in enger Nachbarschaft leben und nicht in Schlaf-Vorstädten wie hier. Die Besiedlungsdichte ist eine andere, da Sydney viel mehr Platz und Privatsphäre ermöglicht, was der hiesigen Kultur mehr entspricht.

In den vergangenen fünfzig Jahren ist Sydney gewachsen, hat sich verändert und ist heute sehr beeindruckend. Es hat ein kosmopolitisches, elegantes Zentrum, das Qualität, Kultur und Komfort bietet, und viele gut restaurierte Bezirke strahlen den städtischen Charme des beginnenden 20. Jahrhunderts aus. Damals, 1950, hatte dieses spektakuläre Wachstum noch nicht eingesetzt. Da war es noch die alte anglo-keltische Siedlung, die ein wenig an Manchester erinnerte,

Arbeitervororte gruppierten sich um ein belebtes Geschäftszentrum, und ich hatte das Glück, es damals zu sehen. Es gab vieles, das liebenswert, bunt, improvisiert war, mit unvergesslichen, für den Ort ganz typischen Charakteren, die nun leider ausgestorben sind.

Neben Nachmittags- und Abendschichten bei der Eisenbahn beendete ich mein erstes naturwissenschaftliches Jahr für die Zahnarztausbildung. Es war anstrengend, ein Vollzeitstudium in einer Fremdsprache zu betreiben und gleichzeitig einer Vollzeitbeschäftigung nachzugehen, aber es funktionierte. Ich machte meinen Führerschein und mietete gelegentlich ein Auto, um die Gegend zu erkunden. Ich kam recht gut zurecht, befasste mich aber erst am Ende des Studienjahres in einem heroischen Kraftakt intensiv mit der Prüfungsvorbereitung. Auch wenn ich nach der Prüfung ein recht gutes Gefühl hatte, war ich doch sehr erleichtert und dankbar, in der Zeitung meinen Namen in der Rubrik „Prüfungsergebnisse" unter „bestanden" zu lesen. Mir war bewusst, dass ich mir viel vorgenommen hatte, aber auch, dass ich mein Ziel nur so erreichen konnte. Ich nahm mir nun vor, die Aufgabe etwas ernsthafter anzugehen, weil ich erkannte, dass es nicht ideal war, immer auf den letzten Drücker zu lernen.

Als meine Universitätsprüfungen vorbei waren, begann ich mit meiner jährlichen Geldbeschaffungsaktion, um mir Geldreserven für Gebühren, Ausstattung und Lebenserhaltungskosten für das nächste Studienjahr zusammenzusparen. Dafür nahm ich eine zweite Vollzeitarbeitsstelle in einer nahe gelegenen genossenschaftlichen Molkerei an. Ich arbeitete dort von Mitternacht bis acht Uhr morgens, während meine Arbeit beim Paketdienst von sechs Uhr abends bis zwei Uhr morgens ging, was bedeutete, dass sich die Jobs zwei Stunden überschnitten. Wie es der Zufall wollte, musste bei beiden Arbeiten immer wieder kurze Zeit konzentriert gearbeitet werden, Be- und Entladen der Bremswägen einerseits, zwei oder drei LKWs mit Milchkisten für die Frühauslieferung beladen andererseits. Um Mitternacht rannte ich daher die 800 Meter zur Molkerei, stempelte, belud einige LKWs, dann lief ich zu einem Paketwagen zurück, weil ich wusste, dass mir bis zur nächsten Ladung eine halbe Stunde Zeit blieb. Dann wieder zurück zur Molkerei für die nächste Lieferung und zurück, so ging es die nächsten zwei Stunden hin und her. Auch wenn ich ständig heben, beladen, verstauen, schieben und laufen musste, war ich begeistert und amüsiert. Ich wurde für meine Mühen gut bezahlt. Zweimal arbeitete ich bei beiden Jobs sieben Tage durch, und auch wenn mir wenig Zeit für mich selbst blieb, sahen meine Finanzen sehr gut aus.

Nachdem dies einige Wochen gut gegangen war, fand der Molkereichef heraus, dass ich immer wieder verschwand, und feuerte mich. Ich war wütend, denn ich hatte die vorgeschriebene Arbeit geleistet und er hatte keinen echten Grund für eine Entlassung. Dann aber wurde mir bewusst, dass ich ihn oft genug mit meiner unmittelbaren Kenntnis des Kommunismus und der Bedingungen hinter dem Eisernen Vorhang irritiert hatte. Er war nämlich felsenfest davon überzeugt, von diesen Dingen mehr zu wissen als ich, weil er die linksextreme *Tribune* las und alles über das kommunistische Paradies zu wissen glaubte. Ich, eine kapitalistische Faschistenhyäne und Laufbursche der Imperialisten, verschwendete meine Zeit, wenn ich ihm klarzumachen versuchte, dass die einfachen Wanderarbeiter mit ihren müden Gesichtern und ihrer deutlich sichtbaren Zugehörigkeit zur Arbeiterklasse nicht Gutsbesitzer oder Ausbeuter des Proletariats gewesen waren. Er wusste es besser.

Es ist erstaunlich, wie hartnäckig sich in jenen Nachkriegsjahren engstirnige ideologische Überzeugungen halten konnten. Das Bedürfnis, an einen rosigen Mythos zu glauben, der von persönlichen Frustrationen und vom Hass auf den Chef genährt wurde, reichte aus, um jegliche Vernunft in den Wind zu schlagen und lästige Beweise zu ignorieren. Diese Dummheit brachte mich zur Raserei, die Arroganz war beängstigend. Er war auch kein Einzelfall. Durchaus gebildete Leute, die von der Aussicht auf universelle Brüderlichkeit angelockt wurden, betrachteten mich mit Mitleid, wenn nicht mit Hass.

Also wurde ich gefeuert und nach einem zweitägigen Zwischenspiel in einer nahe gelegenen Zuckerraffinerie, wo alles klebrig war, bewarb ich mich für eine Stelle in jener Batteriefabrik, die eine so entscheidende Rolle bei der Wendung meines Schicksals spielen und meine Energien in die richtige Richtung lenken sollte. Die Uhr sollte nicht mehr lang ticken.

Ich war nun einundzwanzig, im zweiten Jahr des Zahnarztstudiums inskribiert, mein erstes berufliches Ziel sicher im Blick; alles schien gut zu laufen. In Ungarn hatten meine Eltern und meine Schwester – in zweiter Ehe mit einem Mann verheiratet, den ich kannte und mochte – noch Oberwasser und kamen gut zurecht. Mein Vater übernahm unterschiedliche Aufträge, bei denen er Lastkähne auf der Donau bis zur österreichischen Grenze begleitete. Während der Wintermonate, wenn die Flussschifffahrt eingestellt wurde, transportierte er mit zwei Pferden und einem Anhänger, die einzigen Besitztümer, die ihm nach der endgültigen Beschlagnahmung seines Grund und Bodens noch geblieben waren, Schotter zu verschiedenen Baustellen. Er und meine Mutter fanden gerade das Auslangen, aber sie verfolgten meinen Weg, nahmen im Geist Anteil an meinen wachsenden Chancen und vertrauten auf eine bessere Zukunft. Ich schrieb ihnen regelmäßig. Unser Briefwechsel war eine emotionale Rettungsleine.

Die Frage ist: Wer oder was ist letztlich dafür verantwortlich, was wir werden? Sind es die Umstände der eigenen Kindheit oder was wir daraus machen? Ich bin für Letzteres. Es gibt immer eine Wahl. Auch wenn wir nehmen müssen, was wir bekommen, können wir uns entscheiden, ob wir weitermachen oder nicht. Diese eigentlich positive Haltung hat aber einen entscheidenden Haken. Wir müssen mit dem Gegebenen zum Erfolg kommen und nicht mit dem bloß Erhofften. Ich mache diesen Exkurs, weil mich die nächste Phase meines Lebens vor ein Rätsel stellt. Oberflächliche Erklärungen scheinen nicht auszureichen, um die komplizierte Beziehung zu rechtfertigen, in die ich mich selbst hineinmanövrierte, aus Mangel an Vernunft oder fehlerhaftem Urteilsvermögen.

Ich lernte an der Universität ein sehr hübsches Mädchen kennen, das ebenfalls Zahnmedizin studierte. Sie war eigentlich mehr als hübsch, sie war interessant und anziehend, mit einem gewissen Glamour. Allein diese Attribute genügten, dass ich sie bewunderte und mein Glück bei ihr versuchte. Auch sie war kürzlich aus Europa eingewandert, war also vielleicht genau die Gefährtin, die ich suchte: Sprachliche Schwierigkeiten fielen nicht so sehr ins Gewicht wie der gemeinsame kulturelle Hintergrund. Um die Sache noch spannender zu machen, beachtete sie mich, ebenso wie andere, nur wenig. Etwas Geheimnisvolles umgab sie.

Es war mir ein Leichtes, sie näher kennen zu lernen, weil ich es so eingerichtet hatte, dass ich ihr bei einer Physikaufgabe half. Bezahlen ließ ich mich mit einer Verabredung. Der Abend war kein Erfolg und das hätte mir Warnung genug sein sollen, dass wir nicht die gleiche Wellenlänge hatten. Ich musste meine Ansichten mit jemandem teilen, meine Gedankenwelt darlegen, aber auch ihr Interesse an dem wecken, das, wie ich meinte, meine Tiefgründigkeit war. Sie hingegen wollte, dass ich mich auf sie konzentrierte, ihr die Bewunderung entgegenbrachte, die sie erwartete und für berechtigt hielt. Wenn ich unsere dann folgende Beziehung und lange Ehe charakterisieren soll, so kommen die beiden vorhergehenden Sätze der Realität recht nahe. Es wurde immer deutlicher, dass sie einen um viele Jahre älteren, reichen, mächtigen Mann gebraucht hätte, der sie bewunderte und sich an ihrem Charme und ihrer Schönheit erfreute. Daran ist nichts Unvernünftiges. Sie hätte auch alle Voraussetzungen dazu gehabt und – um der Wahrheit die Ehre zu geben – ihre Rolle auch gut gespielt. Diese Art von Symmetrie entspricht aber nicht meiner Vorstellung von einer guten Ehe, sie kann jedoch funktionieren, sogar gut, wenn beide Partner die gleiche Wellenlänge haben. Ich war ganz offensichtlich der falsche Mann und wir spielten von Anfang an ein unerkanntes Schattenspiel, versuchten den anderen in eine fremde Form hineinzupressen. Es funktionierte nicht, konnte gar nicht funktionieren, aber wir hielten hartnäckig daran fest und bezahlten für unsere Dummheit.

Wenn ich zurückblicke und mich frage, warum, fallen mir mehrere Antworten ein. Wir waren ein gutaussehendes Paar, wahrscheinlich von unserem gemeinsamen Bild geschmeichelt, und dann hatte zumindest ich begonnen zu glauben, ich könnte fast alles erreichen, was ich mir vornahm. Eine Form von Anmaßung, könnte man behaupten, und man hätte Recht – eine teure und gefährliche Form der Selbsttäuschung.

Obwohl wir beide damit rechneten, dass unsere Beziehung nicht halten, der eine oder andere früher oder später ausbrechen würde, verbrachten wir eine erstaunlich schöne Zeit miteinander. Wir gingen ins Theater, ins Kino, segelten, mieteten ein Motorboot, machten Ausflüge mit dem Auto, gingen spazieren, zum Strand und in Restaurants. Sie arbeitete halbtags als Krankenschwester und es sah so aus, als würden wir es doch schaffen. Aber gerade zu diesem Zeitpunkt hörte die Uhr zu ticken auf und ich betrat eine dunkle, neue Welt voller Herausforderungen, Aufgaben und Schwierigkeiten, die alles andere, was vorher geschehen war, in den Schatten stellte.

Ich frage mich manchmal, ob ich den Unfall herbeigeführt habe, um mir eine teure „Auszeit" zu gönnen. Zahlte ich damit vielleicht für meine Überheblichkeit, hatte ich das Schicksal zu oft herausgefordert? Oder hatte ich die ideale Möglichkeit gefunden, meine Irrfahrt in der Wüste abzukürzen und mein lang gehegtes Ziel anzusteuern, die tiefsten Geheimnisse, das Wesen des Bewusstseins und des Geistes, zu ergründen? Wie auch immer die Antwort darauf lautet, damals steckte ich bis zum Hals in einer schwierigen Lage und versank immer tiefer darin.

Teil 2

Die Maske vor dem Gesicht

In der kalten, stürmischen Nacht des 8. Juni 1951 gegen ein Uhr, umgeben von bedrohlichen Schatten geräuschloser Maschinen, wurde also mein sorgfältig ausgetüftelter Plan, zunächst einen Beruf zu erlernen und mich dann den Problemen, die mich wirklich beschäftigten, zuzuwenden, zunichte gemacht.

Das Letzte, was ich ganz deutlich sah, war ein Lichtblitz in der Säureflut, die sich über mein Gesicht ergoss und mein Leben verändern sollte. Es war ein nanosekundenlanges Aufblitzen, umrahmt vom dunklen Umriss des Fasses, weniger als 20 Zentimeter von mir entfernt. Das ist die letzte Szene, der dünne Faden, der mich an meine visuelle Vergangenheit bindet.

Nachdem mich die Säure erwischt hatte, stand die Zeit für einige Sekunden still, während mein gequältes Gehirn versuchte, meine verzerrte, mit Schmutz besudelte Sicht zu verändern. Die Säure riss die äußere Schicht meiner Augen im Bruchteil einer Sekunde weg und fraß sich schon in die Hornhaut. Ich war allein, außer Reichweite des Wasserhahns. Ich brauchte sofort Hilfe, aber da war keine. Ich schaffte es, die Treppe zum unteren Geschoss zu erreichen und tastete mich durch die Schatten des immer dichter werdenden Nebels zur gut beleuchteten Ebene, wo die Nachtschicht arbeitete.

Ich war mir des Schmerzes nicht bewusst, wusste auch nicht, dass ich Säure geschluckt hatte. Eine Welle verzweifelter Energie durchflutete mich, um mein Leben zu retten. Gleichzeitig fühlte ich diese

Panik, das erstickende Gefühl einer sich immer mehr verdunkelnden, alles verschlingenden Falle. Ich konnten keinen zusammenhängenden Gedanken fassen, sah nur fragmentarische Bilder, Vorboten und Auswirkungen der sich vertiefenden Katastrophe. Dann waren Menschen um mich, aufrechte Schatten mit hautfarbenen Flecken statt Gesichtern, hilfsbereit, aber ratlos. Bald wurde der Vorarbeiter gefunden, wertvolle Sekunden verstrichen, während der Nebel immer dichter wurde. Es war schrecklich, wie die Welt sich immer weiter zurückzog, während ich dort stand. Ich muss ihm gesagt haben, was passiert war, denn von da an nahmen die Dinge rasch ihren Lauf. Bald waren wir im Umkleideraum. Ich richtete die Dusche voll auf mein Gesicht, meine Kleider, meinen ganzen Körper, und zwang mich, meine Augenlider zu öffnen; eine Geste der Verzweiflung, zu spät, um noch zu helfen. Dann, mit durchnässten Kleidern, wurde ich in ein Auto gesteckt und zum nächsten Krankenhaus gebracht. Zu diesem Zeitpunkt hatte die Säure, die ich geschluckt hatte, schon zu wirken begonnen, mir wurde übel, sehr übel, ich musste würgen und erbrach mich in starken Krämpfen.

In der Ambulanz begann die Anamnese. Welche Säure? War ich sicher? Wie war es geschehen? Der unheimliche Nebel machte mich fertig, die Finsternis, das innere Brennen, die Hilflosigkeit und die wachsende Verzweiflung. Mein Bewusstsein begann zu schwinden, ich verlor die Kontrolle, meine Sinne entglitten mir, der Zusammenhang löste sich auf, dann Angstanfälle und schließlich nichts mehr. Viele Stunden später, als ich wieder zu Bewusstsein kam, waren Angst und Düsterkeit immer noch da, als warteten sie auf mich. Mit verbundenen Augen, mit einem geschundenen und brennenden Körper begann meine Reise.

Um diese Wende meines Schicksals noch zu verschärfen, erfuhr ich in diesen Tagen, dass meine Familie in Ungarn gerade in ein kleines, einsam gelegenes Dorf deportiert worden war, wo sie sich gemeinsam mit anderen „politisch Unzuverlässigen" mühsam mit Gelegenheitsarbeiten auf Feldern und Bauernhöfen durchschlagen sollten. Sie befanden sich in einem der eigens für diese mittellosen Verbannten ausgewählten Dörfer, wo sie wohnen und irgendeiner unbedeutenden Beschäftigung nachgehen sollten. Auch war nicht anzunehmen, dass dies ihr endgültiger Bestimmungsort war. Höchstwahrscheinlich verhinderte Stalins Tod etwa ein Jahr später ihren Weitertransport in einen sibirischen Gulag.

Wie sollte man diesen müden, älteren Menschen in ihrer schwierigen Lage sagen, welches Los mich, den geliebten Sohn, ihren Hoffnungsstrahl, ereilt hatte? Solange noch nicht klar war, wie es mit mir weitergehen würde, konnte man ohnehin nichts Definitives sagen. Monate vergingen, bis ich mich hinsetzen konnte, um einen sorgfältig formulierten Brief zu verfassen, in meiner – wenn auch unsicheren – Handschrift, als Beweis dafür, dass ich noch am Leben war und Genesung erwartete. Ich schrieb von Hornhauttransplantationen und von der Wiederherstellung meines Sehvermögens, damit sie sich an etwas klammern konnten. Mir war natürlich bewusst, dass die Verletzungen massiv und die entsprechenden schwierigen Operationen noch im Entwicklungsstadium waren, ohne Garantie auf Erfolg.

Im Krankenhaus hatte ich Zeit, eine Bestandsaufnahme des Schadens zu machen. Meine Situation war sehr ernst, mein physischer Zustand verschlechterte sich zusehends. Als mir dann gesagt wurde, ich solle beten, löste das eine Gedankenkette aus, die meinen Lebensweg bestimmen sollte. Meine Gedanken konzentrierten sich auf die Erklärung des Bewusstseins, unseres Fensters zum Universum und zu uns selbst. Wäre es nicht großartig, dachte ich, wenn ich das Wesen des menschlichen Bewusstseins anhand von Fakten und nicht durch Vorstellungen, die allein auf Glauben basieren, erklären könnte? Ich wusste, dass dies eine wichtige Aufgabe war, und wenn mir das gelang, würden die Schwierigkeiten, die ich dabei überwinden musste, den Wert der Leistung nur steigern. Ich hatte auch das Gefühl, ich würde damit den Sinn meines Lebens erfüllen, einer inneren Verpflichtung nachkommen, von der ich immer gespürt hatte, dass es sie gab. Es hatte mit dem Fluss begonnen, der mich als Kind in seinen Bann geschlagen hatte, die majestätische Flut, die immerfort in Bewegung war, vom Schwarzwald bis zum Schwarzen Meer. Sie war in den nicht enden wollenden Fragen und Gedanken, im Erstaunen des Jugendlichen und in den sich vertiefenden Interessen des jungen Mannes vorhanden. Diese innere Verpflichtung verband meine Vergangenheit mit meiner Zukunft, wurde zum Leitmotiv meines Lebens.

Sobald meine Gedanken zur Ruhe gekommen waren und meine Stimmung stieg, war ich bald über den Berg und mein Gesundheitszustand besserte sich. Ich bat um ein Bad. Man ließ Wasser ein, dann wurde ich allein gelassen. Als ich im heißen Wasser lag, drehte ich den Kaltwasserhahn auf und senkte die Temperatur allmählich so weit, bis das Wasser kalt war und das Brennen, das mich ständig quälte, gelindert wurde. Ich hatte nicht weiter darüber nachgedacht, ich lechzte einfach nach Abkühlung und habe so vielleicht das Richtige getan.

Noch immer wurde ich durch einen dünnen Gummischlauch ernährt, der an meiner Stirn klebte, dann kam der Tag, an dem ich versuchen sollte, auch ohne den Schlauch zurechtzukommen. Man gab mir ein Stück Toastbrot, seit acht Wochen die erste Nahrung in meinem Mund, um zu sehen, ob ich schlucken konnte. Es musste mir gelingen, auch wenn es mich das Leben kostete.

Nachdem ich diese Hürde genommen hatte, fing ich an, ein wenig umherzugehen. Ich wurde in den Hof des Krankenhauses geführt, was mich unerwartet schockierte. Es lag nicht daran, dass ich nicht mehr gewohnt war zu gehen, so vorsichtig und langsam ich es auch tat, sondern an der grauen Gleichförmigkeit, die mich erwartete. Da ich weiterhin einen Verband über meinen Augen trug, hätte ich nicht erwarten dürfen, dass es einen Unterschied zwischen drinnen und draußen geben würde. Aber so war es. Ich dürfte mein fehlendes Sehvermögen mit dem Krankenzimmer, in dem ich lag, assoziiert und erwartet haben, dass das Gefühl der Blindheit irgendwie aufhören würde, sobald ich dieses verließ. Mit aller Macht brach nun eine bis dahin abstrakte Erkenntnis über mich herein: Die Dunkelheit war real, und sie war unerbittlich. In diesem Augenblick erschien die Zukunft wie eine nicht enden wollende Falle und ich hatte das Gefühl, lebendig eingemauert zu sein. Einen Moment lang war ich todunglücklich und dachte an den „Mann mit der Eisernen Maske", die Qual endgültiger Hilflosigkeit, den endlosen Kampf, der mir bevorstand, die Frustrationen, die mühselige Sisyphusarbeit nach oben, nur um nicht völlig unterzugehen.

Das Krankenhaus war nun mein Zufluchtsort, sein Alltag willkommen und beruhigend. Die echten Schwierigkeiten warteten draußen auf mich. Alte und neue Freunde besuchten mich, wertvolle Besuche, die ich genoss und in meinem Zustand der teilweise beraubten Sinneswahrnehmung brauchte. Es war mir daher nicht recht, als das Mädchen, das ich bald heiraten sollte, diese angenehmen und Kraft spendenden Abwechslungen zu missbilligen begann und darauf beharrte, dass mich Besucher ermüdeten, weil ich doch eigentlich Ruhe brauchte. Genau das Gegenteil war der Fall. Die Besuche, der menschliche Kontakt, stimulierten mich, die von ihr empfohlene „Ruhe" war nur ein weiteres Stück Leere.

An diesem Punkt begannen sich unsere Wege zu trennen. Ich war zu schwach, um gegen ihre Entscheidung anzukämpfen, wollte keinen Konflikt auslösen, brauchte ihre Unterstützung zu sehr, um Risiken einzugehen. Hier setzte die langsame Zermürbung unserer Beziehung ein und ihre Eskalation war vorherzusehen, ich aber war zu dumm, um das zu erkennen. Bald schon engte mich ihre Sorge ein, gab mir das Gefühl, zusätzlich zur eisernen Maske in einem psychischen Käfig eingesperrt zu sein, auch wenn ich mich von dessen Schutz und Sicherheit getröstet fühlte. Ich hatte keine Ahnung, wohin dies führen würde und ob diese Empfindung vorübergehen oder anhalten würde. Ich war beunruhigt, konnte nicht klar denken, war müde, zu viel Unbekanntes stürmte auf mich ein, zu wenig konnte ich dagegen tun. Ich wollte, dass mir die Qual des auf mich lauernden Gefühlschaos erspart blieb. Ich wusste, dass ich dafür schlecht gerüstet war.

Nach einem dreimonatigen Krankenhausaufenthalt fanden wir eine geeignete, wenn auch improvisierte Unterkunft bei einem Freund. Ich entließ mich selbst aus dem Krankenhaus und mit gut getarntem Unbehagen wurde ich in unsere neue Bleibe gebracht. Was eigentlich als Rekonvaleszenz gedacht war, entpuppte sich nun als schwierige Phase voller Krisen. Fast sofort begann ich die Nahrung, die ich aß, zu erbrechen. Ich aß mit Appetit, erbrach aber, sobald ich hinuntergeschluckt hatte. Eine posttraumatische nervöse Reaktion, diagnostizierten die Ärzte, und ich versuchte es weiter, aber erfolglos.

Auch im persönlichen Bereich gab es keine Änderung zum Positiven. Meine Freunde waren nicht wirklich willkommen, während meine Verlobte meine Sorgen über das Schicksal meiner Eltern nicht zu teilen schien. Ich war angespannt und unruhig.

Bei der Entlassung aus dem Krankenhaus war ich schon dünn gewesen, nun verlor ich noch weiter an Gewicht. Eine gründlichere Untersuchung war nötig. Auf den Röntgenbildern war ein großes Geschwür in meinem Magen zu sehen, das den Magenausgang blockierte. Der Arzt zögerte nicht bei seiner Diagnose: Krebs im fortgeschrittenen Stadium, der sofort operiert werden musste. Er gab mir eine fünfzigprozentige Überlebenschance, da ich aber wusste, wie nett er war, fragte ich mich, ob die Prognose nicht viel schlechter war.

Ich saß in seinem Sprechzimmer und hatte das Gefühl, alles wäre irreal. Nachdem ich gerade die allerletzte schlechte Nachricht erfahren hatte, nach so vielen anderen schlechten Nachrichten, die ich in letzter Zeit hatte bewältigen müssen, hörte ich jetzt, wie er über den seltsamen Zufall sprach, dass nach dem schweren Unfall nun auch noch Krebs dazu kam. Vielleicht ließ ich mich von der hochdramatischen Situation verleiten, auf jeden Fall wandte ich mich meiner Verlobten zu und fragte sie: „Sollen wir heiraten?" Sie stimmte sofort zu. Damals schien es das Richtige zu sein, eine Bejahung des Lebens im Angesicht des bevorstehenden Todes. Es ging alles ganz rasch über die Bühne. Schon am nächsten Tag kam der Standesbeamte für Unterschrift und Formalitäten zu uns nach Hause. Ich blieb sitzen, weil ich nicht mehr stehen konnte, und eine Stunde später kam die Rettung, um mich zur Operation ins Krankenhaus zu bringen. Die Tinte ihrer Unterschrift war noch nicht trocken, da fuhr meine Braut zu ihrer Mutter auf eine kleine Farm unweit von Sydney, um ihr die Neuigkeit zu berichten und die dramatischen Ereignisse zu schildern.

Einige Tage lang wurde ich intravenös ernährt und rehydriert, dann operiert. Es stellte sich heraus, dass der „Krebs" ein Knäuel von Wundgewebe und Verwachsungen war, eine Folge der verschluckten Säure. Alles wurde entfernt und der restliche Magen wieder zugenäht. Zwei Wochen später wurde ich entlassen. Von Hunger und ständigen Essensfantasien verfolgt und weil ich nun wieder alles, was ich aß, bei mir behalten konnte, begann meine Genesung. Ich brauchte mehr als zwei Jahre, um mich wieder halbwegs fit zu fühlen. Nahrungsmittelschocks aufgrund der übermäßigen Kalorien, die meinen Darm durch die veränderte Größe des Magens überforderten, unterbrachen immer wieder die Rekonvaleszenz. Dieses Dumping-Syndrom führte zu Herzklopfen, Schweißausbrüchen, Übelkeit und Schwäche. Schließlich hörte auch das auf und ich hatte keine weiteren Schwierigkeiten. Das war auch gut so, denn nun brauchte ich wirklich meine ganze physische Kraft für die psychologischen und emotionalen Herausforderungen, die mich erwarteten.

Nach meiner Entlassung aus dem Krankenhaus und weil meine Frau nicht mehr arbeitete, fanden wir eine Unterkunft in einem Wohnheim, das von der Royal Blind Society geführt wurde. Fast unmittelbar danach begannen weitere Schwierigkeiten. Meine Frau erfuhr, dass ein Mädchen, das ich in Österreich kennen gelernt hatte, sich erkundigt hatte, ob sie mir helfen könne – und dass so ein Mädchen überhaupt existierte. So dumm das jetzt klingt, so irrelevant es in Wirklichkeit war, es kamen immer mehr Details meiner „Vergangenheit" ans Tageslicht und ich war zunehmend beunruhigt. Bald wurden auch meine Eltern ebenso wie meine Heimat, meine Freunde, meine Solidarität mit ihnen, als Problem gesehen; eigentlich schien mein ganzes vergangenes Leben uns zu erdrücken, eine dunkle Wolke, die unsere Existenz und unseren Seelenfrieden bedrohte. In einem intensiven, sinnlosen Prozess wurden nun all diese Dinge hinterfragt.

Jene, die Zeugen dieser Auseinandersetzungen wurden oder davon erfuhren, waren alarmiert. Ich meinerseits hoffte, dass es vorübergehen würde, weil ich keine Kraft hatte, mich entschieden mit diesem Problem auseinander zu setzen. Physisch war ich immer noch sehr schwach, ich konnte nur langsam gehen. Sehr oft war ich atemlos, sogar desorientiert. Ich war natürlich blind, konnte aber auch nur flüstern, weil meine Stimmbänder fast über die gesamte Länge miteinander verschmolzen waren. Dadurch war ich weder in der Lage, Laute zu bilden, noch genügend Luft einzuatmen, vor allem bei körperlicher Anstrengung, aber auch bei emotionaler Anspannung. Der ganze Komplex dieser Verletzungen überstieg meine Kräfte. Einundzwanzig Jahre alt und ohne zu wissen, wie ich all das bewältigen sollte, war nun auch meine Gefühlswelt in große Turbulenzen geraten.

Hier möchte ich einen wichtigen Punkt klarstellen, der leicht übersehen wird. Ich habe ihn ebenso übersehen wie meine Frau und viele andere damals auch. Abgesehen vom physischen und psychischen Trauma meines Unfalls war auch meine Urteilsfähigkeit verschoben. Trügerisch war, dass ich zwar abstrakt denken konnte, aber nicht in der Lage war, mit konkreten Alltagsproblemen fertig zu werden. Ich war nicht in der Verfassung zu heiraten, weil momentane Impulse keine tragfähige Grundlage für die Übernahme großer Verantwortungen im Leben darstellen. Das einzig wirklich Greifbare für mich waren damals mein Eintauchen in die Dunkelheit, ein Gefühl böser Vorahnungen und ein alles durchdringendes körperliches Unbehagen. Was ich brauchte, waren Liebe, Fürsorge und Hoffnung, nicht die zusätzliche Verantwortung einer Ehe. Das ist mir heute klar, damals aber, im Kreuzfeuer einer turbulenten Beziehung, war mir nicht bewusst, dass ich ein nervliches Wrack war.

Rückblickend erstaunt es mich, dass ich trotzdem noch den Mut hatte zu kämpfen, dass ich langsam körperliche Forschritte machte und nicht deprimiert war. Die täglichen Konflikte mit meiner Frau, die Aufregung und die damit einhergehende Herausforderung haben mir vielleicht geholfen. Ganz bestimmt war ich dadurch beschäftigt.

Natürlich war nicht alles traumatisch. Die Erleichterung, dass eine harte Zeit vorüber war, bedeutete momentanen Frieden und eine gewisse Erholung. Wir hörten Radio, Fortsetzungsromane und Quizsendungen, und wenn ich mich ausruhte, las meine Frau still für sich. Man legte mir nahe, meine Hornhaut chirurgisch untersuchen zu lassen. Wir konsultierten Ärzte, und Zeit verging.

Es ist schwer zu sagen, wie es mit unserem turbulenten Miteinander weitergegangen wäre, hätte es nur einfach seinen Lauf genommen, dem war aber nicht so. Wir erfuhren, dass meine Frau schwanger war, das Allerletzte, was wir in unseren instabilen Umständen brauchten. Ohne Zuhause, ohne Arbeit, nicht einmal mit familiärer Unterstützung, nur von der Arbeiterentschädigung lebend und ohne Aussicht auf eine Veränderung der Lage, war die Übernahme der Elternschaft schiere Verantwortungslosigkeit. Zudem würde unsere Ehe, die sich schon damals als eindeutiger Fehler herausgestellt hatte, damit auf lange Dauer ausgerichtet sein, ein Gedanke, den ich mir nur schwer vorstellen konnte. Nun würden wir zu dritt sein und ich setzte all meine Hoffnung auf eine Wiederherstellung der Harmonie und auf das Risiko, mein Sehvermögen durch eine Hornhauttransplantation wiederherzustellen. Ob berechtigt oder nicht, sah ich einen Zusammenhang zwischen unseren Schwierigkeiten und meinem Sehvermögen und war überzeugt, alles würde wieder gut, könnte ich nur wieder sehen.

Die chirurgische Untersuchung bestätigte eine derartige Schädigung meiner Hornhaut, dass nur Transplantationen helfen könnten. Es war ein Risiko, aber den Versuch wert. Wir erfuhren auch, dass die Kapazität und der Pionier für diese Operationstechnik Dr. Louis Paufique war, ein berühmter Professor in Lyon. Obwohl die Vorstellung, aus dem weit entfernten Australien anzureisen, damals völlig unrealistisch und in Anbetracht unseres Geldmangels undenkbar erschien, beschlossen wir sofort, es auf Biegen und Brechen zu versuchen. Meiner Frau ist hoch anzurechnen, dass sie keinen Augenblick zögerte, mir keine Hindernisse in den Weg legte, die den Plan vereiteln könnten. Vielmehr ließ sie sich auf dieses Wagnis ein. Erst später, als wir schon in Frankreich waren, warf sie mir vor, dass ich sie zu dieser Reise gedrängt hätte und wir die Pläne zur Wiederherstellung meines Sehvermögens während ihrer Schwangerschaft hintanstellen hätten sollen. Im Nachhinein hätte das Sinn gemacht, doch mein Drang, diese Operationen durchführen zu lassen, war so groß, dass ich jeden diesbezüglichen Vorschlag damals wohl abgelehnt hätte.

Wie sich herausstellte, sollte unsere Ehe noch weitere vierunddreißig Jahre halten, ein Denkmal der Hoffnung und der fehlenden Vernunft. Wir beide hatten Charakterzüge und Eigenschaften, die uns nicht aufgeben ließen. Was ich bereits gesagt habe, stimmt durchaus: Wir hatten zwei sehr unterschiedliche Lebenspläne und ich dürfte den Lebensstil meiner Frau ebenso eingeengt haben wie sie den meinen. Wir waren ein attraktives Paar, mutig und sympathisch, ja sogar romantisch, vermittelten einen angenehmen Eindruck. Man könnte sagen, dass unsere Beziehung ein stabiles Ungleichgewicht war, dessen Bedingungen nicht verhandelbar waren. Kompromisse waren nicht möglich, wir zogen emotionale Intensität vor, gleichgültig ob dies zu Schmerz, Freude, Liebe oder Hass führte. Die goldene Mitte kam für uns nicht in Frage, war ein Zeichen für Mittelmäßigkeit. Während ich lernte, mit dieser emotional anstrengenden Haltung zu leben, störte es mich dennoch, dass ich ständig auf der Hut sein musste. Nicht sehen zu können machte es schwieriger, herauszufinden, was passierte und wie man damit umgehen konnte. Letztlich sonnte ich mich in dem Gefühl, dass ich die Lage so gut meisterte, fragte mich, wer sonst unter diesen Belastungen so gut standhalten könnte, nur um von meiner Frau zu hören, dass es für sie in einer anderen Beziehung keine Belastung und keine Notwendigkeit des Standhaltens gäbe. Die Vorstellung, dass es derartige Schwierigkeiten nur in unserer Beziehung gab und in anderen nicht, machte irgendwie Sinn. Nun, überzeugt davon bin ich nicht, aber wer weiß?

Jetzt möchte ich Sie mitnehmen in jene fremde Welt, in der ich lebe, und möchte Ihnen zeigen, wie es möglich war, eine schwierige Situation zu meistern, meiner inneren Verpflichtung zu folgen und ein Schicksal zu erfüllen.

Die Wiedereroberung des Sehens

Wie es ist, wenn man plötzlich von einem Augenblick auf den anderen nicht mehr sehen kann, lässt sich schwer beschreiben. Es ist nicht einfach eine lineare Fortschreibung der allgemeinen Aufregung, die ein Stromausfall auslöst. Diese dauert nur so lange, bis eine Taschenlampe oder Streichhölzer gefunden sind, sodass die Bewegungsfreiheit nur kurz eingeschränkt ist. Es bleibt immer die Sicherheit, dass diese temporäre Unannehmlichkeit vorübergehen wird und man nichts befürchten muss. Wenn man sein Sehvermögen verliert, ist das ganz anders. Passiert es drastisch und abrupt wie in meinem Fall, erlebt man die Endgültigkeit wie einen partiellen Tod. Es ist, als würde der eigene Körper heftig hin und her schwanken, die Orientierung verlieren, ungeschützt und wehrlos sein.

Wer H. G. Wells' Roman *Der Unsichtbare* gelesen hat, wird verstehen, worauf ich hinaus will. Als ein Mann die Formel entdeckt, wie er seinen Körper unsichtbar machen kann, findet er sich in einer ländlichen Kleinstadt wieder. Deren Einwohner erfahren, dass dieses unsichtbare Geschöpf unter ihnen lebt, und ein Gefühl dunklen Schreckens erfasst den Ort. Fenster und Türen werden verriegelt, alle möglichen Öffnungen in den Häusern werden verbarrikadiert. Die Bedrohung könnte ohne Vorwarnung überall unbeobachtet zuschlagen, mithören, einen schrecklichen Schlag aus dem Nichts ausführen. Das Durchbrechen der Intimsphäre der Menschen wird möglich, und wenn das Unsichtbare eindringt, ist es zu spät, es zu verhindern oder sich zu verteidigen. Unsere Sehfähigkeit ist ein Frühwarnsystem. Von weitem sehen wir eine Gefahr auf uns zukommen. Wir können Situationen interpretieren, blicken voraus, weichen aus oder setzen Schritte, die uns angemessen erscheinen, um eine Gefahr zu vermeiden. Ohne Sehvermögen sind wir verletzlich.

Kehren wir nun das Los der Wells'schen Stadtbewohner um. Sie allein sind exponiert, alle anderen sind versteckt. Es sind viele, ein potenziell unheimlicher und undurchdringlicher dunkler Wald unsichtbarer Geschöpfe, Ihr Schicksal und Ihre Sicherheit stehen immer auf dem Spiel. Stellen Sie sich nun das Ungleichgewicht vor und die latente Bedrohung. Bewältigungsmechanismen müssen neu adaptiert, Kräfte gesammelt werden, um Vertrauen und Haltung zu gewinnen. Zu dieser neuen Einstellung muss eine erhöhte Auffassungsgabe und Wachsamkeit gehören. Man muss auf der Hut sein, beobachten, rasch reagieren, sicher auf den Beinen stehen und fit sein. Wenn man blind ist, ist so vieles unerwartet, überraschend, bricht völlig unvermutet über einen herein. Eine nicht angekündigte Stimme aus dem Nichts: Sie dürfen nicht aufspringen, Ihre Alarmbereitschaft und Ihre Coolness dürfen Sie nie verlassen. Ihr Adrenalinschub muss umgepolt werden, um auf veränderte Bedingungen zu reagieren. Sie müssen ein effizientes System entwickeln und neue Wege gehen, damit Sie den neuen Anforderungen gerecht werden. Um zu veranschaulichen, was ich meine, stellen Sie sich vor, in einem dunklen Kino zu sitzen und einen spannenden Film zu sehen. Die Leinwand ist in finstere Düsternis getaucht, Stille, keine Handlung, dann plötzlich geschieht etwas Schreckliches. Die Zuhörer halten den Atem an, bis unerwartet ein Schuss losgeht oder die gespiegelte Fensterscheibe zerbricht und ihnen der Mund offen stehen bleibt, schockiert, wie vorgesehen. Außer mir. Ich sitze dort, in aller Ruhe, weil das für mich nichts Außergewöhnliches ist. Ich bin professionell stoßfest, empfinde keine Panik, keine Hysterie.

Ganz zu Beginn bekam ich von erfahrenen Leuten der Royal Blind Society einen wohlgemeinten „guten" Rat. Man ermutigte mich, meine mentale Wahrnehmung der Welt auf der Grundlage des Hör- und Tastsinns neu aufzubauen und Sehen und Visualisieren ganz zu vergessen. Auch meine Frau glaubte, dass man es so machen müsse, aber damals verstand ich nicht einmal in Ansätzen, was sie meinten oder wie ich das anstellen sollte. Stattdessen visualisierte ich fast zwanghaft weiter, stellte mir vor, was da draußen vor sich ging oder vor sich gehen könnte. Es gab natürlich nicht genügend Anhaltspunkte, um damit zufrieden sein zu können, was ich tat; daher war ich anfangs zaghaft, vorsichtig. Ich stellte mir also die Häuser vor, an denen wir vorbeigingen, und wo es eine akustische Lücke gab, „sah ich mich um", stellte mir bildlich vor, was ich für eine Einfahrt hielt, mit einer Garage weiter hinten im Garten. Dann „sah" ich das Rasenstück zwischen den beiden Fahrstreifen aus Stein oder Beton und bastelte kleine Sträucher dazu, die sich an die Seitenwand des Hauses auf der einen und an den Zaun auf der anderen Seite schmiegten. In meinem Kopf gab es nun eine „virtuelle" Zufahrt mit „virtuellen" Sträuchern und allem, was dazugehört.

Ich begann das Grün des imaginären Grases zu „sehen", fragte mich, ob der jüngste Regen seine ausgetrockneten Spätsommerfarbe aufgefrischt hatte. Dann wandte ich mich den Schritten zu; ihr Gewicht, ob sie energisch waren oder nicht, fest oder zögerlich, gab mir Anhaltspunkte über Alter, Geschlecht, ja sogar Gemütsverfassung des dazugehörigen Menschen. Fröhliche Schritte klingen anderes als Schritte von Füßen, die lieber ausruhen, nirgendwohin gehen möchten. Mithilfe dieses Eindrucks „sah" ich dann die Person, zu der die Schritte gehörten, und das Leben, das sie verkörperte. Schon bald wurde meine wieder bildhaft gewordene Welt von Menschen bevölkert, die ein Leben hatten, Probleme, Freuden und Ängste.

Wenn Autos vorbeifuhren, „sah" ich deren Farbe und Ausstattung. War es ein Ford V8 mit seinem ruhigen, hohen Motorengeräusch oder ein älteres Vier-Zylinder-Modell? Wie beim Sehen platzierte ich die von mir geschaffenen Bilder dorthin, wo sie hingehörten. Ich stellte alle subjektiven Aspekte in Frage und ergänzte sie, wenn möglich, mit realen Daten, welche die provisorischen Informationen, mit denen ich begonnen hatte, ergänzten oder an ihre Stelle traten. Mein Gehirn, das zuvor die Aufgabe gehabt hatte, die Welt über das Sehen wahrzunehmen, begann nun, seine Verarbeitungstechniken in umgekehrter Richtung einzusetzen, um einen qualitativ hochwertigen Ersatz zu liefern. Zuvor nahm es etwas wahr und zog auf der Grundlage visueller Daten Rückschlüsse, nun sammelte es Daten, auch solche, die es vorher nicht beachtet hatte, und erstellte zusammen mit logischen Vermutungen Wahrnehmungen von innen her. Wie ein Hirtenhund, der die Absicht seines Herrn spürt und wie man diese umsetzen könnte, lernte mein Gehirn, passable Annäherungen an das zu liefern, was verloren war. Später, als ich Lehrbücher über Neurowissenschaften las, erkannte ich, dass die Module meines Kortex, die die visuellen Bestandteile lieferten, wieder mit Empfindungen von Form, Farbe, Bewegung, Schatten und Textur beschäftigt waren – eigentlich mit der gesamten Bandbreite der Komponenten, die das Sehen liefert.

Ich lernte auch, ein Bild probeweise festzuhalten, ihm aber erst dann Glaubwürdigkeit und Realität zu verleihen, wenn Informationen zu seinen Gunsten sprachen, sodass ich seiner sicher genug sein konnte, um es als echte Erinnerung abzuspeichern. Entdeckte ich einen Fehler, verfolgte ich meine Schritte zurück und ersetzte das falsche Stück. Auf diese Weise konnte ich Monate oder sogar Jahre zuvor ausgebildete Erinnerungen zurückverfolgen und verändern. Als beispielsweise der extravagante und originelle Entwurf des Opernhauses von Sydney veröffentlicht und mit dem Bau begonnen wurde, gaben mir viele Freunde eine Beschreibung davon. Aus diesem Material baute ich mir selbst eine Art zusammengesetztes Bild. Es war eine akzeptable erste Annäherung, deren Umrisse und Proportionen unscharf waren, unvollständig blieben und einer Bestätigung bedurften. Als mir dann das Modell des Gebäudes zur Verfügung stand, konnte ich durch mein Abtasten dem Bild schließlich seine endgültige Form geben. Nun ist es eine deutliche Vision, so klar, als hätte ich es tatsächlich gesehen. Es war Detektivarbeit, bei der Intuition und Logik eingesetzt wurden, und ich wurde gut darin. Immer wieder beschäftigte ich mich damit, weil mir bewusst war, dass mein Leben und meine Leistungsfähigkeit als Mensch davon abhingen. Meine Selbstachtung und mein Selbstvertrauen hingen nun damit zusammen, dass ich mich auf etwas konzentrierte und mitreden konnte.

Zu diesem Zeitpunkt meiner geistigen Neuorientierung wurde mir klar, wie wichtig es war, genau zwischen „etwas glauben" und „etwas wirklich wissen" zu unterscheiden. Daher beobachtete ich, hörte zu, prüfte immer wieder nach, musste wissen, wie sehr ich mich nicht nur auf meine eigenen mentalen Prozesse verlassen konnte, sondern auch auf jene der anderen. Ich lernte, mit meiner selbst konstruierten „virtuellen" Realität flexibel umzugehen, sie nicht als richtig oder falsch zu definieren, sondern als Hypothese, der ich in unterschiedlichem Maße vertrauen konnte. So vermochte ich auch ein gutes Gleichgewicht zwischen mir und meinen Gesprächspartnern zu erreichen, damit ich nichts übertrieb oder übereifrig war. Das war nicht sehr schwer, da ich am Leben anderer immer interessiert gewesen war.

Nach meinem Unfall gewann ich mit der Ausbildung zum Psychologen einen weiteren Einblick in die Wahrnehmungen anderer Menschen. Ich konnte sie sehen, wie sie mich sahen, und beurteilen, wie akzeptabel meine Vorstellung war. Diese Fähigkeit war nicht nur für die Einschätzung bestimmter Situationen von Bedeutung, sondern auch für die Ausgewogenheit meiner Beziehungen. So konnte ich es vermeiden, lästig zu sein, ein Sonderfall, der von meinen Freunden um der alten Zeiten willen ertragen wurde. Ich lernte Peinlichkeiten zu vermeiden, jenes natürliche Innehalten im Gespräch und im Miteinander, das so oft bei Behinderungen vorkommt. Ich tat dies nicht nur um ihretwillen, sondern auch um meinetwillen. Ich wollte gern konzentriert sein und irrelevante Einmischungen so weit wie möglich vermeiden. Ich wollte niemandem durch meinen Unfall oder dessen Folgen Umstände bereiten. Die meisten Menschen vergaßen bald, dass ich nicht sehen konnte, fühlten, dass ich ein Mensch war und kein Problem, und daher konnten sie sich entspannen.

Es gab natürlich kleine praktische Schwierigkeiten, mit denen ich fertig werden musste. Dinge, die verstreut, verlegt oder zerbrechlich waren, führten zu einer gesunden Mischung aus Frustration und lustigen Irrtümern. Ich erinnere mich noch, wie ich Handcreme auf meine Zahnbürste drückte und den Irrtum erst bemerkte, als ich das klebrige Zeug im Mund hatte, an das grobe Salz, das ich statt Zucker großzügig in den Kaffee rührte, an unterschiedliche Socken und einmal sogar Schuhe und an den Mann, den ich im Bus mit „Liebling" ansprach, weil ich nicht bemerkt hatte, dass sich meine Frau im Gedränge auf die andere Seite gesetzt hatte.

Ohne Sehvermögen zu leben, kann zu einem großen Durcheinander führen, bis man den Dreh heraußen hat und die Regeln lernt. Sauberkeit, Ordnung und Systematik sind wichtig, aber sogar hier lauern Gefahren. Zu viel Organisation macht aus dem normalen Tagesablauf ein strenges Ritual mit starren Regeln, das langweilig und belastend wird, weil es mühsam ist, damit zu leben. Die Antwort darauf sind Flexibilität und die Bereitschaft, die Augen eines anderen für sich einzuspannen, wenn die Suche nach einem fehlenden Objekt nicht von Erfolg gekrönt war. Das Sehen ist ein Wunder, natürlich. Ein Ozean reflektierter Strahlen, die projiziert werden und dem Gehirn ein getreues Abbild der Welt liefern. Es ist kaum zu fassen, wie kompliziert dieser Prozess ist.

Rasieren war für mich nie ein Problem. Wir benutzen unseren Tastsinn mehr, als wir uns bewusst sind. Auch das Gehör hat seinen Anteil und ich ertappe mich oft dabei, dass ich diese „Miniernte" durch das kratzende Geräusch steuere. Ich kürze und säubere meine Nägel mit dem Nagelknipser, Jahre später habe ich alle Besuche beim Friseur eingestellt und mir selbst die Haare geschnitten. Tröstlich ist natürlich der Gedanke, dass meine Frau großes Interesse am Ergebnis hat und mir hier und da den letzten Schliff gibt. Da ich keine Notwendigkeit verspüre, meine Geschicklichkeit mit einem stumpfen Messer unter Beweis zu stellen, um meine Tischgenossen zu unterhalten, wenn ich das Fleisch in einem glitschigen Durcheinander verschiedener Gemüsesorten schneide, lasse ich es mir schneiden.

Dann kann ich in aller Ruhe meine Mahlzeit genießen, weil ich weiß, dass sich keine ängstlichen Augen auf meinen Teller heften und jederzeit mit einem möglichen Missgeschick rechnen. Es kam hier, wie auch in ähnlichen Situationen, darauf an, einen optimalen Kompromiss zwischen Abhängigkeit und positiver Eigenständigkeit zu finden.

Gleich als der Verband von meinen Augen entfernt wurde, begann ich mit der ständigen Visualisierung. Aus dem grauen Nebel, der mich umschloss, wurde nun eine riesige Leinwand, die es zu füllen galt, zunächst tastend, dann immer geschickter. Es war nicht so wichtig, ob ich genau war, solange es etwas gab, worauf ich mich beziehen konnte. Wenn ich zum Beispiel jemanden kennen lernte, dann sah ich sofort sein oder ihr Gesicht vor mir, die Augen, das Lächeln, die Handbewegungen, die Haltung und die Bewegungen. Zusätzliche Anhaltspunkte verfeinerten dann das Bild und ich hatte eine lebendige Person vor mir, nicht nur eine Stimme. Auch wenn meine Version alles andere als genau war.

Außerdem erlebte ich damals und auch später, dass die meisten Menschen großzügig und hilfsbereit sind, vor allem, wenn sie wissen, wie. Wenn ich daher etwas nicht allein schaffe, dann helfe ich ihnen, damit sie mir helfen. Das funktioniert großartig.

Ich kann wirklich behaupten, dass meine visuelle Rekonstruktion der Welt die konturenlose Leere um mich besiegt und die Klaustrophobie im Zaum gehalten hat. Ich habe ein äußerst aktives Innenleben, ich beurteile und überlege, mache rasch kleine Zusammenfassungen, um die anstehenden Probleme zu lösen, zumindest in meiner Vorstellung. Ich bin wohl manchmal auch entmutigt, habe aber gelernt, gleichmütig damit umzugehen.

Im Laufe der Zeit wurden meine visuellen Rekonstruktionen immer genauer und reagierten auch auf zuvor vernachlässigte Hinweise. Nachdem ich einer Stimme eine Weile zugehört hatte, ließ ich ein Bild von deren Besitzer vor mir erstehen. Wenn ich den Telefonhörer abnahm, dann war am anderen Ende ein Gesicht, den

Merkmalen der Stimme entsprechend war ich in der Lage, mir den Muskeltonus vorzustellen, das Lächeln und die Form des Gesichts, weil Letzteres ja ein Resonanzkasten ist. Die Stimmung konnte ich leicht erkennen, was mir in meiner späteren Arbeit als Psychologe sehr zugute kam.

Als Hilfestellung tüftelten meine Frau und ich ein System aus, eine Annäherungsmethode zur Beschreibung von Gesichtern. Es handelte sich um eine Art Identitätsbaukasten, der den meisten Menschen bekannt sein dürfte. Man nimmt als erste Annäherung ein Gesicht, zum Beispiel das eines bekannten Schauspielers. Dann beginnt man, dieses zu modifizieren, man hebt die Stirn, verengt den Augenabstand, schiebt das Kinn vor, verbreitert die Backenknochen und so weiter. Oder man stellt eine Mischung her, indem man Merkmale von einem Gesicht nimmt und diese auf ein anderes überträgt. Dass ich früher ein so eifriger Kinogänger war, erwies sich nun als sehr praktisch. Vor meinem inneren Auge hatte ich ein großes Repertoire typischer Gesichter, wie dies einem Regisseur normalerweise bei der Besetzung zur Verfügung steht. Eine interessante Aufgabe, und außerdem machte es Spaß. Es gab so viele Prototypen, so viele Dimensionen und Variablen, mit denen man spielen konnte, und bald stand eine recht gute Annäherung vor mir.

Meine ständige Visualisierung von Stimmen, Stimmungen und Gesichtsausdrücken hatte eine weitere Folge. Mein eigenes Gesicht blieb lebhaft und aufgeschlossen, seine Normalität wurde durch die Wechselbeziehung mit anderen bestätigt. Obwohl wir alle mit einigen grundlegenden und eng mit uns verbundenen Gesichtsausdrücken geboren werden – wie Lächeln oder dem Ausdruck von Ekel, Ablehnung oder Überraschung –, eignen wir uns im Laufe unserer Jugend und Sozialisierung mehrere Tausend Varianten von Gesichtsausdrücken an. Wer ohne Sehvermögen geboren wird oder dieses verliert und an diesem reichen Dialog nicht partizipieren kann, läuft Gefahr, einen passiven Gesichtsausdruck, „die Maske der Blindheit", anzunehmen. Mein ständiges Visualisieren und Beobachten von

Stimmungen ließ mich im Bereich der Sehenden bleiben, in Kontakt mit anderen konnte ich mich dadurch behaupten. Diese Technik beschränkte sich auch nicht auf Gesichter und Menschen. Als ich mein Sehvermögen verlor, hatte ich schon recht viel von der Welt selbst oder aus zweiter Hand in Filmen, Büchern, Broschüren oder geografischen Zeitschriften gesehen. Mir hatte das immer Freude bereitet und ich machte mir meine Gedanken darüber. Ich war immer gut in Geografie gewesen. Ergänzt wurde das Bild noch durch meine Kenntnis von Landkarten, Landschaften und Klimazonen, mir stand daher eine ganze Menge zur Verfügung, als ich daran ging, das Aussehen und die Stimmung von Orten zu rekonstruieren. Dazu gehörte auch die Atmosphäre, der Geist eines Ortes, der fast greifbar an ihm haftet. So war mir zum Beispiel ein Haus, das sich in ein Tal, umgeben von steilen, hohen Bergen, duckt, immer etwas unheimlich, da sich die Stimmung des Ortes rasch und deutlich auf mich übertrug.

Die Welt, die sich verdunkelt hatte, begann jetzt wieder hell zu werden. Ich kann und will nicht behaupten, dass sie so farbenfroh, lebhaft und detailliert ist wie die wirkliche Welt da draußen, aber sie ist dennoch reich und interessant. Wenn ich reise, und ich reise sehr viel und sehr gern, verinnerliche ich den ganzen Weg, die ganze Reise visuell und sehr detailliert. Die Straßenecken, um die wir gebogen sind, der erste Blick auf die schneebedeckten Berge in der Ferne, dunkelgrüne, dicht bewaldete Vorgebirge, all das ist für mich ganz real. Der abgerundete Umriss der Eichentischplatte, die schwache Beleuchtung und das helle Holz der Wandvertäfelung, Hunderte und Aberhunderte von Plätzen, Dörfern, kleinen und großen Städten. Ich lebe in einer reichen visuellen Welt, die, zumindest in der Erinnerung, vermutlich ebenso gut ist wie die von Sehenden, weil diese sich wahrscheinlich nicht aktiv darum bemühen, sie zu sehen, während ich mir die „Sicht" darauf erarbeitet habe.

Dieser letztgenannte Aspekt ist ein sehr wichtiger Anhaltspunkt für die Art und Weise, wie wir Menschen unsere Sinne gebrauchen.

Wenn wir die Straße entlanggehen, sehen wir uns normalerweise nur flüchtig um, schauen, wo wir hintreten, vermeiden Hindernisse und beachten den Verkehr, wenn wir eine Straße überqueren. Wir nehmen wenig bis gar keine Notiz von Autos, die am Straßenrand parken, außer etwas Ungewöhnliches sticht uns ins Auge. Auch die Häuser, Menschen oder Wandoberflächen, an denen wir vorbeigehen, nehmen wir kaum wahr. Eigentlich ist unser Sehsinn ständig unterbeschäftigt; vieles von dem, was er aufnimmt, wird sofort vergessen, weil es irrelevant ist und zu wenig informativen oder ästhetischen Wert besitzt. Das ist natürlich und vernünftig, denn es wäre eine starke Ablenkung oder gar eine große Gefahr, würden wir unterwegs aufgehalten, von einer bestimmten Farbe oder einem Merkmal abgelenkt. Wir sehen, damit wir uns zurechtfinden, durchkommen und das Leben meistern, aber nicht, damit wir davon beherrscht werden und das Leben durch zu starke Aufmerksamkeit für alles, was wir sehen, durcheinander gebracht wird.

Gleichzeitig können wir unsere visuellen Fähigkeiten auf ganz außergewöhnliche Weise nutzen. Zum Beispiel: Fehlt das Sehen, kann der große menschliche visuelle Kortex als wunderbare Leinwand verwendet werden, um für unser Bewusstsein geistige Bilder herzustellen. Die neuesten Verfahren, bei denen das Gehirn abgebildet wird, insbesondere die Magnetresonanztomographie, machen deutlich, dass, wenn der Sehende die Augen schließt und an ein bestimmtes Ereignis denkt oder davon spricht, die Gehirnstrukturen, die den Blick auf das Bild verarbeitet hätten, nun auf die gleiche Weise aktiviert werden. Unsere Sprache oder die durch Gedanken ausgelöste Fähigkeit, geistige Bilder entstehen zu lassen, bedient sich der gleichen Verarbeitungsabfolge wie die wirkliche Erfahrung. Dies ermöglicht uns ein inneres Leben und eine Entwicklung dieses Lebens ganz nach unseren Wünschen. Beim Lesen passiert das Gleiche. Wenn wir zum Beispiel einen Roman lesen, dann produziert unser Gehirn die Bilder, die der Schriftsteller uns vorsetzt. Wir „sehen" Tolstois Moskau, Hemingways Kilimandscharo, die Landschaft, die

Menschen, die Handlung, alles wird in unserem Inneren erzeugt, und wie wir wissen, ist dies ein reiches Erlebnis.

Was ich erreicht habe, als ich versuchte, mein Leben zu retten und die leere Dunkelheit zu bekämpfen, ist eine unausgesetzte innere Bildherstellung, eine narrative Bildabfolge, die ständig und mittlerweile automatisch produziert wird. Ich kann daher schwer sagen, ich sei blind, wenn das bedeutet, dass ich „nichts sehe". Meine Welt ist intensiv und konstant bildhaft. Durch diesen Prozess lebe und beurteile ich. Natürlich erfolgt diese Bildproduktion nicht immer gleichförmig, wie aber auch das Sehen nicht gleichförmig ist. Es gibt Tage, an denen man müde ist; manchmal schauen wir aufmerksam und interessiert, manchmal nur oberflächlich und unkonzentriert. So ist das auch bei mir. Es gibt Tage, an denen ich müde, nicht bereit oder nicht in der Lage bin, an meinem Sehen zu arbeiten; oder wenn ich einen Film sehe, der mich ärgert oder dessen Charaktere und Plot unwichtig und einfallslos sind, dann schalte ich ab und denke an andere Dinge, lasse mich einfach im Neutralen dahingleiten. Es gibt aber auch Tage, wenn etwas Interessantes oder Wichtiges geschehen ist, da mache ich beim Visualisieren Überstunden und es kann sehr frustrierend sein, wenn man nicht genügend Detailinformationen bekommt.

Meine visuelle Welt gleicht jetzt stark einer hochauflösenden, selbst gesteuerten Traumsequenz. Sie ist eng an Informationen gekoppelt, die von allen nicht visuellen Sinnen eintreffen, und sie ist streng zweckgebunden. Diese Technik ist überaus wirkungsvoll und ich bin mir ihres möglichen Missbrauchs bewusst. Innere Bedürfnisse könnten die Einbildungskraft zu Hilfe nehmen und zum Trost ein fiktionales Gewebe rundherum weben. Durch meine bewusste Vorsicht kann ich abschätzen, was diese unkontrollierte Einbildungskraft produzieren könnte, wenn diese Vorsicht fehlt. Im menschlichen Gehirn tickt eine gefährliche Zeitbombe, die Fantasien auslösen, diese als Wirklichkeit annehmen und andere damit anstecken kann, was schließlich Verwüstung und Zerstörung zur

Folge hat, wie die Diktaturen des 20. Jahrhunderts gezeigt haben. Ich meinerseits lege der Technik der Fiktion Zügel an, um die Welt der Fakten zu steuern.

Im Laufe der Zeit begann meine Fähigkeit der mentalen Darstellung die räumliche Handhabung von Objekten mit einzubeziehen, zunächst in meinem Kopf, dann mit den Händen. Ich weiß nicht, wie es zu dieser Verlagerung gekommen ist. Ich fühlte mich nicht gedrängt, irgendetwas zu beweisen. Es war einfach lustig, mir etwas vorzustellen, zu visualisieren, etwa wie das Innere einer Differenzialschaltung funktioniert, als wäre ich in ihrer Ummantelung. Ich war in der Lage zu beobachten, wie die Zahnräder ineinander greifen, zupacken, sich drehen und diese Drehung wie erfordert weitergeben. In Verbindung mit mechanischen und technischen Problemen begann ich nun mit dieser Innenansicht zu spielen, zu visualisieren, wie Subkomponenten im Atom oder in der Zelle miteinander agieren und wie das Gehirn als ein ständiger Jonglierakt interagierender Gewohnheiten aufgefasst werden kann.

Als ich Jahre später begann, mehr über das Gehirn zu wissen und seine Funktionsweise besser zu verstehen, kam mir allmählich der Gedanke, dass mein ständiges Visualisieren diese Fähigkeit verstärkt und ihr eine neue Dimension verliehen hat. Es scheint, als verlange das Gehirn ein gewisses Maß an Aktivität und erfinde seine eigenen Übungen, wenn ihm dies vorenthalten wird. Es bleibt nicht untätig, sondern wird selbst weiterticken, wie Deprivationsexperimente deutlich zeigen. Wenn unseren Gehirnzellen die Sinnesarbeit vorenthalten wird, für die sie geschaffen wurden, dann scheinen sie Halluzinationen hervorzubringen, oft sich wiederholende Serienmuster wie geometrische Figuren oder marschierende Soldatenkolonnen. Das sind Maßnahmen, um die Verkümmerung als Folge chronischer Inaktivität abzuwehren. Ich denke manchmal über das Schicksal jener vielleicht Millionen Neuronen nach, die inaktiv werden, wenn die Anpassung ihrer Besitzer in einer „tiefen Blindheit" besteht und die Visualisierung und die bildliche Vorstellung verkümmern.

Sobald ich mich von meinem Unfall erholt hatte, begann ich zu vermissen, dass ich die weibliche Gestalt und deren so anmutige, grazile Bewegungen nicht mehr sah. Ich erkannte auch, dass meine eigene, im Inneren erzeugte Version davon für meine Bedürfnisse nicht ausreichte. Das angestrengte Herbeidenken lenkte vom Ergebnis ab. Dies gleicht ein wenig einem Koch, der beim Kochen der Mahlzeit seinen Appetit verliert. Es gibt viele Lebensbereiche, wo die reale Sache der „virtuellen" weit überlegen ist.

Der Verlust des Sehvermögens führte zu vielen Verschiebungen. Um die fehlenden visuellen Eindrücke zu kompensieren, musste ich stärker auf das Gehör, den Tast- und den Geruchssinn sowie auf das so genannte „Mit-dem-Gesicht-Sehen" achten. Dies ist eine Kombination aus normalerweise nicht registrierten peripheren Empfindungen, wie der Wärme einer Strahlungsquelle, die vom Gesicht wahrgenommen wird, der Nähe zu Oberflächen, die von Umgebungsgeräuschen reflektiert wird und damit Information über den umgebenden Raum, ja sogar über die Beschaffenheit der Oberflächen selbst gibt. Wo ich mich auch befand, war ich bald in der Lage, die Größe des Raumes oder des Saales zu fühlen, ob dieser leer oder voll war, geöffnete Fenster, die Höhe der Decken und sogar die Funktion des Ortes. Hier spielte der Geruchssinn hinein, der Bücher, Papier, Textilien oder Nahrungsmittel, Sauberkeit oder Vernachlässigung anzeigt – nichts Außergewöhnliches, nun aber wurde es registriert und gedeutet. Ich lernte auf rudimentäre Weise durch Echo zu lokalisieren, alle auftauchenden Anhaltspunkte mit einzubeziehen. Und dennoch bleiben Risiken, wie eine angelehnte Türe, die zuschlagen könnte. Sie verbreitet kein Echo, Schritte gehen an beiden Seiten vorbei und es gibt keine Vorwarnung, bevor Nase oder Stirn physisch daran stoßen. Ich falle nicht hin und stolpere nicht, aber die halb geöffnete Türe ist eine schwierige Sache. Sie macht mich vorsichtig, vor allem auf ungewohntem Gelände.

Da ich meine anderen Sinne stärker beachten musste, verstärkte sich meine Konzentrationsfähigkeit. Ich lernte nicht nur auf das zu hören, was gesagt wurde, sondern auch auf andere Zeichen, die die Sprache begleiten: Unruhe beim Sprecher und ungleichmäßiger Atmen vermitteln Spannung oder Unbehagen. Zögern oder Schweigen gewinnen an Bedeutung, weil sie die Botschaft des Sprechers bestätigen oder widerlegen, etwas über den Wahrheitsgehalt aussagen. Bei meiner späteren Arbeit als Psychologe waren mir diese nonverbalen Eindrücke besonders hilfreich. Die Menschen können sich visuell sehr gut verstellen, etwas verschleiern und sogar sich selbst täuschen, sie sind sich aber selten bewusst, dass nicht-visuelle Anhaltspunkte diese Verstellung enthüllen können.

Ich verbrachte einige Jahre in Gesellschaft von Menschen, deren Sprache ich nicht sprach, deren Intonationen und Absichten, deren Stimmung, Aufrichtigkeit oder das Fehlen derselben ich dennoch zu erkennen wusste. Da ich weder verstand, was gesagt wurde, noch die Gesichter sehen konnte, begann ich aus den widerstreitenden Strömungen von emotionalen Botschaften den Sinn herauszulesen, nicht unähnlich einem sensiblen Hund, der dasitzt, zuhört und instinktiv reagiert. Bald hörte ich gern Stimmen, schätzte deren Sprecher ein, mochte manche, andere nicht, so wie ich auch gefühlsmäßig Stimmung, Sympathie, Aufrichtigkeit, eine reiche, ausdrucksvolle Welt wahrnahm. Für mich wurde dies zu einer stark erweiterten Quelle umfassender Informationen, die wertvoll und interessant ist.

Ich bezweifle, dass die mir verbliebenen Sinne schärfer geworden sind, aber ich habe zu meiner Überraschung erfahren, dass unsere sekundären Sinne oft vom Sehen abhängen und nur in Kombination mit diesem gut funktionieren. Beim Hören zum Beispiel, zumindest in einem von der Musik unabhängigen Kontext. Ich erinnere mich, dass mir ein Freund, der sehr dicke Brillengläser trug, mir lange vor meinem Unfall einmal erzählte, dass sein Gehör abrupt nachließ, wenn er die Brille abnahm. Damals dachte ich, dies sei absurd. Jetzt weiß ich, dass es das nicht ist. Der so genannte „Party-Effekt", die visuelle Konzentration auf den Mund, spielt hier eine Rolle. Wir können damit an die Wellenlänge und die Intonation des Sprechers andocken und gleichzeitig den Ozean an Geplauder ausblenden, in den wir oft eingetaucht sind. Ohne diese visuelle Lokalisierung und die Verbindung von Sehen und Hören verschwimmt ein Raum, in dem viel gesprochen wird, und wir können nicht mehr sagen, wer mit wem worüber spricht. Den Kontext zu verstehen, den Blick auf die stattfindende Handlung zu richten, hilft bei der Identifizierung des Gehörten, das selbst nicht leicht zu verstehen ist.

Ein weiteres Beispiel für die Abhängigkeit vom Sehen ist das Essen. Man weiß, dass der Appetit stimuliert wird, wenn es schön angerichtet ist. Nachdem ich mein Sehvermögen verloren hatte, schmeckte alles ein wenig fade. Dann begann ich zu visualisieren, was ich aß, und mein Geschmack kehrte zurück. Nun möchte ich wissen, wie mein Teller aussieht, bevor ich esse, und, glauben Sie mir, es macht einen Unterschied.

Wenn man nicht sieht, muss man einige Aspekte des normalen Alltagslebens genauer beachten. Die äußere Erscheinung wird wichtiger, saubere Hände, geschnittene Nägel, gepflegtes Haar und richtige Kleidung, nicht zuletzt, weil man gründlicher beobachtet wird, aber nicht reagieren und diese instinktive Überwachung nicht kontrollieren kann. Gut angezogen zu sein ist mir wichtig. Ich kann mich entspannen, wie auch alle um mich herum. Es sollte nicht notwendig sein, seiner Behinderung Zugeständnisse zu machen. In dieser Hinsicht hat mich meine erste Frau nie enttäuscht. Sie war eine strenge Kritikerin und ich schätzte das. Dawn bleibt ebenfalls am Ball, ein Ersatzspiegel, liebevoll und vertrauenswürdig.

Dann gibt es Probleme, wenn man jemanden kennen lernt, insbesondere jemanden anderen Geschlechts. Es kommt immer zu einem subtilen Austausch von Botschaften, einer Verhandlung über ferne Reizempfänger, die Augen und Ohren. Bis zu diesem Punkt wird ein sicherer Abstand gehalten und die Intimsphäre nicht bedroht. Wenn man nicht sehen kann, kommt ein unbekanntes Element, vielleicht ein Risiko ins Spiel. Die geringsten Signale müssen genauer beobachtet werden, und das braucht Zeit. Man muss intuitiv erfassen, wie man wahrgenommen wird, und sorgfältig sondieren. Man muss zwischen den Zeilen des Austauschs lesen und Schritte machen, die die benötigte Information bringen könnten. Wer ist die andere Person und was hat es mit ihr oder ihm auf sich? Ein gutes Maß an geschickter Bearbeitung und verschiedene Eröffnungszüge sind notwendig, um ein richtiges Bild zu erhalten und angemessen zu reagieren. Frauen, mehr als Männer, gehen auf eine Person mit einer Bandbreite von Emotionen, mit Verständnis, Unterstützung, ja sogar mit sexuellem Interesse zu, und in einer atypischen Situation muss man damit taktvoll und sorgfältig umgehen.

Die Rangordnung ist ein weiteres Thema. Wenn man sein Sehvermögen verliert, steigt man ein oder zwei Stufen ab, das ist anfangs unvermeidbar. Um diese Abwärtsbewegung umzukehren, muss man sein Selbstvertrauen wieder aufbauen, muss rational und konzentriert sein. Es ist erstaunlich, wie gut Menschen das Kompetenzniveau fühlen können. Für dessen Übermittlung ist Augenkontakt entscheidend. Und so gehe ich an die Sache auch heran. Obwohl ich Sonnenbrillen trage, sehe ich den Menschen immer in die Augen, und das können sie fühlen. Es ist eine lebendige Reaktion auf mein verinnerlichtes Sehen, genauso zielführend wie der Vorgang, dessen Ersatz es ist. Die Menschen fühlen meine Präsenz und sind beruhigt. Das ist keine Technik, sondern ein natürlicher Prozess, der unterbrochen wurde und den ich wiedererlangt habe.

Ich möchte etwas darauf näher eingehen, um aufzuzeigen, worum es geht. Obwohl wir von „sanften Augen", „warmen Augen", „kalten Augen", „traurigen Augen" und „lachenden Augen" sprechen, können die Augen selbst nur einen kleinen Beitrag zu ihrem Ausdruck liefern: das Erweitern oder Verengen der Pupillen. Der Ausdruck der Augen wird durch viele kleine Muskeln bedingt, die sie umgeben, ihr Zusammenspiel, ihren Charakter und ihre emotionale Botschaft verändern. Diese Muskeln der Augenbrauen, Schläfen, Wangen und des Mundes entscheiden über unsere Stimmung und wie wir aussehen. Verliert man das Sehvermögen oder schließt man die Augen, so wird das Orchester unserer Gesichtsausdrücke deaktiviert. Ohne einen visuellen Fokus und den Blick in die Augen eines anderen Menschen werden unsere Muskeln schlaff und unser Gesicht wird leer. Wir wissen, wie ein schlafendes, ein teilnahmsloses oder gelangweiltes Gesicht aussieht, kennen den fehlenden Ausdruck, der so beunruhigend ist. Diese tödliche Maske habe ich umgangen, weil ich in imaginäre Augen blicke. Dank meines virtuellen Sehens behält mein Gesicht den Emotionsfluss bei, an den wir anknüpfen.

Ich visualisiere viel und fast ununterbrochen, auch wenn ich es reduzieren und sogar abstellen kann. Wenn dies passiert, aufgrund von Müdigkeit zum Beispiel, dann wird die Welt dunkelgrau, meine visuelle Leinwand leert sich und wird konturlos. Das könnte die Erfahrung jener sein, die ihr Sehvermögen verlieren und ihr inneres Sehen nicht reaktiveren. Sie landen in der „tiefen Blindheit", von der John Hull in seiner Autobiografie *Im Dunkeln sehen – Erfahrungen eines Blinden* spricht. Dies hatte man mir kurz nach meinem Unfall nahe gelegt, als wohlmeinende Menschen meine Orientierung in der Welt ändern wollten. Dieser Gedanke erschreckt mich. Der Weg, den ich seit damals gegangen bin, sein Reichtum, seine Farben und sein wirksamer Ersatz würden nicht existieren und es fällt mir wirklich schwer, mir vorzustellen, was stattdessen da wäre.

Natürlich erlebe ich auch Frustration und manchmal sogar Ausbrüche von Klaustrophobie. Dies geschieht in krisenhaften Augenblicken, wenn ich den Nebel wegreißen, aus dem Gefängnis ins Tageslicht ausbrechen möchte, etwas sicher wissen, entscheiden und agieren will. Ärger über Lärm, sinnlosen Lärm, Inkompetenz und Vergeudung bringen mich an den Rand des Wahnsinns, dann will ich etwas dagegen tun und die Sache in die Hand nehmen.

Abgesehen von diesen mentalen Fertigkeiten bin ich mir durchaus bewusst, wie wichtig es ist, sich wohl zu fühlen, praktische Kleidung zu tragen, mit der man sich bequem bewegen kann. Schuhe sind noch wichtiger. Sie müssen leicht und fest sein und einen flachen Absatz haben, Sportschuhe, gut fürs Gleichgewicht. Das verleiht mir ein Gefühl der Sicherheit, das in der seltsamen Welt, in der ich lebe, wichtig ist.

Das Sehvermögen zu verlieren ist ein schrecklicher Schlag, aber nicht das Ende der Welt. Unerschlossene Ressourcen können mobilisiert, neue Verhaltensweisen gelernt werden, um zurechtzukommen und die Kontrolle wieder zu erlangen. Nur so dahinzuleben und mich mit Ach und Krach durchzubringen ist für mich jedoch keine Alternative mehr. Mein Gehirn ist ständig gefordert, die fehlenden Eindrücke zu kompensieren, dem Vorhandenen einen Sinn zu geben, meine Stimmung zu heben, konzentriert zu bleiben und die eigene Menschlichkeit aufrecht zu erhalten.

Es wundert mich, wie wenig unsere Gabe des Sehens geschätzt wird. Von der Unendlichkeit des Raumes bis zur Intimität des eigenen Lebens erfüllt sie alles mit Farbe und Bedeutung. Eine Stunde oder zwei im Dunkeln, mit fest geschlossenen Augen oder abgeschaltetem Fernsehbildschirm bei laufendem Ton würden den Sehenden eine Ahnung davon vermitteln, wie wertvoll das Sehen ist. Ich frage mich, wer die Zeit und die Motivation findet, das auszuprobieren.

Elternschaft und Vivisektion

Zweiundzwanzig Jahre alt, in schlechter körperlicher Verfassung und ohne die Fähigkeiten und Möglichkeiten, die mir später zur Verfügung stehen sollten, beschlossen wir nach Übersee zu reisen, um Dr. Paufique zu konsultieren. Was mich betraf, so erforderten die Schwangerschaft meiner Frau und die damit bevorstehende Erweiterung unserer turbulenten Zweisamkeit in eine verantwortungsvolle Familie zwingend diese Entscheidung. Zu Recht oder zu Unrecht war ich davon überzeugt, dass unser Leben nur dann eine Chance hatte, wenn ich mein Sehvermögen wieder erlangen und unsere anstrengende Beziehung sich dadurch normalisieren würde. Es war ein Risiko, aber die einzig reelle Chance, die ich hatte.

Die nächste Hürde war, die Firma, die für das fehlerhafte Fass verantwortlich war, dazu zu bewegen, unsere Reise nach Frankreich zu bezahlen. Das war nicht schwierig, da für die Firma klar war, dass die endgültigen Schadenersatzforderungen reduziert würden, wenn sich mein Gesundheitszustand besserte, und sie dies daher als Vorauszahlung auf die endgültige Einigung betrachtete. Meiner Frau und mir war dieses Detail gleichgültig, weil wir uns ausschließlich auf die Wiederherstellung meines Sehvermögens konzentrierten.

Im August 1952 machten wir uns auf den Weg, flogen über den Pazifik in die Vereinigten Staaten, verbrachten einen Tag in New York, dann zwei Tage in Paris und fuhren anschließend mit dem Zug weiter nach Lyon. Der Flug war lang und ermüdend, das Wetter sowohl in New York als auch in Paris und Lyon heiß und ich hatte das Gefühl, als würde ich meine Frau, die im siebten Monat schwanger war, in Unannehmlichkeiten hineinziehen. Aufgrund des warmen Wetters wollte der französische Chirurg nicht vor Ende Oktober operieren und riet uns, einige Monate in den Alpen zu verbringen, was wir auch taten. Das Warten erwies sich als spannungsgeladen und anstrengend.

Nach einigen Wochen in den Bergen kehrten wir nach Lyon zurück und zogen in eine kleine Wohnung im vierten Stock eines heruntergekommenen Hauses aus dem 19. Jahrhundert ohne jeglichen Komfort. Statt einer Toilette mit Wasserspülung gab es ein Plumpsklo, kein Badezimmer und als einzige Wasserquelle einen Wasserhahn in der Küche. Nicht gerade das, was wir uns gewünscht hatten, aber wir kamen zurecht und es belastete uns nicht weiter. Da wir beide vor nicht allzu langer Zeit den großen europäischen Krieg erlebt und viel schlimmere Zustände mitgemacht hatten, nahmen wir die Dinge gelassen hin. Zwei Französinnen, die Englisch konnten, halfen uns beim Einzug sowie bei der Suche nach einem Geburtshelfer und einer Klinik für die bevorstehende Entbindung meiner Frau.

Rückblickend war das ganze Unternehmen riskant und haarsträubend. Ohne Orts- und Sprachkenntnisse, ich mit einer Stimme, die nicht über ein Flüstern hinausging, und ohne Sehvermögen: Es wäre auch dann anstrengend gewesen, wenn unsere emotionalen Spannungen nicht all unsere Energien aufgezehrt hätten. Ist man jung, übersteht man viele schwierige Situationen, und das war sicherlich eine davon. Wir wussten nicht, wie schlimm es noch kommen sollte und dass es keinen einfachen Ausweg geben würde, sobald wir uns einmal darauf eingelassen hatten.

Sonst völlig weltfremd, waren wir doch vernünftig genug zu vereinbaren, dass eine der beiden Englisch sprechenden Kontaktpersonen bei uns übernachten sollte, als der Geburtstermin näher rückte. Hätten wir uns nicht auf diese Hilfe verlassen können, wären wir in totalem Chaos versunken. Eines Tages, kurz vor dem Morgengrauen, begann meine Frau über Magenschmerzen zu klagen, und nachdem wir alle möglichen Ursachen durchgegangen waren, einigten wir uns darauf, dass sie wohl auf das Abendessen am Vortag zurückzuführen waren. Nachdem man uns gesagt hatte, dass

Geburtswehen eindeutig erkennbar seien, beruhigten wir uns, aber das Bauchweh hielt an. Als schließlich unser Gast erwachte und die Dringlichkeit der Situation erfasste, rief sie in aller Eile die Rettung. Keine Minute war mehr zu verlieren, meine Frau wurde – nun vom Zeitplan der Natur übernommen – zum Kreißsaal durchgeschleust, und mit mir als Zeuge dieses unglaublichen Dramas kam ein schläfriger, gähnender kleiner Bub zur Welt. Alles war in Ordnung und die wenigen Tage, die wir umhegt und umsorgt in der Klinik zubrachten, boten eine willkommene Pause.

Nach diesem Meilenstein erlitten wir in unserer mittelalterlichen Wohnung aufgrund der vielen neuen Anforderungen einen Rückschlag. Es ist kaum zu glauben, dass das Geschenk eines gesunden, reizenden Babys zur Last werden kann, aber so war es. Unser Leben wurde ein nicht enden wollender Kampf. Abgesehen vom ständigen Putzen, Windelwaschen, Bügeln und dem Heranschaffen von Vorräten in das vierte Stockwerk, in dem wir lebten, und vom Hinaufschleppen der Kohlenkübel aus dem Keller, um die Wohnung warm zu halten, machte es die Runde, dass wir Englisch sprachen. Nun besuchte uns ein ständiger Strom begeisterter französischer Studenten, die ihr Englisch üben und uns „die Einsamkeit vertreiben" wollten. Anfangs hielt meine Frau diesem Angriff recht gut stand, dann aber verlor sie ihre Milch, das Baby bekam zu wenig zu essen, wurde unruhig und musste medizinisch versorgt und mit der Flasche gefüttert werden. Ungefähr zu dieser Zeit begannen meine Augenoperationen. Das Fass war knapp vor dem Überlaufen. Ein gewisser Galgenhumor erleichterte die Situation etwas, aber es war hart. Uns war auch klar, dass es keinen wirklichen Ausweg gab, und da wir nun einmal so weit gekommen waren, schien es uns am besten, einfach weiterzumachen, in der Hoffnung, dass ich wieder sehen würde können.

Inmitten dieses deprimierenden Chaos fand die erste der sechs Hornhautverpflanzungen statt. Es war zwar nicht das erhoffte Ende des Leidensweges, aber ein Teilerfolg. Ich konnte Licht sehen, Verschwommenes im Nebel. Wenn auch konturen- und formlos, so war doch die Richtung der Lichtquelle erkennbar. Wahrscheinlich wäre ein Transplantat aus Vollmaterial anstatt eines geschichteten Ersatzes für die Hornhaut besser gewesen, so wurde mir zumindest später gesagt. Das Auge nahm das Transplantat an und die Chancen standen gut, dass es bei der nächsten Operation wieder beträchtlich mehr Transparenz zurückerhalten würde. Wir konnten nicht wissen, dass sich das Transplantat bei allen folgenden Operationen trüben würde und sich Blutgerinnsel bilden sollten.

Zweieinhalb Jahre lang wurden immer wieder neue Versuche gemacht, dann aber mussten wir gänzlich aufgeben. Inzwischen hielten wir uns über Wasser und machten weiter, so gut wir konnten, auch wenn unsere Hoffnungen schwanden. Nur eines meiner Augen war operiert worden. Das andere, mit einer etwas schlechteren Hornhaut, aber mit intakter Retina, wurde nicht angerührt und gab mir die Hoffnung, dass in ferner Zukunft ein neuerlicher Versuch möglich sein könnte. Durch Anspannung der Augenmuskeln dieses Auges war ich interessanterweise in der Lage, von innen auf die trübe Hornhaut zu fokussieren und die Barriere zwischen mir und der Welt mit erstaunlicher Klarheit zu sehen. Sie sah aus wie eine glimmerartige Oberfläche, wie schmutziges Milchglas. Ich sah sie mir oft an und kann mich noch in allen Details daran erinnern.

Während unseres ersten Winters in Lyon lernten wir ein sehr nettes Ehepaar kennen, er Franzose, sie Australierin. Sie waren wohlhabend, sehr nett, unsere erste echte Stütze, und wir erholten uns, wenn auch langsam. Der Frühling kam und bald schafften wir es, unserer deprimierenden Behausung den Rücken zu kehren, ohne je einen Blick zurückzuwerfen. Wir verbrachten die Sommermonate in den französischen Alpen, wo unsere neuen Freunde mit all ihrer Ortskenntnis ein Haus mieteten und mit uns teilten. Als wir im Herbst für die nächsten Operationen nach Lyon zurückkehrten, mieteten wir drei Zimmer in einem kleinen, mehr oder weniger leeren Hotel außerhalb der Stadt. Mit den Besitzern, einem älteren Ehepaar, verstanden wir uns gut, sie zeigten großelterliches Interesse an uns und unserem Sohn, der nun kein Baby mehr war, sondern schon ein herziger, kleiner Junge.

Ich kann nicht behaupten, dass wir gute Eltern waren. Wir waren zwar pflichtbewusst, meine Frau sorgte sich immer besonders um seinen Gesundheitszustand, aber das war auch schon alles. Wir waren viel zu jung und viel zu sehr mit unserer Beziehung und der uns bevorstehenden unsicheren Zukunft beschäftigt. Wir machten Spaziergänge auf ruhigen Wegen, schoben den Kinderwagen oder ich trug unseren Sohn in einem Sitzgurt an meiner Brust. Von dort aus konnte er die Welt beobachten und den Vorübergehenden fröhlich zuwinken, die dann lächelten und zurückwinkten. Diese Reaktion verstehe ich bestens, denn ich konnte mir vorstellen, wie herzig er aussah mit seinen großen grauen Augen, den geschwungenen Augenbrauen und dem weichen, kleinen Gesicht. Während der ersten Monate fütterte ihn meine Frau, als er dann alt genug war, kam auch ich dabei ins Spiel. Das Windelwechseln und das Topftraining verliefen problemlos, das Schönste aber waren die Ausfahrten in seinem Sitzwagen, in dem er in seinem kleinen Overall und dem Helm wie ein James Bond in Miniaturformat aussah, sozusagen 003½. Er war wirklich entzückend. Ich bin sicher, dass ich ihn erkannt hätte, wenn mein Sehvermögen wiederhergestellt worden wäre. Ich erinnere mich noch heute mit viel Liebe an den kleinen Knirps.

Abends hörten wir Radio, vor allem das American Forces Network, den US-Soldatensender, der damals in der amerikanischen Besatzungszone in Deutschland ausgestrahlt wurde. Er brachte eine gute Mischung aus Hörspielen, Quizshows, Nachrichtensendungen und Musik. Tage, Wochen und Monate vergingen, wir hingen in der Luft, eine Ruhephase vor dem Unbekannten. Tatsächlich gab es nichts, was wir konstruktiv tun, planen oder überlegen konnten. Viele unserer geheimen Hoffnungen waren zerronnen, wir traten auf der Stelle. Sogar eine meiner früheren Fantasievorstellungen, nämlich – vielleicht als Reaktion auf meinen Kindheitswunsch nach mehr Geschwistern – eine große Familie zu haben, war nun verunmöglicht. Also warteten wir, warteten auf den Kampf nach oben, der uns jedoch abwärts führen sollte. Am besten dachte man an gar nichts.

Natürlich machten wir uns über meine regelmäßig erfolgenden Augenoperationen Gedanken. Diese wiederum waren interessante Erfahrungen. Sie wurden unter Lokalanästhesie, nach französischer Art, wie man mir stolz erklärte, durchgeführt und waren recht unangenehm. Die Injektionen in die Augenlider und die Augenhöhle waren grässlich und äußerst schmerzhaft. Die Augenlider wurden mit einem Spreizrahmen aufgezwungen, an dem so lange geschraubt wurde, bis ich glaubte, die Haut würde platzen. Das Abschaben des Hornhautgewebes empfand ich trotz der Lokalanästhesie als ein scharfes Schneiden. Noch qualvoller wurde das Ganze, weil ich den Augapfel ruhig halten musste, während der Chirurg schnitt. Ich empfand das als erdrückende Verantwortung. „Hinaufschauen", dann „hinunter, mehr nach links, nun ruhig halten", und dann schnitt er, während ich versuchte, den Anweisungen zu folgen und meine natürlichen Reflexe bekämpfte, etwas zu tun, irgendetwas, um diese grauenhafte Vivisektion zu beenden. Vor Beginn dieser Prozedur wurde ich an den Operationstisch geschnallt, und diese notwendige Vorsichtsmaßnahme war nicht unbedingt Vertrauen erweckend. Die ganze Angelegenheit dauerte etwa eine halbe Stunde, nach meinem Gefühl aber eine knappe Ewigkeit. Es war sicherlich faszinierend – eine Art abgeschwächte Augenbeschneidung. Auch das immer wiederkehrende fröhliche Geplauder des Chirurgen mit seinem Assistenten machte es keineswegs leichter. Einmal, erinnere ich mich, ging es um die Entenjagd. Ich sah das alles als eine Feuertaufe, ein ungewöhnliches Erlebnis, das ich unter Vollnarkose nicht gehabt hätte.

Wenn ich erlebe, wie widerstrebend andere weitgehend schmerzfreie kleinere Behandlungen unter Vollnarkose über sich ergehen lassen, etwa die Entfernung von Grauem Star, kann ich aufgrund meiner wiederholten Erlebnisse mit dem Chirurgenmesser nur die Stirn runzeln. Wenn Menschen über ihre Gebrechen und Leiden sprechen, schweige ich, weil mir klar ist, dass wir alle in uns das Bedürfnis verspüren, unsere Abenteuer zu erzählen und zu dramatisieren. Andererseits ist mir im Laufe der Jahre nicht entgangen, wie wenige Menschen sich erkundigen, was mir passiert ist. Zuerst dachte ich, es sei ein Ausdruck von Taktgefühl, der Wunsch, mir keinen Schmerz zu bereiten, wenn ich darüber sprechen und nachdenken muss. Als ob es möglich wäre, solche Erinnerungen zu verdrängen! Dann aber kam ich zu dem Schluss, dass dies auch mit einer Portion Selbstschutz zu tun hat. Ja, was kann man denn schon sagen, das wirklich von Belang wäre? Was kann man einem Querschnittgelähmten in der Schwere seines Schicksals antworten?

Unsere zweieinhalb Jahre in Frankreich waren mehr als nur eine Aneinanderreihung von Augenoperationen, Substandardwohnungen und Belastungen der einen oder anderen Art. Vielmehr ließ sich insgesamt eine Verbesserung feststellen. Wir bewältigten ein Problem nach dem anderen, während unser Sohn zu einem liebenswerten kleinen Jungen heranwuchs. Wir lernten die Atmosphäre des Landes, die Franzosen, ihre Lebensart, ihre Mentalität und Einstellung kennen. Auch unser Französisch wurde immer besser, sodass wir uns ein wenig unterhalten konnten, während sich mein kaum hörbares Flüstern zunächst zu einem rauen Krächzen und später zu einer annehmbaren, wenn auch schwachen und angestrengten Stimme wandelte. Ich glaube, ich verdanke das meiner Frau, denn vermutlich war es mein nicht nachlassendes Bemühen, in unsere häufig giftigen Auseinandersetzungen einzustimmen, das schließlich die Wende brachte. Man konnte mich am Telefon verstehen. Drei Jahren zuvor hatte man in Sydney festgestellt, dass die Säure, die ich geschluckt hatte, meine Stimmbänder verätzt und sie auf zwei Dritteln ihrer Länge miteinander verschmolzen hatte. Dies reduzierte mein Atemvolumen um vierzig Prozent und meinen Stimmumfang auf einen flachen und gleichförmigen Tonfall. Noch schlimmer war, dass das Sprechen meine Halsmuskulatur anstrengte, was wiederum unter Umständen Stress und Anspannung auslöste, etwas, das mich seit damals die ganzen Jahre über störte. Der Klang meiner Stimme gab nicht meine Stimmung wieder, aber ich konnte nichts gegen diese Diskrepanz tun. Es reichte schon, blind zu sein, ich brauchte diese zusätzliche Komplikationen nicht auch noch. Dennoch war es schön, in der Lage zu sein, hörbar zu sprechen, ein wichtiger Pluspunkt in meiner Situation.

Die Zeit verstrich und eine Operation nach der anderen schlug fehl, also musste ich akzeptieren, dass mein Sehvermögen nicht wieder hergestellt werden würde. Nun musste ich mich der Zukunft, bis dahin aufgeschoben, stellen und war voll düsterer Gedanken. Womit sollte ich Geld verdienen, wie sollte ich das anstellen? Nichts erschien auch nur machbar. Ich hatte keine Qualifikationen, keine Ausbildung und auch keine Motivation, Jahre zu investieren, nur um dann irgendeiner Beschäftigung nachzugehen, die mir die Zeit vertrieb. Ich fürchtete den Gedanken an eine Rückkehr nach Australien, wie ich nach meinem Unfall gefürchtet hatte, die schützenden Mauern des Krankenhauses zu verlassen. Es drohte der Tag der Abrechnung und ich sah nichts als Schwierigkeiten vor mir. Alle Hoffnung war dahin, das Spiel war aus.

Der Gedanke, dass meine Frau das Geld nach Hause bringen sollte, war für mich noch schlimmer, weil ich ahnte, wie dies unsere Ehe noch weiter belasten würde. Ich fühlte mich eingesperrt und verletzt, aber nicht geschlagen; ich hatte zwar in der Tat wenig in der Hand, entschloss mich aber dennoch, alle Hindernisse, die sich mir in den Weg stellen mochten, zu überwinden. Nun gut, sagte ich mir, wenn nicht auf diese Weise, dann werde ich es auf eine andere schaffen. Und so begannen sich die Konturen einer außergewöhnlichen Idee abzuzeichnen, die ich wie ein unsichtbares Geburtsmal mit mir getragen hatte und deren Erfüllung letzten Endes untrennbar mit meinem Leben verbunden war.

Ein Reisepass ins Nirgendwo – Irrfahrt in der Wüste

Wir beschlossen, mit dem Schiff nach Australien zurückzukehren, diesmal als Passagiere und nicht als Immigrantenfracht. Ich konnte mich noch lebhaft an meine frühere Reise erinnern, als ich sprühend vor Leben glaubte, eine interessante Zukunft würde mich erwarten. Nun musste ich im Alter von fünfundzwanzig Jahren einem neuen, unbekannten Szenario entgegensehen.

Bis zur Klärung der Schadenersatzfrage blieben wir auf der Farm meiner Schwiegereltern in der Nähe von Sydney, erst dann konnten wir weitere Pläne schmieden. Die Einigung mit der Firma, die wir schließlich trafen, bewies einmal mehr unsere Weltfremdheit und unseren Mangel an Vernunft. Die Entschädigung, die ich für meine Verletzungen und meine erheblich veränderten Zukunftsaussichten erhielt, belief sich auf eine sehr bescheidene Summe und nicht auf einen ordentlichen Betrag, der unser Leben zumindest finanziell auf sicherere Beine gestellt hätte. Sie reichte für den Kauf eines Hauses und die Lebenshaltungskosten für weitere drei Jahre, das war alles. War meine Bereitschaft, das zu akzeptieren, ein weiterer Beweis für meine Entschlossenheit, Härten zu erdulden? Wir hätten diesen Ausgang der Verhandlungen durchaus vermeiden können, taten es aber nicht. Ich kann nicht behaupten, dass man uns nicht darauf aufmerksam gemacht hätte, denn beruflich einschlägig tätige Freunde wiesen uns darauf hin, dass wir die Verhandlungen geradezu unverantwortlich schlecht geführt hätten. Der Fall war klar, wie konnten wir ihn trotzdem in den Sand setzen? Die Antwort ist, dass wir daraus eine ethisch-moralische Frage machten, wir wollten kein „Blutgeld" akzeptieren, wie wir die Entschädigung nannten, und dachten, dass wir damit rechtschaffen handelten. Dummheit und ein Hang zu hohem Heldentum wären hier weitaus zutreffendere Bezeichnungen.

Damals drängte sich mein seit langer Zeit bestehendes Interesse am Rätsel des menschlichen Bewusstseins in den Vordergrund. Da meine Lage ohnehin hoffnungslos war, so folgerte ich, könnte ich gleich das tun, was mich interessierte. Der bestmögliche Weg, der mir einfiel, war ein Studium der Psychologie und Philosophie an der Universität. Ich beschloss, diesen Weg einzuschlagen, und immatrikulierte an der Universität von Sydney; so begann meine lange Reise zum Kern des Problems von Gehirn, Geist und Bewusstsein. Zu guter Letzt war ich nach vielen Umwegen auf dem richtigen Weg.

Natürlich gab es praktische Probleme: Vorlesungen, Mitschriften, Anwesenheit, Praktika, Lesen und vieles andere. In jener Anfangszeit war das Universitätsstudium für einen blinden Menschen ein ungewöhnliches Pionierabenteuer, ein Testfall, ob es überhaupt möglich war. Es standen keinerlei entsprechende Einrichtungen zur Verfügung, alles musste improvisiert werden. Ich konnte zwar Maschineschreiben, aber nicht die Brailleschrift. Bei meiner Rückkehr nach Australien hatte ich versucht, Braille zu lernen, gab es aber bald auf. Ich erkannte, dass ich damals schon so enorm visuell lebte und dass ich, statt die Braillezeichen zu fühlen und ihre Bedeutung abzulesen, mir diese als eine Anordnung von Punkten vorstellte und sie dann in das englische Alphabet rückübersetzte, um sie zu verstehen. Das bedeutete eine dreifache Verzerrung und doppelte Übersetzungsarbeit, die zeitraubend und mühsam war. Zudem spielte sich das Ganze in einer Sprache ab, die mir fremd war, was die Sache nicht leichter machte. Die ganze Übung artete dadurch in eine umständliche und nervtötende Tortur aus. Die bewusste Konzentration auf die starre Mechanik einer Aufgabe wie Lesen behindert den Gedankenfluss und die Bedeutung der Wörter geht verloren. Auch war die von mir benötigte Lektüre in Brailleschrift nicht vorhanden und die Kosten und Mühen für deren Übersetzung wären horrend, das Resultat im besten Fall mittelmäßig, also wenig befriedigend gewesen.

Die Lösung war einfach: Meine Frau sollte mit mir studieren. Zunächst dachten wir, dass sie mich nur begleiten würde, um mir bei den praktischen Schwierigkeiten zu helfen, da sie aber ohnehin mitkam, erschien es ihr sinnvoll, das Studium gleich mitzumachen. Und so geschah es dann auch. Wir kauften ein Tonbandgerät und sie nahm die Vorlesungen auf, während ich auf das Kind aufpasste. Manchmal gingen wir gemeinsam zu Vorlesungen, Seminaren und Praktika und natürlich lasen wir zusammen. Nichts davon war einfach, aber es war zumindest eine Möglichkeit. Zwei Jahre lang funktionierte dieses System und wir bekamen beide gute Noten. Dann, zu Beginn des dritten Studienjahres, hatte meine Frau genug; sie wurde langsamer und gab beinahe auf. Wir bekamen dieses dritte Jahr des vierjährigen Studiums zwar irgendwie hin, aber es machten sich Ermüdungserscheinungen bemerkbar, Abgabetermine stauten sich, die Arbeit wuchs uns über den Kopf und die Spannung stieg. Außerdem erfuhren wir von der Krankheit und kurz danach vom Tod meines Vaters, für mich der traurige Verlust eines unersetzlichen Leuchtturms im Nebel.

Angesichts unserer aufgebrauchten Geldreserven, der Kreditaufnahme sowie der rasch abnehmenden Motivation meiner Frau, die unseren Studienerfolg gefährdete, stieg meine Anspannung und bei einem plötzlichen Auftreten von Grünem Star verlor ich die mir noch verbliebene Retina. Von da an sollte es für mich keinen Unterschied mehr zwischen Tag und Nacht geben. Unmittelbar und praktisch gesehen bedeutete das zwar nur eine geringe Sichtminderung, für den Rest meines Lebens aber hatte es eine enorm wichtige Bedeutung. Wo es noch einen Hoffnungsschimmer gegeben hatte, lag nur mehr eine Ewigkeit der Dunkelheit vor mir. Wäre die Retina intakt geblieben, hätten mir bessere Operationstechniken viele Jahre später mein Sehvermögen zurückgeben können. Wir hatten auch das Pech, dass der Augenarzt, der meine Augen schon zuvor behandelt hatte und an den wir uns jetzt um Hilfe wandten, mir Pillen verschrieb, statt die Flüssigkeit abzusaugen, was den Augendruck vermindert hätte, bis sich das Auge beruhigte. Damals wusste ich das nicht, aber seitdem habe ich immer darauf bestanden, alle Informationen über medizinische Fragen zu bekommen, um mich nicht ganz auf die Entscheidung der Ärzte verlassen zu müssen. In Bezug auf mein Sehen hieß das aber, dass ich nun auch noch den Deckel zumachen musste, nachdem das Kind schon in den Brunnen gefallen war.

Die Reaktion meiner Frau auf den Verlust dieses letzten Hoffnungsschimmers verletzte mich zutiefst. Es schien, als berührte sie das überhaupt nicht. Damals und noch einige Zeit danach beschäftigte mich diese Zurückweisung sehr, ich hatte das Gefühl, von allem abgeschnitten und enteignet worden zu sein.

Unser viertes und letztes Studienjahr war das schwierigste. Wir hätten beim Lesen als Team arbeiten sollen, aber meine Frau hatte genug, weder las noch lernte sie. Den Abschluss mit der Prüfung im Spezialfach vor Augen, wollte sie sich mit dem Basisdiplom begnügen. Rückblickend wäre es wohl besser gewesen, ihr nachzugeben. Weil ich aber darauf bestand, machte sie weiter, vergeudete ihr Abschlussjahr und aus Nachlässigkeit beinahe auch meines. All die Anstrengungen, die ich in dieses Unternehmen gesteckt hatte, sollten nun vergebens gewesen sein. Ich war angespannt und frustriert, es war aber zu spät, einen anderen Weg zu suchen. Mir gelang es zwar, gelegentlich ein paar Vorleser zu organisieren, das war aber bei Weitem nicht alles, was ich brauchte. Ich schaffte den Abschluss, sogar mit besonderer Erwähnung, unter diesen Umständen ein Wunder. Meine Frau wiederholte das vierte Jahr und schaffte es dann auch.

Zumindest ich war an einem neuen Tiefpunkt angelangt. Erschöpft und ziemlich ausgebrannt nach diesem frustrierenden, mühseligen Kampf der letzten beiden Jahre, stand ich nun vor dem Problem, dass mir der Arbeitsmarkt weitgehend verschlossen war. Mit meiner Behinderung wäre ein Abschluss mit Auszeichnung meine einzige Chance gewesen, um vielleicht eine akademische Anstellung zu bekommen. Nun musste ich mich der Tatsache stellen, dass ich nicht erreicht hatte, wovon ich mir eine Wiederherstellung unseres Beziehungsgleichgewichts und die Möglichkeit eines beinahe normalen Lebens erhofft hatte. Ich hatte keine Anstellung, wir hatten Schulden und meine Frau bewarb sich um eine Stelle als Psychologin und bekam sie auch. Für mich war das kein befriedigender Ausgang.

Meine Studienjahre waren mehr als harte Arbeit, sie waren ein mühseliger Kampf mit zunehmender Ermattung für mich gewesen. Zum ersten Mal wurde mir bewusst, worauf ich mich eingelassen hatte. Ich erkannte, wo die Neuro- und Sozialwissenschaften im Hinblick auf mein zentrales Thema – das Wesen und die physikalische Identität des Bewusstseins, jenes Rätsel, das mich wirklich interessierte – tatsächlich standen: Sie waren nirgendwo zu sehen. Ich war umgeben von Spezialisten mit einem eingeschränkten Blickwinkel und einer auf ihr Fach konzentrierten Geisteshaltung. Das erinnerte mich an Ernest Rutherford, den berühmten Physiker, der seine Mitarbeiter am Cavendish Laboratorium in England davor warnte, „sich nicht dabei erwischen zu lassen, auch nur vom Universum zu sprechen", zur damaligen Zeit ein anrüchiges Thema. Gleichermaßen durften auch wir nicht bei der Erwähnung des Wortes „Bewusstsein" ertappt werden, damals ein Schimpfwort in den Neuro- und Sozialwissenschaften. Ja, noch schlimmer: Das Thema existierte gar nicht. Allein es in den Mund zu nehmen, war ein Zeichen dafür, dass man an einer obskuren Krankheit litt, vielleicht einem ausländischen Bazillus; im besten Fall war es poetischer Luxus. Die verschiedenen Fakultäten an der Universität waren hoch spezialisierte Ausbildungseinrichtungen, die sich mit technischen Problemen in wasserdicht abgeschotteten Abteilungen befassten. Wenn man sich nicht an diese starre Einteilung hielt und mitmachte, war man draußen.

Ich war irritiert und frustriert, weil ich erkannte, dass es viele Versäumnisse gab und große, wichtige Gebiete der Bewusstseinsforschung ignoriert wurden, insbesondere die Untersuchung des „Organsystems", des funktionierenden Gehirns, das für dessen Output und letztlich Kompetenz verantwortlich ist. Sich mit dem Verhalten der weißen Ratte in einem Experiment, mit Statistik, Freud oder analytischer Philosophie und Logik zu beschäftigen, aber die

Ausstattung, das bewusste Gehirn, das all dies ermöglicht, zu vernachlässigen, ist so, als untersuchte man ein Auto, ohne den Motor zu berücksichtigen, oder schlimmer noch, so zu tun, als gäbe es gar keinen Motor. Also war ich wieder auf mich allein gestellt. Wenn ich etwas erreichen wollte, dann musste ich alles Wissen und alle vorhandenen Erkenntnisse berücksichtigen und noch darüber hinausgehen, mich eingehender mit der Neurowissenschaft und der Systemtheorie auseinander setzen. Ziel war es, ein sinnvolles und funktionierendes Modell zu bauen, das den Schlüssel zu einem tieferen Verständnis liefern würde. Ich würde meine Arbeit im Alleingang, ohne Unterstützung und ohne finanzielle Zuwendung, bewältigen müssen. Basieren müsste sie auf Fakten, die mein Modell bestätigen und rechtfertigen würden. Es würde ein langer Marsch sein. Wie sollte er mir mit meiner Behinderung und in meiner lähmenden Situation überhaupt gelingen? Auch meine Frau machte mir unverzüglich klar, dass sie mir weder bei diesem noch bei einem anderen Vorhaben, das mir vorschwebte, in irgendeiner Weise behilflich sein würde. Meine Jahre der Irrfahrt in der Wüste, dachte ich, und so war es dann auch.

Wenn ich diese Studienjahre an mir vorüberziehen lasse, wird mir bewusst, wie entscheidend sie waren. Ich verlor meinen Vater, verlor alle Hoffnung, je wieder sehen zu können, verlor den Glauben an meine Ehe und an jede akademische Unterstützung für mein Vorhaben. Andererseits traf ich Menschen, die sehr wichtig für mich waren, die Freunde fürs Leben wurden, und vor allem: Ich traf meine künftige Frau, eine schlanke, grazile junge Frau mit einem gebildeten Herzen, einer raschen Auffassungsgabe, mit Sinn für Humor und Intensität, die bald die Frau meines Freundes Philip werden sollte. Dieser war selbst vor nicht allzu langer Zeit erblindet, war ein großartiger, mutiger, charakterstarker Mensch, der durch eine Bindegewebserkrankung, die ihn schließlich das Leben kosten sollte, zunehmend geschwächt wurde. Ich verstand mich sofort mit Dawn und diese Sympathie beruhte auf Gegenseitigkeit, ein kleiner

Funke, den keiner von uns beiden aufgreifen, aber auch nicht vergessen sollte.

Philip hatte ich nach einem kurzen Radiointerview kennen gelernt, das ich nach Abschluss des ersten Jahres meines Psychologie- und Philosophiestudiums – was damals sehr ungewöhnlich war – gegeben hatte. Er rief mich an, wir trafen uns und mehrere Jahre lang lasen wir regelmäßig einmal pro Woche gemeinsam mit seinem Freund David, der über das Augenlicht zum Lesen und die Motivation verfügte, dieses Wunder zu teilen. Jahre später sollte er meine ständige Lesequelle und somit für das Erreichen meines endgültigen Ziels entscheidend werden.

Dann gab es noch Nick Tschoegl, meinen alten Freund aus Ungarn, ein hochintelligenter Mann, der damals an der Universität von New South Wales seinen Doktor in Chemie machte, ein echter Universalgelehrter mit der dazugehörigen offenen und wissbegierigen Geisteshaltung. Einmal pro Woche kam er gegen acht Uhr abends zu mir und wir lasen dann oft bis vier Uhr morgens. Die Lektüre deckte ein weites Spektrum, von Geschichte über Naturwissenschaften bis zu den ewigen Fragen der Menschheit, ab; ein Renaissance-Ambiente, anregend und bereichernd. Mit dieser reichhaltigen geistigen Nahrung versorgt, wachte mein Gehirn auf, unsere angeregten geistigen Ausflüge waren ein idealer Übungsplatz für meine späteren eigenen Forschungsreisen. Diese Treffen endeten Anfang 1961, als Nicks Karriere ihn nach Amerika führte, wo er eine Lehrstelle am California Institute of Technology antrat.

Ein weiterer Lesegefährte war John Falconer, mein „Schreiber" bei meinen Prüfungen an der Universität. Er war Altphilologe, ein Mann mit Charisma und Autorität. Unsere Beziehung mündete unvermeidbar in eine enge Freundschaft und in viele Jahre gemeinsamen Lesens; auch hier wieder grenzüberschreitend.

Als ich mein dreißigstes Lebensjahr erreichte und die 1960er-Jahre begannen, meine Zeit in der Wüste, konnte ich also auf ein ereignisreiches Jahrzehnt zurückblicken: die Ankunft in einem neuen Land, die Arbeit, die den Grundstein für meine Hoffnungen auf berufliche und finanzielle Absicherung legen sollte, Zahnmedizinstudent bei Tag, Arbeiter bei Nacht, eine sehr verführerische, aber unvernünftige Beziehung. Bald schon der schreckliche Unfall und kurz darauf die Angst um meine Familie und der Druck eines zwischenmenschlichen Konflikts. Dann die Augenoperationen, die Enttäuschungen, die zusätzliche Belastung durch die Elternschaft, die inkompetente Handhabung der finanziellen Regelung und die harten Jahre an der Universität. Es war viel geschehen in diesem Jahrzehnt, Schmerz und Freude, Erfolg und schweres Schicksal, und an seinem Ende eine unklare Zukunft, ein nicht ausformuliertes Ziel, ein schwieriger Weg, von dem ich nicht wusste, wie ich ihn gehen sollte. Eine Krise eigentlich.

Die Routine der Jahre an der Universität lagen hinter mir, die Freunde und Kontakte, die mir ans Herz gewachsen waren, verstreut in alle Winde: Nick war in Amerika, Philip hatte eine Anstellung und war außer Reichweite in Newcastle, 160 Kilometer nördlich von Sydney, David frisch verheiratet und dabei, eine Familie zu gründen, während John und seine Frau Jean bald für fünfzehn Jahre nach London aufbrechen würden. Erfolglos bei der Suche nach einer Vollzeitanstellung an der Universität oder als Psychologe, meine Ehe emotional am Ende, konnte ich mich zu Recht fragen, ob es noch schlimmer kommen konnte.

Vielleicht wäre dies der richtige Zeitpunkt gewesen, einen Schlussstrich unter unsere schlecht funktionierende Ehe zu ziehen. Damals glaubte ich, dass das Thema Scheidung nicht rational diskutiert werden konnte. Rückblickend bin ich mir da gar nicht mehr so sicher. Meine Frau hätte allen Grund gehabt, sich kooperativ zu zeigen. Sie war eine sehr attraktive dreißigjährige berufstätige Frau, die Welt stand ihr offen. Sie hätte haben können, was sie wollte, sie hatte einen Freifahrtschein, sie hätte es sich leicht machen können. Auch hinsichtlich unseres Sohnes habe ich die Situation vielleicht falsch eingeschätzt. Es stimmt wohl, dass sie eher ängstlich war, wenn es um seine Gesundheit und Sicherheit ging, aber so viel ich weiß, war das auch schon alles, und so mag meine Befürchtung, dass sie das Sorgerecht für das Kind hätte haben wollen, ebenfalls unbegründet gewesen sein.

Ich selbst hatte kein Ziel, keinen Plan und wollte mir mein Los nicht mit neuem Unbekannten erschweren, also lebten wir weiter nebeneinander her. Sie hatte ihre Arbeit als Psychologin, ich machte den Haushalt, putzte, wusch, bügelte, kochte, kümmerte mich um das Kind, seine schulischen Leistungen und eröffnete eine Halbtagspraxis als psychologischer Berater. Ich war den ganzen Tag beschäftigt, die Arbeit war vielfältig und lehrreich, vermittelte sie mir doch aus erster Hand ein praktisches Verständnis von Frauenschicksalen und des feministischen Standpunktes. Außerdem las ich sehr viel, drei oder vier Bücher pro Woche. Ich bediente mich dabei des Hörbuchdienstes der Royal Blind Society mit seinem rasch wachsenden Angebot und hatte Zugang zur US-amerikanischen Library of Congress mit ihren noch umfangreicheren und besser bestückten Bücherbeständen. Letztere hatte hervorragende Sprecher; Thema und Stimme wurden großartig aufeinander abgestimmt. Bei meiner Geschwindigkeit und mit dem zusätzlichen Angebot der British Library arbeitete ich eine erstaunliche Menge interessanten Materials durch: Biografien, Reiseliteratur, Forschung und Populärwissenschaft sowie die Klassiker. Da ich ein tragbares Abspielgerät hatte, konnte ich die Bücher während der Hausarbeit hören und machte Schluss mit dem Sprichwort „Erst die Arbeit, dann das Vergnügen". Ich nahm, wenn auch nur am Rande, Anteil an der Highschool-Ausbildung unseres Sohnes und schnappte so Zusatzfächer wie englische Geschichte und Wirtschaft auf.

Wie man sich vorstellen kann, war das stabile Ungleichgewicht unserer Ehe alles andere als erfüllend. Gesellschaftlich waren wir isoliert, da wir keinen Freundeskreis hatten. Meine Frau war nicht gesellig und spielte nicht gerne die Gastgeberin. Es gab keinen Sport, keine Ablenkung und wir gingen auch nur sehr selten aus, da sie nicht Auto fuhr. Kurzum, wir waren untätig und ans Haus gebunden.

Es war ein deprimierendes Bild, das immer schlimmer wurde, kein Silberstreif am Horizont. Ich hätte mich niedergeschlagen fühlen müssen, tat es aber nicht. Irgendeine unsichtbare Antriebs- und Energiequelle hielt mich über Wasser und ließ mich weitermachen. Ich erinnere mich an diese innere Gewissheit, dass ich etwas zu erledigen hatte, etwas Wichtiges, und dass ich aus dem Leben weder scheiden wollte noch konnte, ohne zuvor alles unternommen zu haben, um diesen Pakt, den ich mit mir selbst geschlossen hatte, zu erfüllen. Ich musste es schaffen, und ich würde es schaffen.

So isoliert und frustriert ich auch war, ich hatte die Kraft durchzuhalten. Für meinen Sohn, der ebenso eingesperrt war, muss dieses Leben viel schwieriger zu ertragen gewesen sein. Ein liebenswerter Junge, dem unser erdrückender Lebensstil sicherlich das Erwachsenwerden sehr erschwerte. Das Herz war mir schwer, ich wünschte, es hätte für ihn und für uns alle anders sein können.

Abgesehen von meinen Haushaltspflichten und der Beaufsichtigung der Schulaufgaben meines Sohnes arbeitete ich weiter als Berater. In Zusammenarbeit mit der damaligen Eheberatung testete ich Klienten, zumeist Ehepaare, schrieb Berichte über die Schwierigkeiten und die Psychodynamik ihrer Situation. Ich setzte eine große Bandbreite von Tests ein und beschloss die Sitzungen jeweils mit einem langen Gespräch. Das Ganze dauerte normalerweise fünf bis sechs Stunden und brachte erfreuliche Ergebnisse – eingehende Analysen und Erkenntnisse, auf die andere Berater in der Folge zurückgreifen konnten. An der Universität war ich darin recht gut gewesen und nun wurde ich durch die ständige Übung noch besser. Die Berater schätzten meine Arbeit, die Klienten genossen die Tests, das Aufhebens um sie, das Interesse, die Aufmerksamkeit, die Gelegenheit sich zu öffnen und mehr über sich selbst zu lernen. Meinem Auftreten nach merkten viele meiner Klienten gar nicht, dass ich blind war. Und jene, die es taten, sahen darin einen Vorteil und entspannten sich.

Ich selbst empfand die Arbeit als fordernd und anstrengend, aber interessant. Mit jedem Klienten erfuhr ich ein wenig mehr über das

Leben, über menschliche Schicksale und über mich selbst. Meine Empathie kam mir zupass, ich fand Zugang zu den Menschen, und abgesehen von der emotionalen Anstrengung waren alle sehr zufrieden. Offensichtlich steigerte ich mich hinein, sah darin aber die beste Möglichkeit, Einblick in ihre Probleme zu bekommen. Nachdem ein Klient gegangen war, wusch ich mir immer das Gesicht mit kaltem Wasser und schloss die Augen; das war das Zeichen, mit dem Visualisieren aufzuhören und mich zu entspannen. Die Anspannung und die Konzentration verlangten mir sehr viel ab, aber nur so konnte ich der Aufgabe gerecht werden.

Es ist eine Sache, einen Menschen zu testen, seine oder ihre innere Dynamik, Persönlichkeit, Veranlagung, Abwehr und eventuelle Störungen herauszufinden, und eine ganz andere, dies auch mit dem anderen Teil des Paares zu tun und dann die optimale Interaktion zwischen den beiden herauszufinden. Zu entdecken, was einen normalen Neurotiker funktionieren lässt, ist eine Sache; herauszufinden, wie zwei normale Neurotiker gemeinsam funktionieren sollten, um beiden Zufriedenheit und gemeinsames Wachsen zu ermöglichen, ist eine Sache ganz anderen Kalibers. Dazu muss man ständig die innere Charakterstruktur zweier Personen vor Augen haben und parallel dazu in einem nach außen unsichtbaren „Trial-and Error"-Verfahren herausfinden, wie die zwei sich am besten artikulieren könnten und sollten. Nachdem ich mich einige Zeit mit diesem zweigleisigen Denkprozess beschäftigt hatte, fiel mir diese komplexe intellektuelle Leistung nach und nach leichter. Ich habe guten Grund anzunehmen, dass mein wiedereroberter visueller Kortex, der nicht mit externen Bildern bestürmt wurde, mich in die Lage versetzte, mit Komplexitätsebenen umzugehen, die außerhalb der Norm lagen. Anders ausgedrückt, ich entwickelte eine intern gesteuerte, kreative Abnormalität.

Es gibt Wunderkinder auf dem Gebiet der Mathematik, des Schachs und der Musik, einige sind zu unvorstellbaren Meisterleistungen fähig, wie auf Anhieb die Quadratwurzel einer zwanzigstelligen

Zahl zu wissen, ganze Partituren mit jedem Detail oder Schachzüge von unglaublicher Komplexität im Kopf zu haben. Während auch ich vierstellige Zahlen mit vierstelligen Zahlen im Kopf multiplizieren konnte und dabei die Zwischenergebnisse in verschiedenen Farben sah, um sie mir bis zur abschließenden Rechenoperation leichter zu merken, lag meine Stärke auf einem anderen Gebiet, nämlich in der Kombinationsgabe, eine Reihe simultaner, interagierender Operationen zu sehen, nicht stückweise, sondern gleichzeitig, als ein einziges System. Später sollte ich erkennen, dass genau das nötig war, um die im menschlichen Bewusstsein ablaufenden komplexen Vorgänge zu erfassen. Man kann niemals das Ganze in seiner Gesamtheit verstehen, wenn die einzelnen Stränge der orchestrierten Gesamtheit nacheinander betrachtet werden. Genau das ist der Grund, warum das Problem um Gehirn, Geist und Bewusstsein so lange ungelöst geblieben ist und bleiben wird, es sei denn, der dafür geeignete kombinatorische Ansatz wird verstanden und auch angewandt.

Einmal wurde ich in einem Interview gefragt, ob ich sozusagen aus dem Nichts Geistesblitze gehabt hätte oder ob mein Gehirn während des Schlafs über Nacht ohne mein Wissen an dem Problem gearbeitet haben könnte und dann ganz unerwartet mit der Antwort aufgetaucht wäre. Von solchen Dingen wird berichtet und man weiß, dass so etwas vorkommt; dies wirft übrigens ein interessantes Licht darauf, wie das Gehirn zu Lösungen kommt.

Ich verneinte, erinnerte mich aber später an etwas Seltsames und Aufschlussreiches. Kurz vor Kriegsende waren wir sechs Wochen lang im Kohlenkeller und mehrere Wochen danach vollständig ohne Waschmöglichkeiten gewesen. Wir waren ungepflegt und benötigten dringend eine gründliche Reinigung. Eine Möglichkeit dazu bot sich uns, als meine Mutter eine Bekannte traf, die über ein unzerstörtes Badezimmer verfügte, das einen mit Holz geheizten Badeofen hatte. Sie fragte diese ältere Dame, ob ich mich bei ihr gründlich waschen dürfe, und diese stimmte freundlicherweise zu. Am vereinbarten Tag ging ich pflichtbewusst hin, genoss zum ersten

Mal seit Monaten ein wohliges Bad in warmem Wasser, das sich bald in eine trübe Schlammbrühe verwandelte. Danach zog ich den Stöpsel heraus, kleidete mich nach dem Abtrocknen an und war fertig. Als ich aus dem Badezimmer kam, schaute sie herein und blickte mich dann mit einem seltsamen Ausdruck an. Ich dankte ihr für die Gefälligkeit, verabschiedete mich und ging – und wunderte mich über den seltsamen Ausdruck auf ihrem Gesicht.

Ich hatte die Episode völlig vergessen, bis ich zwölf Jahre später, als ich eines Nachmittags auf der Straße auf dem Nachhauseweg war, plötzlich stehen blieb und mir die Hände vor Überraschung vor das Gesicht schlug. Ich konnte es nicht fassen. Mein Gott, sagte ich mir, ich hatte die Badewanne nicht geputzt. Das also war die Antwort. Während all dieser turbulenten Jahre voll Abenteuern, Flucht, Traumata, Tragödien, Kämpfen und Reisen, Liebes- und Geistesmühen hatte sich mein Gehirn mit diesem Problem beschäftigt, bis es so weit war und die Lösung in mein Bewusstsein drang.

Ich war erstaunt, nachdenklich und sehr beeindruckt über die verborgenen Wege des Gehirns. Vielleicht geht nie etwas verloren, vielleicht wird es vom Gehirn lediglich als zu unbedeutend eingestuft, um sich darum zu kümmern.

Abenteuer auf dem Dach – Psychologie mit einem Lächeln

Es ist schwer zu sagen, ob diese Ausweitung meiner geistigen Fähigkeiten darauf zurückzuführen war, dass nun auch angrenzende, nicht-visuelle Bereiche meines Gehirns mit einbezogen wurden, wodurch meine Visualisierung um Raumgefühl und Raumtiefe erweitert wurde. Die Leichtigkeit, mit der ich Objekte und Probleme im Geist darzustellen, zu bewegen, zu drehen und zu verschieben vermochte, lässt zweifellos auf eine intensivere Verarbeitung schließen.

Auch so manche manuelle Fertigkeit, die im imaginierten visuellen Raum genau angeleitet und gesteuert wurde, verbesserte sich und so konnte ich eine Reihe komplexer handwerklicher Aufgaben erledigen. Das machte mir Freude und gab mir Vertrauen, vermittelte mir das Gefühl, etwas zu beherrschen, gab mir ein neues Freiheitsgefühl. Besonders sichtbar wurde dies, als die alten, feuerverzinkten Dachrinnen unseres großen Hauses mit den vielen Giebeln kaputt gingen und dringend erneuert werden mussten. Mehr aus Spaß denn infolge langer Überlegungen, was dies denn bedeuten könnte, beschloss ich, die Arbeit selbst in Angriff zu nehmen. Ohne Werkzeug, ohne Praxis, weitgehend auf mich allein gestellt und in technischen Dingen sozusagen im Stockdunkeln, verschaffte ich mir einen Überblick und machte mich an die Arbeit.

Das Haus stand auf einem abschüssigen Grundstück; ein altmodischer Bau mit hohen Räumen, auf einer Seite fiel das Terrain fünf Meter ab und man brauchte eine lange Ausziehleiter, um zur Dachrinne zu gelangen. Ich überlegte mir, wie die alten Beschläge, Träger, Fallrohre etc. am besten abmontiert, entfernt und durch neue aus Aluminium ersetzt werden könnten. Normalerweise machen diese Arbeit zwei sehende Menschen. Ich war also „unterbesetzt", aber auch unerschrocken und sehr motiviert. Ich brauchte zwei volle Monate, aber nach Fertigstellung der Arbeiten waren diese gut gelungen. Für einfache Details wie etwa das Wassergefälle brauchte ich besonders lange. Einzelne Abschnitte befestigte ich zunächst provisorisch, dann stieg ich mit Wasserkrügen hinauf, goss Flüssigkeit in die Rinne, um zu messen, wie lange sie brauchte, um bis zum anderen Ende abzufließen. Dann justierte ich das Gefälle, oft mehrmals, bis das Wasser genau richtig abfloss. Alles wurde angeschraubt und wasserdicht gemacht, Winkel, Ecken, Abschlusskappen, rechteckige Löcher mit einer Eisensäge an die Fallrohre angepasst, die hier und da abgeschrägt und schließlich in die kreisrunde Verengung des Betonlochs eingepasst werden mussten, in welches das alte, zylindrische, verzinkte Rohr hineingepasst hatte.

Auch das war eine heikle, langwierige und knifflige Arbeit, die durchaus auch ihre lustigen Seiten hatte. Einmal musste ich tief in einen umgeformten Rohrabschnitt greifen, um eine Mutter zu dem Loch zu führen, bei dem die Schraube von außen hineingeschoben werden sollte. Dann musste ich mit dem Schraubenzieher den Schlitz in der Schraube finden, ein Arm innerhalb, ein Arm außerhalb des Rohrs, und dann sorgfältig zuschrauben. Da ich ohne zu sehen arbeitete, erforderte dies eine immense Konzentration und Geduld. Oft schaffte ich es nicht und musste immer wieder von Neuem anfangen, bis es klappte.

So kam es, dass ich am Ende einer solchen Rohr-Anpassungs- und Schrauben-Anzieh-Aktion feststellte, dass ich meinen Arm nicht mehr herausbekam. Ich hatte mich selbst in das Fallrohr geschraubt. Nicht nur ein Mann mit einer eisernen Maske, dachte ich belustigt, sondern auch noch an ein Aluminiumfallrohr angeschraubt! Schließlich fand ich natürlich eine Lösung, eine Weile saß ich jedoch da, festgeschraubt, und hoffte, dass kein Platzregen käme und das Telefon nicht klingelte. Keine Rede von Handys in jenen längst vergangenen Zeiten. Als alles fertig war, ausgetestet und funktionstüchtig, fühlte ich mich richtig gut, nicht zuletzt wegen der

Anstrengung, der Entschlossenheit und der geistigen Leistung, die ich vollbracht hatte.

Zwei Begebenheiten sollen im Zusammenhang mit diesem Abenteuer erwähnt werden. Die erste illustriert, in welche Zwickmühle man geraten kann, wenn man blind ist, dabei aber nicht den üblichen Erwartungen entspricht. Die zweite ist etwas mysteriöser und ich überlasse die Deutung dem Leser. Ganz zu Beginn und bald nachdem ich die alte feuerverzinkte Dachrinne entfernt hatte, stand ich auf der Ausziehleiter und überlegte, wie ich den Aluminiumträger am besten annageln sollte, als der Briefträger ein Päckchen brachte. Da er aus der Gegend stammte und mich vom Sehen kannte, fragte er mich, was ich denn auf einer Leiter bei der Eingangstüre tue. Ich erzählte ihm also, dass ich die Dachrinnen ums Haus herum erneuerte. Er machte eine kurze Pause und sagte dann: „Aber doch nicht allein? Ihr Sohn hilft Ihnen doch, nicht wahr?" Mein damals sechzehnjähriger Sohn half mir nicht, zum einen weil er keine Lust dazu hatte oder sich nicht für derart handfeste Vorhaben interessierte, und zum anderen – was viel entscheidender war – weil ich gar nicht gewollt hätte, dass er oder jemand anderer mir half. Das war meine Sache und außerdem nervt es mich, wenn ich versuche, mich in komplexen Situationen, die fast ausschließlich visuell sind, mit jemandem zu verständigen. Handwerker, die eine solche Arbeit gemeinsam erledigen, haben dieselben visuellen Eindrücke und die gleiche Kenntnis der Vorgänge und der Ausführung. In Anbetracht meiner Einschränkungen und als Amateure hätten mein Sohn und ich unsere Schwierigkeiten gehabt und wären ständig aneinander geraten.

Da stand also der Postbote und wartete auf eine Antwort und mir ging durch den Kopf, dass er, wenn ich ihm die Wahrheit sagte, wohl mit größter Wahrscheinlichkeit annehmen würde, dass ich ihn anlog. Wenn ich aber log und ihm sagte, dass mein Sohn mir half, dann würde er daraus schließen, dass ich die Wahrheit sagte. Was auch immer ich ihm also sagte, stünde in keinem Zusammenhang mit dem, was ich tat oder wie ich es tat, für ihn würde meine Antwort also nur über die Frage entscheiden, ob ich die Wahrheit sagte oder ein Lügner war. Es war daher nicht schwer, zu dem Schluss zu kommen, dass wir uns beide wohler fühlen würden, wenn er annahm, dass ich ehrlich war, also beschloss ich zu lügen. „Ja doch", sagte ich, „mein Sohn hilft mir dabei." Mit der Antwort vollauf zufrieden, ging der Postbote seines Weges.

Das ist kein Einzelfall. Man geht davon aus, dass der Verlust des Sehvermögens irgendwie auch die geistigen Fähigkeiten vermindert. In dem Ausdruck „Glaubst du, ich bin blind?", schwingt eine Form der Inkompetenz mit. Das ist nicht ganz unberechtigt. Die Verminderung des sensorischen Inputs ist drastisch. Der Informationsfluss ist verarmt und es bedarf einer großen zusätzlichen Anstrengung, einer geistigen Neuausrichtung und einer kompensatorischen Vorgangsweise, um das Defizit auszugleichen. Das wird natürlich selten erwartet, und wenn dies der Fall ist, wird es, wie ich oft erlebt habe, meist ignoriert und abgelehnt.

Die zweite Begebenheit, an die ich mich noch ganz deutlich erinnere, ist mein Sturz. Eines Tages stand ich sehr weit oben auf der fünf Meter langen Ausziehleiter, die in einem sehr spitzen Winkel aufgestellt werden musste, um auf festem Grund zu stehen. Unser Wintergarten war mit feuerverzinktem Blech gedeckt, das ausgewechselt werden musste, und ich versuchte gerade, es zu entfernen. Es hätte sich eigentlich leicht lösen sollen, aber irgendetwas hatte sich verhakt und ich fing an, daran zu zerren. Ich versuchte es immer wieder, hielt mich daran fest, dort oben auf der Leiter, zog und zerrte weiter und plötzlich gab es nach und ich geriet aus dem Gleichgewicht. Im nächsten Augenblick schwang ich über die Senkrechte hinaus und immer schneller nach unten, mit der Leiter und der Dachabdeckung über mir. Ich konnte es vor mir sehen: der Fall aus fünf Metern Höhe, die schwere Leiter und das ganze Metall dazu, ein schreckliches Durcheinander; und genau hinter der Leiter befand sich eine Balustrade, ich würde mir wahrscheinlich zusätzlich noch den Rücken brechen. Eine Zukunft als Querschnittgelähmter, vielleicht noch Schlimmeres, drohte.

Ich durfte keinen Augenblick verlieren. Wollte ich die drohende Katastrophe abwenden, musste ich die Dachabdeckung loslassen, sie von mir wegdrücken und gleichzeitig die Leiter über die Vertikale hinaus zurückstoßen, damit sie an die Wand fiel. Diese Bewegung würde mich gleichzeitig über die Balustrade katapultieren, hoffentlich ohne dass ich mir das Genick brach. Im Bruchteil einer Sekunde war es geschehen. Ich wurde nach hinten geschleudert, hielt für den Aufprall meinen Atem an. Aber der kam nicht. Es kam gar nichts. Stattdessen spürte ich eine sanfte Verlangsamung, dann das Gefühl, als würde ich in einer Hängematte schaukeln, und dann war alles still.

Um sicher zu gehen, dass ich nicht träumte, streckte ich, wie ich da so auf dem Rücken lag, die Hände nach beiden Seiten aus und bemerkte, dass sich der Boden etwa fünfzehn Zentimeter tiefer befand und ich bequem zwischen zwei parallelen, handgelenkdicken, langen Zweigen eines alten Oleanderbusches hing. Ich war ziemlich weit oben auf sie gestürzt und sie hatten mich sanft nach unten befördert, wo ich nun lag. Ich konnte es kaum fassen. Meine Sonnenbrille, die ich zum Schutz meiner Augen immer trage, lag etwa dreißig Zentimeter von mir entfernt auf dem Boden. Ich rollte mich von meinem Hochsitz herunter, setzte mir die Brille wieder auf und musste mir nicht einmal den Staub abputzen.

Das war knapp, würden manche sagen, und das stimmt. Andere, die gern übernatürliche Dinge am Werk sehen, würden vielleicht daraus schließen, dass das Schicksal sie für einen höheren Zweck bestimmt hat. Die jüngere Geschichte und die aktuelle Politik haben manche dieser Menschen ins Rampenlicht treten lassen. Mit Gott im Hintergrund kann ihr erbarmungsloser Egoismus gefährlich sein. Welche Konsequenz soll man also daraus ziehen? Während mir durchaus klar war, wie mythologisch man den Zufall, der mich gerettet hatte, verbrämen könnte, beschloss ich für mich, in Zukunft einfach vorsichtiger zu sein. Dem Glück zu vertrauen ist eine Sache, Unheil heraufzubeschwören eine andere.

Ich hatte oft auf dem Dach zu tun. Immer wieder bekamen einige Dachziegel Haarrisse, sodass der Regen langsam durchtropfte und an zwei, drei Stellen der Decke kleine Wasserflecken hinterließ. Von außen waren diese Risse nicht zu sehen, daher ging ich an sehr regnerischen Tagen auf den Dachboden, kroch vorsichtig von einem Balken zum nächsten, um nicht durch die Gipskartondecke durchzubrechen. Ich hatte ein großes Stück Aluminiumblech dabei und schob es langsam unter den von mir vermuteten lecken Stellen hin und her, bis ich ein schwaches „Ping" hören konnte, wenn ein, zwei Tropfen das Blech trafen. Dann hielt ich inne, hob das Blech und schob es immer näher zur Innenseite des Ziegels oder der Ziegel, die das Wasser durchließen, um die Stelle schließlich genau lokalisieren zu können. Dann stieß ich einen steifen Draht hinaus ins Freie, wo ich ihn am nächsten Tag wieder suchte, um den kaputten Dachziegel zu ersetzen.

Ich war sehr gern auf dem Dach und saß gerne am Dachfirst. Ich fühlte mich sicher und über den Dingen stehend, visualisierte den herrlichen Blick von diesem Aussichtspunkt. Vielleicht knüpfte ich damit an meine Kindheit im alten Nussbaum an, wo ich vom Fluss und vom Verstreichen der Zeit, dem unabänderlichen Lauf von einem Geheimnis zum nächsten und von der Sehnsucht nach deren Bedeutung verzaubert war.

Die Nachbarn dachten anders darüber, ihnen war kaum bewusst, dass es nicht nur ein guter Ersatz für klares Sehen ist, wenn wir uns in solchen Situationen auf unseren Sinn für Gleichgewicht und Schwerkraft verlassen und nur absteigen, wenn wir festen Untergrund spüren, sondern dass dies sogar besser ist. Sie akzeptierten mein außergewöhnliches Verhalten, denn in ihren Augen waren Ausländer immer ein wenig suspekt. Erst als sie mich einmal nach Einbruch der Dunkelheit auf dem Dach hörten, kamen sie alarmiert herbeigelaufen, weil es dunkel war. Mit anderen Worten: Ihre eigene sensorische Einschränkung hatte sie dazu bewogen, das als gefährlich anzusehen, nicht die tatsächliche Situation. Für mich machte es nicht den geringsten Unterschied, ob es Tag oder Nacht war, außer dass ich bei einer für mich harmlosen, für sie aber unverantwortlichen Tätigkeit nicht zu viel Aufmerksamkeit auf mich ziehen wollte.

In den 1960er-Jahren konsolidierte ich meine zuvor erworbenen Fertigkeiten und entwickelte meine mentalen Fähigkeiten weiter, um abstrakte und konkrete Probleme anders und effizienter zu betrachten. Ich arbeitete hart, dachte viel nach und las viel. Und ich erzielte auch einige erfreuliche Ergebnisse bei privaten Langzeitklienten. In manchen Fällen ging es um eine recht signifikante Neuausrichtung der Einstellung und des Verhaltens. Dazu musste ich diesen Menschen, sein/ihr echtes Potenzial wie auch die psychischen Blockaden, die diesem im Wege standen, eingehend kennen lernen. Danach erstellte ich ein optimales Persönlichkeitsbild und ermutigte in einer ständigen Reaktion auf die Veränderungen selektiv Aspekte, die mit diesem Bild übereinstimmten, und riet von solchen ab, die es untergruben. Dieser Erziehungsprozess war dem Vorgehen von Eltern nicht ganz unähnlich, die durch ihre Reaktionen auf ihre Kinder unbewusst dasselbe tun. Der Klient bzw. die Klientin begann diese unausgesprochene Neudefinition, diese Aufwertung des eigenen Ich nach und nach zu akzeptieren und sich rund um dieses zu stabilisieren. Wichtig ist natürlich, dass der Klient oder die Klientin Wert auf die Meinung des Beraters legt, ihm vertraut und die Beziehung schätzt. Das war eine sehr interessante Erfahrung und ich habe viel daraus gelernt. Es war eine weitere Lehrstunde über unsere inneren Mechanismen und darüber, wie unsere innere Visualisierung das Geschehen erhellen kann.

Die Beratung hatte gelegentlich auch ihre heiteren Seiten. An einem Freitagnachmittag gegen Viertel vor Fünf klingelte das Telefon und eine angenehme jüngere Frauenstimme sagte: „Kann ich zu

Ihnen kommen? Ich möchte mich umbringen." Da ich damals schon mehr Erfahrung hatte und herausfinden wollte, wie ernst es ihr war, antwortete ich: „Umbringen? Am Freitagnachmittag um Viertel vor Fünf? Können Sie nicht bis Montagmorgen warten?" Sie begann zu lachen und mit ruhigerer, recht fröhlicher Stimme meinte sie dann, dass sie gern auch am Montag kommen würde, um die Sache zu besprechen. Der Grund für ihr Unglücklichsein war ein erdrückendes Gefühl der Hilflosigkeit. Dieser Aspekt ist für unser Wohlbefinden immer von großer Bedeutung. Wir wollen das Gefühl haben, dass wir wichtig sind, dass wir etwas leisten und dass wir einen Eindruck hinterlassen. Ignoriert, übergangen zu werden, keine Mitsprache zu haben, macht uns deprimiert und niedergeschlagen. Mir wurde klar, dass das Bemühen, nicht in graue Bedeutungslosigkeit zu verfallen, die Quelle vieler Konflikte und Schwierigkeiten ist, die wir bei uns und anderen erleben. Die Lebensenergie der Selbstbehauptung treibt uns an, das lässt sich nicht abstreiten. Ich sehe das in aller Deutlichkeit, wann immer ich über meinen eigenen Lebensweg nachdenke.

Zu Abschluss jedes Tests und gegen Ende einer Sitzung stellte ich allen Klienten immer zwei Fragen. Ich weiß nicht, wann ich damit begonnen hatte, aber es wurde zunehmend interessanter, weil die Antworten immer gleich lauteten, unabhängig davon, wer der Klient war, gleichgültig, ob er reich oder arm, glücklich oder unglücklich war. Die erste Frage lautete: „Wenn es durch irgendeinen Zaubertrick möglich wäre, mit wem würden Sie gerne tauschen?" Zu meinem großen Erstaunen wollte niemand jemand anderer sein; alle brauchten nur ein paar Sekunden Bedenkzeit für die Antwort. Bei meiner zweiten Frage ging es darum, was ihrer Meinung nach nicht mit ihnen stimmte. „Ich bin zu nett", lautete die Antwort. „Die Menschen nützen mich aus." Als ich dies bei einem Abendessen einer recht selbstzufriedenen Dame erzählte, meinte diese, dass sie die zweite Frage ganz anders beantwortet hätte, da es nichts gäbe, was bei ihr nicht stimme. „Ja", meinte ich, „und das nennt man dann ‚Selbsttäuschung'". Dieser Lapsus wurde mir nie verziehen.

Es waren Jahre der Vorbereitung für mich, die mich bereit machten für die Beschäftigung mit den großen Fragen: die wahre Identität des Bewusstseins, seine naturwissenschaftlichen Grundlagen und die Ursachen, warum das Gehirn keinen Einblick in sein eigenes Funktionieren hat. Werden diese Fragen nicht in Angriff genommen und bleiben sie ungelöst, dann öffnet das der Fiktion Tür und Tor, eine gefährliche Konsequenz, da dies zu einer Irrationalität führt, die uns alle bedroht. Das Wissen darüber, wer wir sind, was unser scheinbar geheimnisvolles Bewusstsein wirklich ist, würde die Diskussion über das Niveau widerstreitender Ideologien hinausheben.

Das Unmögliche in Angriff nehmen – ein mentaler Marathon im Dunkeln

Als ich vierzig wurde, drängte es mich, mit der Arbeit zu beginnen. Die Aussicht, ein unproduktives Leben zu führen, begann mich zu verfolgen, es wurde mit jedem Jahr schwieriger, der Versuchung zur Trägheit zu widerstehen. Wollte ich aus meinem Château d'If ausbrechen, aus diesem Gefängnis meiner eingeschränkten Möglichkeiten, dann musste ich es jetzt tun. Also ernannte ich mich selbst zu einem interdisziplinären Ein-Mann-Forschungskomitee und stellte einen Organisationsplan auf. Benötigt wurden Hardware, Software und eine Mannschaft, das heißt ein Aufnahmegerät, Fachliteratur und Menschen, die das geschriebene Wort auf Tonbandkassetten übertragen sollten.

Ich hatte Glück, denn die ideale Ausrüstung für meinen Zweck war gerade auf den Markt gekommen. Noch mehr Glück hatte ich, dass mir David einfiel, mein früherer Lesegefährte, zu dem ich nach seiner Heirat und aufgrund seiner familiären Verpflichtungen den Kontakt weitgehend verloren hatte. An die zehn Jahre waren vergangen. Vielleicht war er bereit und in der Lage, eine gemeinschaftliche schöpferische Aufgabe in Angriff zu nehmen und mir die Audio-Version der gesamten Literatur zu liefern, die ich durchackern musste. Ich nahm Kontakt mit ihm auf und erhielt sofort eine begeisterte Antwort. Er war als Pflegeleiter in einer nahe gelegenen psychiatrischen Einrichtung angestellt und arbeitete abwechselnd in Vormittags- und Nachmittagsschichten, was bedeutete, dass wir uns vier- oder fünfmal pro Woche zum Lesen und später zum Aufnehmen meiner Schriften treffen konnten. In den ersten Jahren ging es nur ums Zusammentragen, Sichten und Konsolidieren.

Schon sehr bald nach meinem Unfall hatte ich gelernt auf der Maschine zu tippen, das Schreiben war also kein Problem. Ich hatte eine enge Beziehung zu meiner Schreibmaschine, ich mochte und pflegte sie. Wenn mein Gehirn eine visuelle Leinwand für meine im Geist geschaffene Welt war, so war meine Schreibmaschine der Pinsel für meine kognitive Malerei. Sie tippte vor sich hin und das Geklapper und die Berührung waren beruhigend, stellten eine Art Kameradschaft her. Ich mochte die Tätigkeit des Tippens, die Choreografie der Bewegung. Viele Aufsätze, praktische Übungen, Hunderte von Briefen und zahllose Berichte wurden auf ihr geschrieben. Ich käme nie auf den Gedanken, meine alte Adler ins Ausgedinge zu schicken. Als ich in den frühen 1970er-Jahren mit David zu arbeiten begann, gab es noch keine PCs. Nun sind sie überall und benutzerfreundlich, aber wie auch immer, ich bleibe bei meiner Schreibmaschine. Das PC-Geräusch erinnert mich an anämische, pickende Hühner, ein schrecklicher Lärm.

Hätte ich mir gewünscht, das Schicksal oder die Vorsehung mögen bei dieser Arbeit helfend eingreifen, ich hätte ich mir keine bessere Mithilfe als die Davids wünschen können. In einem der Radiointerviews nach der Veröffentlichung meines Buches beschrieb ich, wie er unermüdlich Unmengen an Literatur las, was den Interviewer zu der Bemerkung veranlasste, dass er ein weltlicher Heiliger sein müsse. Da bei zwei weiteren Gelegenheiten ähnliche Rückschlüsse gezogen wurden, muss ich die Umstände klar stellen – und zwar sowohl für mich als auch für ihn. David würde nicht gern als Heiliger gesehen werden, ob nun weltlicher oder sonstiger Natur, mit der bei diesem Wort mitschwingenden Andeutung von strahlender Güte oder Aufopferung.

Das Quantum an Arbeit, das David geleistet hat, geht weit über Wohltätigkeit hinaus. Wohltätigkeit hätte auch nicht jene Begeisterung, jenes Interesse und jene Freude auslösen können, die mich von Verpflichtung, Dankesschuld und schlechtem Gewissen befreiten. Bei uns war kein Platz für Zweifel an unserer gemeinsamen Loyalität einer wichtigen Idee gegenüber. Für David war das Lesen für das Projekt aufregend und es machte ihm Spaß. Es war wirklich eine großartige Zeit. Und für mich wiederum bedeutete es das Gefühl, ebenso ein Gebender zu sein wie David. Es war eine Situation, von der jeder profitierte, unbelastet durch Unannehmlichkeiten oder finanzielle Erwägungen. Das ehrgeizige Ziel unseres Projekts, die Erhabenheit und Größe der vielen Gebiete menschlicher Erkenntnisse und Errungenschaften waren faszinierend. David verlieh dem Projekt Aufwind und gemeinsam konnten wir es durchziehen. Es hätte nicht besser funktionieren können, ein ideales Arrangement für die vor uns liegende kreative Arbeit.

Bevor ich mit dem Buch begann, war ich gesellschaftlich isoliert, akademisch ein Außenseiter und fühlte mich aufs Abstellgleis geschoben. Mein Sohn hatte Sydney verlassen und war nach Melbourne gezogen, in sichere Entfernung vom elterlichen Zuhause und von unnötiger Einmischung.

Ich habe bis jetzt noch wenig von ihm gesprochen. Als Einzelkind eines Psychologenpaares mit unterschiedlichem ausländischen Hintergrund und in einer nicht funktionierenden Ehe hatte er keine leichte Zeit. Für ihn gab es wenig Freude und hohe elterliche Erwartungen, dass er gut geraten würde. Ein attraktiver junger Mann, Möglichkeiten lagen vor ihm, aber vielleicht keine Richtung, kein Ziel. Ich werde hier nicht abschweifen, um über sein Leben und seine Abenteuer zu sprechen, da dies den Umfang dieser Geschichte sprengen würde. Die Chemie zwischen uns stimmt, auch wenn wir Jahre hindurch nur sporadisch Kontakt hatten. Verantwortlich dafür sind vielleicht die Größe des Landes und die Distanz zwischen den Bundesstaaten, aber auch unsere unterschiedlichen Lebensumstände. Immer wieder mal ein Telefonanruf, ein Briefwechsel und gelegentliche Besuche. Aus der zweiten seiner drei Ehen hat er eine kleine Tochter, die allem Anschein nach ein nettes kleines Mädchen ist, mein einziges Enkelkind. Ich hoffe, dass ich in den kommenden Jahren eine Beziehung zu ihr aufbauen kann und dass ihr Leben offen und glücklich sein wird.

Nachdem mein Sohn fort war, hatte ich die Freiheit, meine Ehe zu überdenken. Je tiefer ich jedoch in meine Forschungen eindrang und mich auf das Projekt einließ, das mir immer neuen Antrieb gab, desto stärker wurde mein Eindruck, dass eine Veränderung des Status quo keinen Sinn hatte. Die Tage und Wochen vergingen. Ich war sehr beschäftigt und konnte auf persönliche Erfüllung – ein Privileg – verzichten.

Meine Mutter kam 1974 aus Ungarn und blieb drei Monate bei uns, ein Wiedersehen nach sechsundzwanzig Jahren. Es war ein wirklich sehr gelungener Besuch. Meine Frau arbeitete untertags und wir konnten reden und reden, meistens von der Vergangenheit und wie sich die Welt verändert hatte. Mit ihren siebenundsiebzig Jahren war sie geistig frisch, fröhlich, sah die Dinge klar und realistisch und kannte das Leben und die Menschen intuitiv. Daher wurde unser Gespräch zu einer persönlichen Erforschung, die bis zum Ersten Weltkrieg und in die Zeit davor zurückreichte. Ich wollte mehr über die Jugend meiner Eltern wissen, wie sie sich kennen gelernt und umworben hatten, über ihren Freundeskreis und die Gesellschaft, in der sie sich bewegt hatten. Ich wollte das Leben, das sie geführt hatten, verstehen, ihre kurze Zeit des Friedens und des Glücks und dann den sich zusammenbrauenden Sturm des Krieges. Wir sprachen über die Invasion Ungarns durch den barbarischen Kommunismus aus dem Osten, der Mitteleuropa ein neues finsteres Zeitalter bewaffneter, quasi-religiöser Orthodoxie, der Inquisition und der Hexenjagden beschert hatte. Es war traurig. Unsere täglichen Gespräche waren eine Art Gedenken. Ruhig und zärtlich besuchten wir nochmals lieb gewonnene Geister, schon lange verstorbene Hoffnungen und Träume. Es war eine bitter-süße Totenwache, die bald von selbst enden sollte, da sich unsere Wege wieder trennen und nicht wieder kreuzen sollten.

Meine Mutter hatte Angst vor unserer Begegnung gehabt, weil sie nicht wusste, wie sie auf meine Blindheit reagieren und mit ihr umgehen sollte. Ich hatte keinerlei derartige Befürchtungen. Ein oder zwei Tage genügten, um sie vollkommen zu beruhigen, ja meine

Einschränkung vergessen zu lassen. Der Leser mag sich wohl darüber wundern, und das nicht zu Unrecht. Rein theoretisch und nach allen üblichen Maßstäben reduzierten meine Verletzungen meine Unabhängigkeit und meine Aufnahmefähigkeit. Es war zu erwarten, dass besondere Rücksichten und Zugeständnisse erforderlich sein würden, dass es bei noch so hervorragender Anpassung Lücken im Wissen, sensible Bereiche, dass es Unbeholfenheit geben würde, die Takt und ein anderes Verhalten erfordern würden, um meine Behinderung auszugleichen.

Meine Mutter konnte nicht wissen, dass es keine Probleme geben würde und dass sie sich entspannen und wieder nonchalant und gut gelaunt ihrem Wesen gemäß schalkhaft sie selbst sein konnte, dass ich mich nicht verändert hatte, sondern nur erwachsener geworden war, und dass ich auf unverständliche Weise „sehen" konnte. Ich konnte sehen, auf eine unerwartete Weise sehen, aber dennoch emotional überzeugend. Sie war natürlich sehr erleichtert und genoss die Zeit. Ja, sie wäre geblieben oder wiedergekommen. Aber ihr Leben, ihr Freundeskreis, ihre Sprache und ihre Kultur waren nun einmal dort drüben in Europa. Nichts davon hätte man wiedererstehen lassen können, wäre sie nach Australien emigriert, und das daraus resultierende Gefühl von Isolation und Niedergang hätte sich nicht verhindern lassen. Zurück in Ungarn hatte sie ihre Zuhörer, ihre Freunde, Budapest war ihre Stadt, der Rahmen ihres Lebens. Es wäre unvernünftig und unverantwortlich gewesen, sie zu verpflanzen, also unterhielten wir stattdessen einen Briefwechsel. Ich war in der Lage, ihr finanziell unter die Arme zu greifen, und so hatte sie es angenehm und schön. Gemeinsam mit ihrer Enkelin, deren Mann und zwei kleinen Kindern lebte sie noch weitere neun Jahre, bis sie sich eines Morgens nicht so wohl fühlte, im Bett blieb und meine Nichte um ihren Lieblingsimbiss bat, Schinkentoast mit Kaffee, den sie genoss. Dann schloss sie die Augen und starb.

Ihr stilvoller Abgang machte den Verlust teilweise wett. Ihr ganzes Leben lang hatte sie sich einer hervorragenden Gesundheit erfreut, war körperlich und geistig widerstandkräftig gewesen. Sie war so gestorben, wie sie es sich immer gewünscht hatte. Ich war natürlich traurig, nie mehr mit ihr zusammen sein zu können. Mit ihr schwand viel gelebte Geschichte, ein gutes Stück nicht aufgezeichneter und nun unwiederbringlich verlorener Welt. Dieses Gefühl überkommt mich verstärkt immer dann, wenn Menschen sterben; ich bedaure scheinbar verpasste Gelegenheiten. Ich glaube immer, dass ich mehr oder Besseres für sie hätte tun können, ein wenig so, als wäre ich für ihr Wohlbefinden, ja sogar für ihr leichtes Hinübergehen verantwortlich, als verfügte ich über reiche Mittel und hätte mehr geben, Lasten und Gemüt erleichtern können. Habe ich mein Bestes für meine Mutter getan? Wo und wie hätte ich für sie eine Wende zum Besseren erreichen können?

Als Kind und Jugendlicher bin ich meinem Vater näher gestanden, rückblickend aber empfinde ich eine tiefe und herzliche Zuneigung für den Menschen, der meine Mutter war. Kein aufopfernder Tugendpinsel, machte sie uns das besondere Geschenk, uns nicht schuldig fühlen zu müssen. Sie genoss das Auf und Ab des Lebens und war immer bereit zu weinen oder zu lachen. Sie war ein Bündel kreativer Unvollkommenheit mit einem Sinn für Abenteuer und Magie. Eine intelligente Frau, ungezähmt durch Intellektualismus, glich sie einem wilden, wuchernden, chaotischen Garten. Heute denke ich mit großer Zärtlichkeit an sie und wünschte, sie hätte mein jetziges Leben und das Glück mit meiner zweiten Frau erleben und teilen können, die in vielerlei Hinsicht ähnliche Gaben besitzt und mit der zu leben eine Freude ist.

Ich werde oft gefragt, wie es geistig möglich war, die riesige Vielfalt an wissenschaftlichem Material zu behalten und zu organisieren, die Zitate zur Hand zu haben und das Ganze in eine einzige, sinnvolle Perspektive zu bringen. Das erinnert mich an Einsteins Antwort auf die im Rahmen der Hadamard-Studie (1945) gestellte Frage, wie er zu seinen Theorien gekommen sei. Einstein, der alles andere als logisch und mathematisch war, arbeitete mit visualisierten und empfundenen inneren Bildern, die er herumwirbelte und herumschob und Muster daraus bildete, die anfangs keinen mathematischen Sinn ergaben. Erst wenn er zufrieden war, wenn er seine mentalen Konstrukte als richtig ansah, dann setzte er sich hin, um geeignete mathematische Ausdrücke dafür zu finden und das Gebäude in diese Sprache zu fassen. Einstein war in dieser Hinsicht keine Ausnahme. Hadamard fand heraus, dass fast alle Wissenschaftler so arbeiteten, und so entwickelte sich auch mein Projekt.

Ich hörte mir das Material an, das David für mich aufgenommen hatte, griff fast instinktiv das Wichtige heraus, überspielte und behielt etwas und löschte den Rest, fast so, als füllte ich ein schon vorhandenes Skelett mit den einzigartigen Verbindungen zwischen den Fakten aus. Fast zehn Jahre dauerte diese Forschungsarbeit. Linguistik, Philosophie, Psychologie, Neurowissenschaften, Neuropsychologie, Anthropologie, Evolutionsbiologie, Kosmologie und alles dazwischen wurde erfasst und durchgesehen. Was mich besonders erstaunte, war das Beharren darauf, das Bewusstsein als biologische Tatsache, das heißt als eigene Einheit zu sehen. Philosophen, die über dessen Wesen nachdachten, vermochten nicht anders zu denken; Neurowissenschaftler, an sich in einer viel besseren Situation für dessen Erforschung, waren zu eng mit dem Gehirn verbunden, um auf den Gedanken zu kommen, dass sie nicht nach einer Einheit, sondern vielmehr nach einer zusammengesetzten Prozesswirkung suchen mussten, einem Jonglierakt nicht unähnlich. Ich selbst begann zu vermuten, dass das Bewusstsein eine Erweiterung seines Grundzustands, der Bewusstheit, ist, die alle Gehirne hervorbringen. Ich erkannte es als jenes einzigartige menschliche Sprachmodul, das irgendwie für den Selbst-Zugang verantwortlich ist, also für den faszinierenden Zustand des Bewusstseins des Gehirns. Die richtige Frage lautete daher, wie unsere Grundbewusstheit auf eine höhere Ebene gehoben wurde, und nicht, was das Bewusstsein ist.

Sobald ich diese zuvor nur vermutete Verschiebung zu erkennen begann, konzentrierte ich mich darauf, den Beweis dafür zu finden, um diese neue Erkenntnis auf eine feste und eindeutige Grundlage zu stellen. Meiner Suche waren keine natürlichen Grenzen gesetzt, das angehäufte Material wurde immer umfangreicher und umfangreicher und begann mich zu belasten. Etwas musste geschehen, ich musste zu schreiben beginnen. Im Mai 1980 hatte ich, nun fünfzig Jahre alt, genügend Material beisammen. Ich musste einen ersten Schritt tun. Ich wusste, dass ich mich unmöglich hinsetzen und das fertige Produkt oder etwas auch nur annähernd Fertiges heruntertippen konnte, also beschloss ich, einfach anzufangen und zu sehen, was passieren würde. Das hatte nichts damit zu tun, wie man das in Filmen manchmal sieht, wo der junge, ermittelnde Journalist mit Wut im Bauch eine Schreibmaschine und einen Packen Papier schnappt und, siehe da, das Meisterwerk ist fertig. Ich war glücklich, erst einmal das Eis zu brechen.

Ich schrieb die Einleitung, etwa acht Seiten, und sie gefiel mir nicht. David sprach alles, was ich geschrieben hatte, für mich auf Band, damit ich damit arbeiten konnte, eine Routine, die wir bis zum Schluss des Buches beibehielten. Als ich die Einleitung immer wieder und wieder las, wurde mir allmählich klar, was mir nicht gefiel und was ich ändern wollte. Die Änderungen wurden eingearbeitet, und als mir die überarbeitete Aufnahme wieder zur Verfügung stand, konnte ich sie wie zuvor wieder kritisch durcharbeiten. Schritt für Schritt wurde das Ergebnis verbessert, gekürzt oder erweitert. Ich konnte ihm eine andere Richtung geben und verstärkt auf das nächste Thema hinführen. Es war viel einfacher, einen Entwurf zu machen und dann festzustellen, was nicht stimmte, als etwas von Anfang an perfekt in einem Guss zu schreiben.

Ich beschreibe das alles so ausführlich, weil sich daraus eine Technik entwickelte, die ich bis zum Ende beibehielt. Ich schritt von einem Kapitel zum nächsten und wusste nie genau, wo ich mich als Nächstes hinwenden würde, ich ertastete meinen Weg vielmehr schrittweise. Ein Michelangelo zugeschriebenes Zitat fiel mir in die

Hände, der auf die Frage, wie er solch wunderbare Skulpturen schaffen konnte, geantwortet haben soll: „Es ist eigentlich ganz einfach. Ich nehme einen Marmorblock und schlage alles weg, was nicht hingehört." Ich tat genau das Gleiche, ich schlug weg, was falsch war, und ließ das Material sich fast selbstständig ordnen, bis es sich mit dem Übrigen gut zusammenfügte.

Das klingt einfach, ist es aber natürlich nicht. Eine unglaubliche Fülle an Arbeit ist dafür erforderlich, auch Zeit, Geduld und Bewegungsspielraum, um das Thema von allen Seiten her zu beleuchten, zu drehen und zu wenden, zu widerrufen, von der Orthodoxie abzuweichen und unbarmherzig zu sein, vor allem gegen sich selbst und gegen das eigene hart erarbeitete Werk. Es war nicht einfach, Seiten zu zerreißen, manchmal ganze Kapitel, über denen man wochenlang geschwitzt hatte, aber es war absolut notwendig.

Die Jahre von 1980 bis 1986, in denen die Erstfassung des Buches entstand, und dann von 1986 bis 1992, bis zur Fertigstellung des Buches also, waren ereignisreich, aufregend und anstrengend. Ich arbeitete fast ununterbrochen am Manuskript, eine Arbeit, die ich gern und konzentriert machte.

Ich muss erwähnen, dass mein Projekt keinem anderen glich. Es gab keinen vorgefassten Plan für seinen Aufbau. Ich wollte, dass es natürlich wuchs, die vielen Disziplinen, auf die es sich stützte, ausgewogen wiedergab. Die früheren Versuche, das Problem des Bewusstseins zu lösen, waren gescheitert, weil sie keinen interdisziplinären Ansatz hatten. Alles wies also darauf hin, dass eine umfassende, breitere Betrachtungsweise erforderlich war.

Da ich blind bin und daher nicht selbst forschen konnte, aber den Intellekt und die Ausbildung dafür besaß, tat ich, was ich sowieso am besten konnte und was, wie sich herausstellte, notwendig war. Ich arbeitete mich mit einem feinen Kamm durch die Werke anderer, suchte nach Verbindungen und Brücken der Erkenntnis, die zu einem besseren Verständnis führen konnten. In diesem Sinne ähnelte meine Arbeitsweise jener Darwins, der sich ebenfalls auf die

Suche nach einer verbindenden Formel machte, um divergierende Phänomene in ein umfassendes System einzubetten. Während er die Mechanismen der biologischen Evolution definierte, war es meine Aufgabe, wie in einem Brennglas all die bruchstückhaften Aspekte menschlichen Spezialwissens, die sich auf den Geist beziehen und auf diesen einwirken, zu bündeln. Das war ein hoch gestecktes Ziel, weil es den vielen Wissenschaftszweigen gerecht werden musste, deren Erkenntnisse miteinbezogen werden sollten.

Jeder beim Aufbau des Modells unternommene Schritt musste das entstehende Gebäude bestätigen, und dass die Arbeit so extrem langsam voranging, war der Beweis für die erforderliche Vorsicht. Daher saß ich täglich zehn, zwölf, manchmal sechzehn Stunden an der Schreibmaschine, tüftelte an dem entstehenden Text herum, Satz für Satz, manchmal auch nur Satzglied für Satzglied, oft strich ich Worte oder sogar Absätze wieder, schrieb sie neu, während ich mir gleichzeitig den Wortfluss, den Sinn und die Kongruenz zum Ganzen, das hier entstand, merken musste. Das wäre selbst für einen Sehenden, jemanden, der sehen und nachlesen kann, was er gerade geschrieben hat, eine nervenaufreibende Arbeit gewesen. Dies jedoch im Dunkeln zu tun, sich die Details während der Arbeit zu merken, ist ganz einfach tödlich. Ich hatte immer Angst, mich am Beginn des Tages an die Arbeit zu setzen. Sobald ich dann einmal drin war, fiel es mir leichter, die Aufgabe selbst trug mich weiter. Meine Visualisierung war nun so vollkommen und detailliert, dass ich die Kaskade der einzelnen Buchstaben sehen konnte, wie sie auf das vor mir liegende Papier trafen. So seltsam das auch klingen mag, strengte dies meine Augen an, weil sich die Augenmuskeln vorstellten, dass sie die Arbeit wirklich sahen. Ich „sah", wie sich die Schreibmaschinenwalze hin- und herbewegte, wie die Typen auf der Seite auftrafen und wieder zurückschnappten und, besonders erstaunlich, wenn ich mich bei einem Buchstaben vertippte, dann sah ich den falschen auf dem Papier, denn die Muskelbewegung von Arm, Hand und Finger zeigte meinem Gehirn das visuelle Ergebnis an. Dann hielt ich an, betätigte die Rücktaste, strich den Fehler aus, kehrte dorthin zurück, wo ich aufgehört hatte, und nahm den Faden wieder auf.

Während ich den Text zumeist Satz für Satz im Kopf formulierte, behielt ich ihn nicht immer im Gedächtnis. Der Satzanfang konnte mir abhanden kommen, wenn ich gerade mit dem Ende beschäftigt war. Daher musste ich zuerst ein wenig probieren, um alle Aspekte des Abschnitts, der gerade entstand, zu beleuchten. Sobald ich aber anfing, das Material, das ich im Kopf hatte, zu tippen, stabilisierte sich der Text. Anscheinend veranlasste die motorische Komponente, die Muskelaktivität des Tippens und „Sehens" der Worte auf dem Papier, dass diese zumindest eine Zeit lang in meinem Gehirn eingeprägt blieben. Sobald ich einen Abschnitt fertig gestellt hatte und neues Material meine Aufmerksamkeit auf sich zog, wurde der Eindruck schwächer. Das erfolgte aber nicht so rasch, dass die fließende Kontinuität von einem Absatz zum nächsten gefährdet worden wäre.

Ich habe oft über diese Anpassung gestaunt. Ich habe sie nicht forciert, mein Gehirn löste einfach das Problem, reagierte auf die Anforderung. Erfahrungen wie diese ließen mich allmählich zu der Erkenntnis kommen, dass das menschliche Gehirn ein in hohem Maße anpassungsfähiges und reaktives Organ ist, dessen Leistungsumfang und -bandbreite stark unterschätzt wird. Ich war nie der Meinung, etwas Außerordentliches zu tun, und führe alles, was ich erreicht habe, auf die Tatsache zurück, dass ich entschlossen war, nicht aufgab, nicht nachgab, ein Nein nicht hinnahm.

Die Schwierigkeit und Komplexität ließ mich erkennen, warum die Frustration, nicht rasch zu Antworten zu gelangen, frühere Denker dazu veranlasst hatte, Abkürzungen zu nehmen, bloße Schnellschüsse darüber abzugeben, was das Bewusstsein wirklich war, Mutmaßungen, die plausibel erschienen, aber nicht ins Schwarze trafen. Mit fortschreitender Arbeit begann ich zu realisieren, dass das Modell, das ich konstruierte, wasserdicht sein und eine Lösung bringen würde, die anderen entgangen war, die zwar auf Spezialgebieten mehr wussten als ich, denen aber der Überblick, den ich mir angeeignet hatte, und auch der Entschluss fehlte, weiterzumachen und das Licht am Ende des Tunnels zu finden.

Letztlich war ich in der Lage zu beweisen, dass der Durchbruch von der Grundbewusstheit des Affen zu unserem menschlichen Bewusstsein ein neurofunktionaler Quantensprung ist und kein Geheimnis, um das sich Mythologien ranken. Bis zur Fertigstellung des Buches brauchte ich sechs Jahre und gegen Ende dieser Zeit war ich zusätzlich dadurch belastet, dass meine erste Ehe spannungsreich und traumatisch zu Ende ging. Es war wie ein Wunder, dass ich damals überhaupt arbeiten konnte. Oder war es umgekehrt? Gab mir die Abfassung des Buches die nötige Kraft und Zielgerichtetheit, die mich über Jahre hinweg buchstäblich am Leben hielt? Sobald das Buch fertig war, setzte ich mich hin und schrieb es von Anfang bis zum Ende um. Nach der ersten Änderung folgten noch vier weitere. Tatsächlich aktualisierte und kontrollierte ich das Material anhand neuer Daten und arbeitete diese bis Ende 1992 ein, als die Saga seiner Veröffentlichung begann.

Ein neues Leben

1984 starb mein Freund Philip. Sein Gesundheitszustand hatte sich zuvor ständig verschlechtert und er musste immer öfter ins Krankenhaus. Etwas mehr als ein Jahr zuvor hatte ich ihn besucht und wir telefonierten regelmäßig. Es war ein Privileg, ihn zum Freund zu haben, einen Mann voll Mut, Charakter und Zuversicht, und es war auch traurig, weil mich die Unausweichlichkeit seines bevorstehenden Todes hilflos machte.

Nicht weniger sorgte ich mich um seine Frau Dawn, ihr Leiden, ihren Verlust und schließlich ihre Witwenschaft. Ich hatte sie immer gemocht – ich fühlte mich instinktiv zu ihr hingezogen und ich merkte, dass dieses Gefühl sanft erwidert wurde. Sie hat mich immer fasziniert. Ein attraktiver, intensiver, zurückhaltender Mensch, aufmerksam und nachdenklich, eine eigenständige Persönlichkeit, der man nahe sein wollte. Viele Jahre zuvor hatte sie sich einmal an mich gewandt, um bei mir Rat zu holen. Sie machte gerade eine Diplomausbildung in Sydney und pendelte am Wochenende nach Newcastle. Zu dem Kurs gehörte auch ein psychologischer Teil und sie wollte sich mit mir darüber unterhalten, worum es dabei ging.

Es war ein denkwürdiger Besuch, voller mitschwingender, unterschwelliger Gefühle. Wir konzentrierten uns während des Gesprächs auf das Thema, tranken eine Tasse Kaffee und beendeten hastig unser Beisammensein, sobald dessen praktischer Zweck erfüllt war. Ich erinnere mich an die Beklommenheit, die Erleichterung und das gleichzeitige Bedauern, als sie ging, dachte an meine Gefühle und mein Interesse, das ich nicht ausgesprochen hatte. Ich hatte immer mit ihr sprechen wollen, wenn sie und Philip hin und wieder, viel zu selten, auf einen Kaffee vorbeikamen. Später erfuhr ich, dass sie sich ihrerseits ferngehalten hat, mit ihren Gedanken, aber nicht ganz mit ihrem Herzen, wie ich gern glaube.

Nun, nach dem Tod ihres Mannes, war sie erschöpft, ausgelaugt, verwaist; dass ihr Schwiegervater sechs Monate lang bei ihr lebte, bevor er starb, machte die Dinge nicht einfacher. Kurz nach Philips Tod besuchte mich Dawn und brachte mir Tonbandkassetten, die ich brauchen konnte und für die sie keine Verwendung hatte. Wir sprachen ausführlich über die Vergangenheit, kamen von einem Thema zum nächsten, beschworen Erinnerungen herauf, dachten zurück, ein trauriger und wichtiger Prozess des Abschiednehmens von einem geliebten und geschätzten Menschen.

Ihre Nähe brachte eine tiefe, bisher nur geahnte Seite in mir zum Klingen, die sich nun in etwas Reiches und Erfüllendes weiten durfte. Unsere nunmehr fünfzehn Jahre des Glücks sind die lebendige Bestätigung dafür, wie richtig jener erste vorsichtige Kontakt war. Die Empfindung, wie sich diese Frau anfühlt, ihre Wärme, ihr Lebensmut, ihre Vitalität, hat mich niemals verlassen. Ich fühlte mich aus tiefen, aufrichtigen Beweggründen zu ihr hingezogen, mit einem Gefühl der zwingenden Unausweichlichkeit.

Wir sollten mehr als ein Jahr brauchen, um einen Weg zueinander zu finden, eine harte Zeit, riskant, belastend und fordernd. Nach unserem ersten Zusammentreffen sahen wir einander drei Monate nicht. Einige Telefonate, immer dringlicher, gingen der unausweichlichen körperlichen Begegnung voran, nach der es kein Zurück mehr gab. Es war der Augenblick der Wahrheit, etwas musste getan werden.

Einige Jahre zuvor hatte meine Frau ein- oder zweimal gesagt: „Man kann einen blinden Mann nicht verlassen." Das habe ich damals als abwertende Bemerkung gedeutet, nicht mehr und nicht weniger. Nun hoffte ich, dass ihr mein Fehltritt willkommen wäre, weil sie ja, wie sie angedeutet hatte, in der Falle saß und nur allzu gerne erlöst werden würde. Natürlich war das nicht so, das wäre viel zu einfach gewesen, und so leicht macht es einem das Leben nicht.

Eine kurze Zeit lang traf ich mich heimlich mit Dawn, unsere Treffen waren davon überschattet, wir hätten Offenheit vorgezogen.

Dann sagte ich meiner Frau, wie es um uns stand, und trotz meiner Hoffnungen war ich von ihrer Reaktion nicht überrascht. Sie würde es mir nicht einfach machen. Ich versuchte, eine akzeptable Lösung zu finden. In solchen unstrukturierten Situationen ist es ein großer Nachteil, blind zu sein. Ich hätte es wissen müssen, ich wusste es und hätte nicht auf eine einfache Lösung hoffen sollen. Ich weiß nicht, warum ich damals nicht sofort ausgezogen bin, denn die Situation war belastend.

Dann sagte eines Tages ein alter, vertrauter Freund zu mir: „Sag, wie lang willst du eine Frau wie Dawn noch herumsitzen und warten lassen, bis du dich entschieden hast?" Das saß. Plötzlich erkannte ich, dass mein monatelanges Zögern die falsche Botschaft übermittelte und dass ich Gefahr lief, die Frau zu verlieren, die mir unter keinen Umständen entschlüpfen durfte.

Es schien am besten, zunächst einmal wieder zu Atem zu kommen, Abstand zwischen mir und dem herrschenden Konflikt zu schaffen und ein oder zwei Wochen Frieden und Ruhe zu bekommen. Ich machte mit einem befreundeten Psychiater aus, dass ich einen Monat in einer Klinik verbringen, mich ausruhen, das Essen genießen, an den letzten Seiten meines Buches arbeiten und mit dem jungen Psychiater sprechen würde, dem ich nominell anvertraut war. Ich fragte ihn, ob ich nicht ein „Wahrheitsserum" nehmen könnte, um meine Gefühle in voller Intensität herauskommen zu lassen, da ich von dem Drama so sehr zermürbt, gejagt und umgetrieben wurde. Zu meinem großen Erstaunen schlug er mir vor, ich solle versuchen, davon zu träumen. Ich solle mir vornehmen, es „austräumen" zu wollen, und dann sehen, ob es funktionierte. Ich hatte meine Zweifel, wollte es aber probieren. Was waren das für Träume! Eigentlich tat ich in den folgenden elf Monaten nichts anderes, als ob ein Damm gebrochen wäre. Immer mehr kam heraus, der ganze unterdrückte Ärger, die Frustration und Verbitterung, die ich in Hinblick auf meine Ehe empfand. Ununterbrochen und unmissverständlich kam die Botschaft und ließ mir keinen Zweifel, was ich als Geschöpf wirklich empfand, in Bezug auf die Schmähungen und Verletzungen, die ich ausgehalten, verinnerlicht und „verstanden" hatte.

Ein Treffen mit meiner Frau in der Klinik, das bestimmt schwierig werden würde, wurde vereinbart. Und so war es auch. Ich sagte ihr klipp und klar, dass ich nicht zurückkommen und meine Meinung auch nicht ändern würde. Fünfunddreißig Jahre sind eine lange Zeit. Es war wie eine Hinrichtung, aber mir blieb keine andere Wahl. Es war unvermeidbar, überfällig und richtig. Wie auch immer meine Gefühle für Dawn aussahen, meine Ehe hätte nicht weitergehen können. Wir passten einfach nicht zueinander. Fairer kann ich es nicht ausdrücken. Es gab keine Zukunft, ja es hätte nicht einmal eine Vergangenheit geben sollen. Die Vergangenheit konnte nicht mehr geändert, die Zukunft aber noch gerettet werden. Als ich in mein Zimmer zurückkehrte, fühlte ich mich niedergeschlagen, aber frei und erleichtert. Drei Jahre später ging die Scheidung durch. Das Haus, in dem meine Frau während dieser Zeit lebte, wurde verkauft und der Erlös zur beiderseitigen Zufriedenheit geteilt.

Mit sechsundfünfzig und befreit von den byzantinischen Windungen dieses unlösbaren Knotens begann nun ein neues Leben. Es war produktiv, sprühend und erfüllend. Dawn war eine unvergleichliche Gefährtin, wir waren wie füreinander geschaffen und wollten nun alles nachholen. Jeder trug sein Scherflein bei, unser Teamgeist ließ nichts zu wünschen übrig. Man kann sich natürlich fragen, was diese glühenden Verallgemeinerungen wirklich bedeuten. Zum Beispiel, was kann ein Mensch, der nicht sieht, wirklich unter Abenteuer und Aufregung und was unter Geschwindigkeit und dem damit einhergehenden Lebensgefühl verstehen? Mich macht es immer ein wenig traurig, wenn ich solche Bemerkungen höre, sie klingen nach Ersatz und „So-tun-als-ob". Wie sah es wirklich von außen aus? Wie glaubhaft war es für den objektiven Zuseher?

Ich will es so erklären. Wir sehen gut aus gemeinsam und harmonieren. Dawn ist von Natur aus eine Allround-Sportlerin, immer fröhlich und gut gelaunt. Um ihre Einstellung zu illustrieren, möchte ich ein Beispiel anführen: Würde ich ihr vorschlagen, ein Floß aus leeren Ölfässern zusammenzubasteln und dann über das Tasmanische Meer nach Neuseeland zu segeln, würde sie antworten: „Du bist verrückt – das kommt natürlich überhaupt nicht in Frage. Wann starten wir?" Die Vernunft obsiegt immer, aber nur knapp, und kleinere Abenteuer, bei denen die Wahrscheinlichkeit groß ist, dass wir lebend davonkommen, werden ernstlich erwogen und auch durchgeführt. Zu unserer Klettertour im österreichischen Osttirol kam es wirklich.

An einem Sylvesterabend gingen wir in Genua nach Mitternacht auf einen Erkundungsspaziergang, um die Atmosphäre der Stadt zu erspüren, und fanden uns in den dunklen Gassen des Hafenviertels wieder. Finstere Schatten standen in den Hauseingängen, Männer, die im besten Fall auf ein Abenteuer aus waren, im schlimmsten Fall auf eine unbeobachtete Gelegenheit warteten. Es roch nach Unannehmlichkeiten. Ohne große Eile verlangsamten wir unseren Schritt, machten uns so groß und sahen so böse drein, wie wir konnten. Wir blickten selbstbewusst und drohend nach rechts und links, wobei meine Sonnenbrille die Wirkung noch verstärkte; so verunsicherten wir sie vermutlich mehr als sie uns. Nicht der Wunsch, dem Tod zu entkommen, brachte uns dort heraus, sondern einfach der glückliche Zufall, die Belohnung der Verzauberten.

Neben Dynamik verfügt Dawn auch über eine gute Portion Hausverstand. Zutiefst anständig und großzügig, hat sie ein weiches Herz, ist aber nie rührselig. Sie ist einfühlsam, intelligent und bleibt am Ball, sucht aber dennoch nicht den Wettbewerb.

Ich möchte an dieser Stelle einige Dinge klarstellen: was mir das Leben bedeutet, wie ich damit zurechtkomme und wie ich es erlebe. Als Dawn und ich einmal eine liebe Freundin aus Kindheitstagen in einem Budapester Hotel mit Blick auf die Donau, die Burg von Buda, die Brücken und den ganzen faszinierenden Ausblick besuchten, wandte diese sich mir zu und fragte mich: „Sag einmal, ganz ehrlich, was gibt dir das alles? Du kannst ja immerhin nichts davon sehen, oder?" Ich verstand ihre Schwierigkeit. Blind zu sein ist ein Zustand der Extreme, wie der Unterschied zwischen Tag und Nacht, Dunkelheit und Licht. Wenn man also eines Tages blind wird, ist man das für immer, ohne Ausweg.

Aber natürlich muss das nicht so sein. Es gibt die Alternative, ständig innere Bilder herzustellen, wie ich es zuvor beschrieben habe, nicht unähnlich unseren Träumen. Einige unserer Träume können sehr lebendig sein, auch wenn ihnen oft Ton, Geschmack, Berührung, Geruch und, was am wichtigsten ist, das Gefühl aktiven Wollens und bewusster Teilnahme fehlen. In unseren Träumen können wir uns also hilflos fühlen, als passive Teilnehmer oder Zeugen von Ereignissen, in die wir hineingezogen werden. Wir sind vielleicht nicht in der Lage, den Lauf der Erzählung zu ändern und erleben ein Gefühl der Verfolgung und Unterdrückung. Nun stellen Sie sich vor, einen lebendigen, kontinuierlichen Traum zu haben, aber mit all den fehlenden Komponenten, die sogar noch stärker ausgeprägt sind als üblich. Bewusste Gedanken, bewusster Wille und all die anderen nicht-visuellen Bestandteile wachen Erlebens: Ton, Geruch, Geschmack, Berührung und das Spüren der Muskeln durch Anstrengung und Bewegung, wobei Letzteres die Realität der „visuellen" Produktion verstärkt, verankert und bestätigt. Das funktioniert, oder kann zumindest funktionieren, wenn man es wirklich will, den Vorgang einübt und durch eben diese Übung perfektioniert, bis man wirklich gut darin ist.

Von Mozart wird behauptet, er habe ganze Partituren im Kopf gehabt, bevor er sie zu Papier brachte, schöpferische Künstler, Literaten und Regisseure können ganze Geschichten und lange Folgen vorab visualisieren, und tun dies auch. Das Gleiche ist auch im Alltag möglich. Das Ergebnis ist erfreulich. Weder sehe ich blind aus noch verhalte ich mich so, und schon gar nicht „denke" ich blind. Stattdessen bin ich konzentriert, selbstsicher, auffassungsfähig, mache Menschen nicht nervös, und wenn sie es zunächst sind, schaffe ich es sehr rasch, dass sie sich entspannen und vergessen, dass eine Behinderung welcher Art auch immer vorliegt. Ich bin dankbar, dass es mir gelingt, anderen dies zu vermitteln, sie davon zu befreien, Zugeständnisse und Gefälligkeiten machen zu müssen und all das damit einhergehende Getue. Als Antwort auf die Frage meiner Freundin, was mir dieses ganze Herumreisen denn nun bringe, würde ich sagen, ich habe genauso viel davon – und in mancher Hinsicht vielleicht sogar mehr – wie die meisten Menschen. Ganz zu schweigen von jenen, die gar nicht wirklich hinsehen, die einfach vorübergehen, wenig aufnehmen, kaum interessiert sind, nur das absolute Minimum bewahren und damit Zeit und Geld verschwenden.

Nach einem Verlust bleibt die Rückkehr zur Normalität eine ständige Aufgabe und Herausforderung. Es genügt nicht, eine ausgewogene Anpassung zu erreichen, gewisse Schwierigkeiten zu meistern. Man muss auch auf der Hut vor den Ängsten und der Abwehrhaltung anderer Leute sein; so ist es zum Beispiel einfacher, sich „auf eine höhere Stufe zu stellen", sich als etwas Besonderes zu betrachten, als einfach zu akzeptieren, dass man ganz normal ist und ganz gut zurechtkommt. So können Vergleiche vermieden werden.

Blindheit kann natürlich Angst und Verunsicherung auslösen. Das ist nicht ganz unberechtigt, muss aber nicht so sein. Ende der 1970er-Jahre machte ich kurz Bekanntschaft mit einem Nierenstein und verbrachte rund zehn Tage in einem Krankenhaus inmitten eines großen Parks mit vielen Bäumen, einem angenehmen Ort. Ich wählte ein Zwei-Bett-Zimmer und zog mit meiner Tonbandausrüstung ein, wollte mich entspannen und ein wenig lesen. Zwei Tage lang blieb das andere Bett frei, ich wusste aber, dass ich nicht auf Dauer allein bleiben würde. Als eines Morgens die Tür zu meinem Zimmer plötzlich geöffnet wurde und ich Stimmen hörte, wusste ich, die Zeit war gekommen.

Ich konnte nicht gesehen werden, verstand aber deutlich, was um die Ecke im Flüsterton gesprochen wurde. Der junge Pfleger, der meinen Zimmergenossen begleitete, murmelte: „Dieser Herr ist blind" und die andere Stimme stöhnte auf: „Oh Gott." Dann aber gab er sich einen Ruck, betrat forsch das Zimmer, drehte sich um, machte zwei Schritte zwischen die Betten und blieb stehen, bereit zum Händedruck. Da hatte ich mich schon aufgesetzt und erwartete ihn. Als wir uns die Hände schüttelten, verkündete er kategorisch: „Ich heiße John und ich glaube, Ihnen ist das Schlimmste passiert, das einem Menschen zustoßen kann."

„Blödsinn", sagte ich ebenso unumwunden. „Was ist, wenn einem die Eier abgeschnitten werden?"

Während des darauf folgenden, drei Sekunden langen Schweigens konnte ich förmlich hören, wie sich sein Gesichtsausdruck zu einem breiten, fröhlichen Grinsen verzog, und dann sagte er in einem ganz anderen Tonfall: „Das stimmt aber wirklich, Mann." Und von da an verstanden wir uns großartig.

Als ich 1986 zu Dawn nach Newcastle zog, arbeitete sie im Bezirksbüro des staatlichen Gesundheitsdienstes. Ich selbst verbrachte viele Stunden damit, mein Buch umzuschreiben und zu überarbeiten. Die Nächte und Wochenenden gehörten uns. Um in Syndey eine Unterkunft zu haben, mieteten wir eine herrliche Wohnung nahe am Wasser an der Nordküste von Sydney. Sie lag etwas abseits am Ende einer malerischen, mit Jacarandablüten übersäten Sackgasse. Oft fuhren wir die 160 Kilometer von Newcastle dorthin, gingen ins Theater, in die Oper und in Konzerte, erkundeten die Stadt, die wir beide kannten, aber schon lange Zeit nicht mehr gesehen hatten, und noch nie in so wunderbarer Gesellschaft, so frei und glücklich. Wir gingen in Restaurants, manche mit Hintergrundmusik und einer Tanzfläche. Wir beobachteten das Nachtleben, aßen Hotdogs oder beim Chinesen an der Straße, probierten gute Weine, besuchten Freunde und lasen und lasen. Manchmal las Dawn laut vor, viel häufiger aber hörten wir gemeinsam meine Hörbücher von der Blind Society: Geschichte, Reiseliteratur, Biografien, Forschungsreisen, Populärwissenschaft und gelegentlich einen Krimi. Wir fuhren kreuz und quer durchs Land, besuchten Dawns Heimatstadt Melbourne, eine Stadt, die so anders ist als Sydney, lebenswert, offen und vertraut. Wir trafen Dawns Schwester, ihre Nichten, Neffen und Cousins, besuchten die Lieblingsplätze ihrer Kindheit, alte Friedhöfe, Wälder, Hügelketten und die beeindruckende Great Ocean Road an der Südküste mit idyllischen Tälern, wo kleine Flüsse in den Ozean fließen.

Unsere Ausflüge machten mir große Freude und wir unternahmen sie, so oft wir konnten, sahen so viel wie möglich, erholten uns und waren dankbar für alles, was wir gemeinsam erlebten. Meine Liebe zur Geografie, meine vielen eigenen Erinnerungen aus der Zeit, als ich noch sehen konnte, verbanden sich mit Dawns spontanen Bemerkungen und Reaktionen auf unsere Umgebung, sodass ich alles sehen und in Erinnerung behalten konnte.

Nach der zweiten Neufassung meines Manuskripts band ich Dawn in die Korrekturphase des Texts ein. Ich hatte ihr schon den ersten Entwurf gegeben, bevor ich zu ihr nach Newcastle gezogen war. Sie meinte, mein Buch sei „faszinierend", ein Ausdruck feiner Diplomatie und berechtigter Zuversicht, dass das verbale Unterholz vielleicht so gründlich gelichtet werden könnte, dass die Schätze, die damals alles andere als sichtbar waren, offengelegt werden können. Es war an der Zeit, sie mit ins Boot zu nehmen, und sie willigte ein. „Weißt du", sagte ich ihr zu Beginn, „ich mag ja vielleicht beim Sprechen einen leicht ausländischen Akzent haben, aber mein geschriebenes Englisch ist völlig akzentfrei." Darauf antwortete sie: „Das bildest du dir wohl ein." Das hatte eine intensive Gewissenserforschung zur Folge, an deren Ende sie mich darauf hinwies, dass ich statt ein oder vielleicht zwei Adjektiven und Adverbien drei oder vier benutzt hatte und den Leser so mit einem Überfluss an Worten überschwemmte. Sie meinte, dass ich damit die Klarheit des Texts gefährdete und so alle potenziellen Leser – außer vielleicht die fanatischsten – abschreckte. Sie hatte natürlich Recht. Ich ernannte sie zur Chefin der Säuberungstruppe und wir machten uns an die Arbeit. Wir gingen das ganze Manuskript durch, eliminierten fast sechzig Seiten, wateten knöcheltief in verworfenen Adjektiven. Mein Herz blutete wegen all der Mühen und der harten Knochenarbeit bei all dem, was ich so sorgfältig eingearbeitet hatte und diese Frau nun verwarf. Und doch hatte der Text jetzt zum ersten Mal Biss.

Es war trotzdem unrealistisch zu erwarten, dass das Buch leicht zu lesen sein würde. Dies erinnerte mich an den verstorbenen Nobelpreisträger und Physiker Richard Feynman, als dieser auf die Frage eines Journalisten, wie er sein Lebenswerk in einige wenige einfache Sätze zusammenfassen könnte, antwortete: „Wäre dies möglich, dann hätte meine Arbeit nicht dafürgestanden." Daher kommt mein Werk letztendlich einem idealen Kompromiss ziemlich nahe.

Wiedersehen mit Europa

Im Dezember 1986 flogen wir für einen Monat nach Europa. Es war ein großartiges Erlebnis. Für Dawn war es die erste Reise auf einen anderen Kontinent, ihr erster Kontakt mit Schnee, fremden Ländern und der aufregenden Alten Welt. Für mich war es eine längst fällige *sentimental journey*, ein Wiedersehen mit dem Kontinent, den ich einmal gekannt hatte und dessen blinkender Leuchtturm an der Spitze von Kalabrien mein letztes sichtbares Lebewohl gewesen war.

Die Ausstellung meines Reisepasses brachte einige Aufregungen mit sich. Der Beamte, der meine Dokumente bearbeitete, war ein Paragrafenreiter. Problematisch war, dass ich Sonnenbrillen trug, „eine Verkleidung", wie er hartnäckig behauptete. Wenn es einer Person erlaubt wäre, Sonnenbrillen auf dem Passfoto zu tragen, wer weiß, welchen Dominoeffekt das auslösen würde, welcher Missbrauch damit betrieben und wie das wohl enden würde? Zunehmend verärgert wies ich darauf hin, dass dies mein normales Erscheinungsbild sei und wie es sich denn bei anderen „Verkleidungen" verhielte? Einem Haarteil oder einem Bart zum Beispiel? Bestand der Passbeamte darauf, dass sich Männer Bart und Schnurrbart abrasierten, nur um sich Reisedokumente ausstellen zu lassen? Er wollte das nicht gelten lassen und auch nicht die Verantwortung für das Verhalten der französischen Grenzpolizei mir gegenüber übernehmen, die damals ein besonderes Auge auf algerische Terroristen geworfen hatte. Ich sagte ihm, das wäre dann mein Problem, und überhaupt, welcher Idiot würde mich denn für einen algerischen Terroristen halten. Aber nein, und schlussendlich musste ich mich an meinen Parlamentsabgeordneten wenden, der Druck ausübte, woraufhin mir ein Reisepass, inklusive Sonnenbrille, ausgestellt wurde.

Es war das Jahr des Tschernobyl-Unglücks, daher blieben die Touristen Europa in Scharen fern. Das und die Tatsache, dass Dezember war, die Nebensaison für Städtereisen, gab uns alle Möglichkeiten, uns frei und ungehindert zu bewegen, wo auch immer wir hinfuhren.

Die Reise von Australien nach Europa war lang und anstrengend: vierundzwanzig Stunden Flugzeit, eingezwängt sitzend, aber trotzdem ein aufregendes Erlebnis. Flugreisen sind heutzutage nichts Neues mehr, aber in diesem riesigen Bauch eines Jumbojets eingeschlossen zu sein und erstmals das Hochgefühl des Kraftschubs beim Start zu erleben, ist immer schön, ebenso die Landung und die gelegentlichen Turbulenzen. Man ist aufmerksamer, der Puls beschleunigt sich ein wenig, etwas Wichtiges passiert – es ist eine Sinneserfahrung. Bei unserem ersten Interkontinentalflug hatten wir einige Turbulenzen, ein paar heftige Stöße, Schlingern und verschüttetes Essen. Es war, wie es sich gehört.

Der Winter 1986/1987 war einer der kältesten, die je verzeichnet wurden. Große arktische Luftmassen zogen nach Mitteleuropa, sogar Italien versank in lähmender Kälte. Als wir in Wien landeten, lag Schnee und die wenigen Meter vom Flugzeug zum Terminal waren ein prickelndes Erlebnis der anderen Art. Dawn war beeindruckt, hatte sie doch noch nie das Innere eines Tiefkühlers erlebt, während ich mich über diesen feierlichen Empfang freute. Wir verbrachten zwei Tage in der Stadt, vor allem in der Innenstadt, und beobachteten die Höflichkeit und Eleganz, die alten Gemäuer, den Charme und die kaiserliche Atmosphäre der Stadt. Mit dem Aufzug fuhren wir zum höchsten Aussichtspunkt an der Spitze des Stephansturms. Der Kartenverkäufer weigerte sich, mein Geld anzunehmen, und fragte sich laut, warum ich wohl für eine Aussicht zahlen sollte, die ich nicht sehen konnte. Alles war so, wie wir es uns vorgestellt hatten, auch der Schnellzug nach Budapest. Ich fühlte ein seltsames Ziehen im Herzen, als wir die Donau überquerten und einen Blick auf die hohen Hügel, die Burg, die Festung und die eleganten Brücken über den breiten Fluss erhaschten.

Wir verbrachten vier Tage in der Stadt, besuchten den alten Markt, die Basteien auf der mittelalterlichen Festung und die Krönungskirche. Wir fuhren zu meinem ehemaligen, nun wieder aufgebauten Zuhause fast ganz oben auf einem der Hügel. Wir musterten die von meinem Vater gepflanzte Silberbirke, ihren glatten, geraden Stamm, die unveränderte steinerne Umfassungsmauer, das Tor, die Auffahrt und sogar das Einschussloch in der metallenen Kellertüre, das aus der Zeit der Belagerung stammte. Ich erinnerte mich an jede Einzelheit. Eine seltsame Verzerrung der Zeit, eine Lücke von vierzig Jahren, eine halbe Lebensspanne, unwirklich, aber wahr: Menschen, Schritte, Jugend, Freude, im Gedächtnis fortlebend. Von allen Zwängen befreit pendelte mein Gehirn im winterlichen Dämmerlicht in einer Flut von Erinnerungen hin und her. Würde ich das dünne Eis der Zeit durchbrechen, um wieder jenes Kind zu sein, das ich war, mit dem Tennisracket in der Hand, den Ball gegen das Garagentor spielend, nichts ahnend von der Zukunft, von dem Mann in mittleren Jahren, der es einst werden sollte?

Wir besuchten meine alte Schule, die gleich gebliebenen Gänge. Hinter den geschlossenen Türen der Klassenzimmer spielte sich das gleiche stumme Geraschel von Büchern und Papier ab, der Unterricht nahm seinen Lauf. Ich spürte das bekannte flaue Gefühl in der Magengrube, das ich immer hatte, wenn ich zu spät zum Unterricht kam, anklopfen, erklären und mich entschuldigen musste, bevor ich an meinen Platz ging. Das Klassenzimmer durchqueren, mich neben Georg setzen, ein rasches Hallo flüstern und dann konzentrieren. Nur ist Georg jetzt tot, diese Kinder könnten meine Enkel sein. Jetzt gehen dort Jungen und Mädchen zur Schule. Wie hätte uns das gefallen! Oder vielleicht nicht? Nun, wir hätten gern mit dem Gedanken gespielt, aber die Wirklichkeit sah anders aus und wir waren zufrieden und in unserem eigenen Freundeskreis gut aufgehoben.

Dawn und ich mieteten ein Auto und fuhren zum ehemaligen Landhaus meiner Familie, dort, wo der Fluss durch die Hügelkette bricht, nun im Nebel, leer und unverändert. Nur ein paar Schritte hinunter zur kiesbedeckten Sandbank, wo das Wasser ruhig vorbeifließt. Ich streckte meine Hand in das eiskalte Wasser, ein Teil von mir war wieder zu Hause. Worum ging es in all diesen Jahrzehnten? Mein wirkliches Zuhause, meine Frau neben mir, einige Tränen, ihre Umarmung, der vergehende Nachmittag, dichter werdender Nebel und einfallende Kälte, zurück in die Stadt.

Wir gingen zum Friedhof, um das Grab meiner Eltern zu besuchen, ihnen so nah zu sein, wie ich ihrer ehedem pulsierenden Gegenwart nur kommen konnte. Von meiner Nichte begleitet waren wir bei einem Familientreffen der Cousins dabei. Über Kaffee und Kuchen tauschten wir Erinnerungen aus und waren uns des Bandes zwischen uns bewusst, dem Zeit und Umstände nichts anhaben können.

Wir machten einen kurzen Ausflug mit der Standseilbahn auf die Spitze der Hügelkette über der Stadt, bewaldet, still. Große, schwere Schneeflocken begannen zu fallen, setzten sich auf die kahlen Äste, auf uns, überall hin, deckten die eisige Straße zu, rutschig und tückisch. Wir stolperten und schlitterten und purzelten herum, begeistert von allem, dem heißen Kaffee und dem Strudel, den Ausblicken und Klängen.

Von Budapest fuhren wir nach Zürich, um meinen ehemaligen Lieblingsschwager zu besuchen, den Mann, den meine Schwester nie hätte verlassen sollen und der vergeblich versucht hatte, sie dazu zu bringen, mit einer von Tagträumen befreiten Wirklichkeit zurechtzukommen. Als ausgebildeter Rechtsanwalt und Jazzpianist aufgrund einer klugen Entscheidung war es ihm gelungen, sich hinter seinem apolitischen Instrument sitzend den Weg durch die sowjetische Besatzung zu spielen. Er erwartete uns in dem Restaurant, in dem er auftrat, und als wir kamen, begann er die alten Melodien zu spielen, die wir als Teenager geliebt hatten. Er setzte sich zu uns an den Tisch, wir prosteten einander zu und es war, als wäre kein Tag vergangen, seit wir uns kurz nach dem Krieg getrennt hatten. Diese Zeitlosigkeit der Freundschaft ist wahrscheinlich die beruhigendste Erfahrung, die einem das Herz am stärksten erwärmt. Sie gleicht einem festen Fels in der Brandung, unzerstörbar. Mit Dawn teile ich diese Erfahrung. Geborgen in der Liebe zueinander, in den

Erinnerungen, in der Vergangenheit, in der Gegenwart, in unserem Heim in Australien und in unseren nun gemeinsam erkundeten und gepflegten Wurzeln, ihren und meinen. Die gewundenen Wege vereinigen sich.

Von der Schweiz fuhren wir nach Florenz, diesem magischen, wunderschönen Ort. Vom Hügel gegenüber, jenseits des Arno, sahen wir hinunter auf die winterliche Stadt im matten Sonnenlicht. Die Glocken läuteten gerade, eine unaussprechlich schöne Kulisse. Schließlich ging es nach Rom und nach einer kurzen Runde durch die Stadt nahmen wir wieder das Flugzeug zurück nach Australien. Es war eine rundum gelungene Reise, die uns Appetit auf mehr gemacht hatte – und dazu sollte es auch kommen.

In Australien kehrten wir zu unserer Arbeit zurück, Dawn ins Gesundheitsministerium, ich zu meinem Manuskript. Ein Jahr zuvor hatte sie sich an der Universität von New England in Armidale eingeschrieben, um Sozialwissenschaften, Soziologie und später Alte Geschichte zu studieren. Wir mussten regelmäßige Workshops an der Universität besuchen, die hoch oben in den Hügeln von New England im nördlichen New South Wales lag. Auch ich ging zu einigen Vorlesungen und Seminaren, sonst blieb ich im Motel und arbeitete an meinem Buch. Es war eine gemütliche Zeit, die Abende verbrachten wir mit Freunden, gingen manchmal auswärts essen, hin und wieder auch so Exotisches wie türkische Küche oder noch exotischer einen Jumbo-Hamburger mit allem, was dazugehört.

Im darauf folgenden Jahr flog meine Nichte mit ihrer Familie nach Australien und besuchte uns für einen Monat. Wir führten sie herum und zeigten ihnen eine Welt des Reichtums und der Freiheit, die für sie einem Wunder glich, weil in Ungarn damals noch das sowjetische System herrschte. Die Außenwelt erschien ihnen wie Weihnachten. Es war berührend, nach einiger Zeit aber auch nervtötend, weil sie hartnäckig an ihrem Bild festhielten und nicht verstehen wollten, dass es auch im Westen Probleme gab, man hart arbeiten musste und Einschränkungen existierten. Ihrer Meinung nach war jeder in der freien Welt wohlhabend und mächtig. Eine allgemeine Verzerrung der Realität, ein Nebenprodukt des sowjetischen Lebens voll von kaputten Leitungen, Engpässen, Umweltverschmutzung, tristem Warenangebot, fehlenden Dienstleistungen sowie Depressionen und in Angst übergehende Ermüdung.

Als wir einmal vor dem Zusammenbruch der Sowjetherrschaft in Budapest mit dem Taxi fuhren, fragte ich den Fahrer, wieso er wisse, dass wir aus dem Westen kamen. Wir trugen Jeans und Pullover, waren nicht anders gekleidet als die Einheimischen; Dawn sagte kein Wort, ich saß neben dem Fahrer und sprach fehlerfrei Ungarisch. „Wie erkennen Sie, dass wir aus dem Ausland sind?", fragte ich ihn. „Oder sehen Sie das nicht?" „Oh, doch, natürlich, wir alle sehen das", antwortete er. „Schauen Sie, es liegt nicht an Ihrer Kleidung, aber an Ihrer Haltung, die verrät Sie. Sie sehen selbstbewusst und unbelastet aus. Es gibt keinerlei Anzeichen von verstohlener Vorsicht und Wachsamkeit, mit der wir leben, das Gefühl drohenden Unheils." Ich verstand. Das war eine gute Erklärung, eine Anklage gegen das System und dessen alles durchdringende, bedrohliche Nähe.

Unsere erste Erkundungstour in Übersee hatte uns auf den Geschmack gebracht. Alle zwei Jahre machten wir nun Reisen in die Vereinigten Staaten und natürlich nach Europa. Wir fuhren zum Grand Canyon und nach San Francisco und reisten im Zug von Pasadena nach New York, dann hinüber nach Seattle und die Westküste hinunter zurück nach Los Angeles. Auch in Europa durchquerten wir den Kontinent von Norden nach Süden und von Osten nach Westen im Zug und später vor allem mit dem Auto. Es war eine aufregende und großartige Zeit voll interessanter und wunderbarer Begegnungen.

In Europa fühlen wir uns vor allem nördlich und südlich der Alpen zu Hause, in Österreich, der Schweiz, Norditalien, Deutschland und Ungarn, inmitten der klassischen Alten Welt. Wir kehren immer wieder zur Donauquelle zurück, hoch oben im Schwarzwald, für mich eine Pilgerreise zum klaren, kalten Rinnsal aus dem Felsen, der erste Atemzug jenes Flusses, der irgendwie mit meinem Leben verwoben ist, auf seiner Reise zum Schwarzen Meer. Der sanfte Anfang jenes mächtigen Stroms, der durch mein Herz fließt.

Wenn wir reisen, lehne ich mich zurück und blicke auf die Landschaft. Mein Gehirn malt für mich eine fahrende Leinwand mit Bergen, Tälern in mittlerer Entfernung und weiten Ausblicken, wenn die Straße eine Kurve macht und einen neuen Blick auf die Großartigkeit oder schroffe Kahlheit der Bergwelt freigibt. Die Bewegung des Autos, das Brummen des Motors, das Straßengefälle, der Kurvenradius sind in Verbindung mit Dawns Bemerkungen absolut real, erfrischend und lohnend. Ich entspanne mich und genieße in einem kaum fassbaren Ausmaß.

Ich erinnere mich gern an eine unserer Fahrten über die französischen Alpen in einem kleinen, bequemen und schnellen Peugeot. Wir waren auf dem Weg nach Briançon, und da gab es eine lange Strecke hinauf zum letzten Dorf vor dem Anstieg zum hoch gelegenen Pass, dem Col du Galibier, eine enge Bergstraße, enorm kurvenreich, ohne Überholmöglichkeit. Während Dawn recht flott unterwegs war, begannen sich hinter uns größere und schnellere französische Autos zu stauen, mit wahrscheinlich jüngeren Männern am Volant, die sich über diesen kleinen Peugeot da vorn ärgerten, ganz abgesehen von der grauhaarigen Dame hinter dem Lenkrad. Sie fingen an, uns zu bedrängen und zu jagen. Dawn zögerte nicht lange, diese sexistische Herausforderung anzunehmen, drückte ihren Fuß aufs Gaspedal und los ging die aufregende Rallye.

Auf und ab, enge Kurven, schalten, beschleunigen und verlangsamen, zentrifugale Kräfte nach links und rechts, so schossen wir acht oder neun Kilometer dahin, unsere Verfolger dicht auf den Fersen. Diesen wurde etwas für ihr anmaßendes Auftreten geboten, wenn auch etwas gedämpft durch das gefährlich schnelle Tempo, dennoch wollten sie noch mehr. Dann sagte Dawn zu mir: „Jetzt reicht es mir. Da vorn ist eine kleine Ausweiche, ich werde ranfahren und sie vorbeilassen." Gesagt, getan. Sie schossen an uns vorbei, etwa neun Autos, beschleunigten noch, wenn dies überhaupt möglich war, erleichtert und triumphierend. Als die Straße wieder frei war, fuhren wir ihnen nach, nun mit normaler Geschwindigkeit. Als wir um eine große Kurve fuhren, trafen wir auf unsere früheren Verfolger, alle standen sie da, am Straßenrand geparkt – von der Polizei wegen überhöhter Geschwindigkeit erwischt. Wir tuckerten mit der gesetzlich vorgeschriebenen Geschwindigkeit über jeden Vorwurf erhaben dahin, wie Unschuldslämmer, vorbildhafte Bürger, nicht wie die früheren Anführer des verrückten Packs, das nun wegen seiner rücksichtslosen Fahrweise Strafe zahlen mussten.

Die Abenddämmerung brach langsam herein, als wir die letzte Siedlung erreichten, rundum nur blanke Felsen und hoch aufragende Berge, grau und abweisend, jenseits von allem. Über den Pass wieder im Tal fanden wir ein kleines Restaurant und genossen ein hervorragendes Essen. Waffeln mit einer Fülle aus Fleisch und Pilzen, mit knuspriger Kruste, dazu köstlichen Landwein. Wir fanden auch eine Unterkunft, die wir da schon dringend brauchten.

Wenn ich an unsere vielen Reisen denke, wundere ich mich, wie bildlich ich mich an alles erinnere. Während ich dies niederschreibe, sehe ich es in allen Einzelheiten vor mir, so wie auch jeder Leser sich daran erinnern würde, ein kunstvoll ausgeführter Filmstreifen, schön und lebendig. Gleichzeitig bin ich frustriert, dass diese Wiedereroberung der visuellen Welt anderen so schwer verständlich zu machen ist, immer besteht das Risiko, dabei auf Ungläubigkeit zu stoßen. Ich möchte keine Zeit mehr damit vergeuden, mich darüber zu ärgern, dass eine Leistung, die so deutlich zeigt, wozu das menschliche Gehirn fähig ist, übersehen oder nicht beachtet wird.

Ich denke da an V. S. Ramachandrans faszinierendes Buch *Die Frau, die sehen kann*, in dem detailliert die Wiederanpassung des Gehirns nach dem Verlust von Gliedmaßen oder anderen Körperfunktionen beschrieben wird, und auch der Ersatz für den Verlust des visuellen Inhalts in Form von Wachhalluzinationen, wenn die zentrale Sehkraft nicht mehr funktioniert. Ramachandran schreibt von James Thurbers fesselnden visuellen Erfahrungen, nachdem dieser sein Sehvermögen verloren hatte, Erfahrungen, die er der langweiligen Vorhersagbarkeit des wirklichen Sehens vorzog. „In der Tat", schreibt Ramachandran, „war die Blindheit für Thurber leuchtend, mit Sternen bestückt und mit Elfenstaub bestreut." Seinem Augenarzt schrieb er einmal: „Vor Jahren erzählten Sie mir einmal von einer Nonne im Mittelalter, die ihre Retinastörung mit Heiligenerscheinungen verwechselte, obwohl sie nur etwa ein Zehntel der heiligen Symbole sah, die ich sehe. Bei mir sind es auch ein blauer Nebelschleier, goldene Funken, schmelzende purpurrote Kleckse, eine Sprühregenwolke, tanzende braune Punkte, Schneeflocken, safrangelbe und hellblaue Wellen und zwei magische Kugeln, ganz abgesehen von dem Kranz, der Straßenlampen früher einen Heiligenschein verpasste und jetzt leuchtend zu erkennen ist, wenn ein Lichtstrahl auf eine Kristallschale oder eine helle Metallecke trifft." „Der Tagträumer", sagt Thurber, „muss den Traum so lebendig und beharrlich visualisieren, dass er tatsächlich Wirklichkeit wird." Hier erkennt Thurber, dass das Gehirn in der Lage ist, gestaltende Kontrolle über seine visuellen Erlebnisse zu erlangen. Das ist der Schlüssel zu seiner Effektivität, zu seiner Wendigkeit bei Problemlösungen und zu seiner kreativen Leistung.

Trotz des reichen Schatzes, der unserem Gehirn zur Verfügung steht, kann echtes Sehen selbstverständlich nicht überboten werden, wenn es um das Überqueren einer Straße oder um Tennisspielen geht. Unterm Strich würde ich jedoch, wenn ich mein Sehvermögen wieder erlangte, auch die großartigen neuen Fähigkeiten beibehalten wollen, die mein Gehirn erworben hat. Viele Dinge täte ich weiter mit geschlossenen Augen. Sicherlich würde ich weiterhin auf diese Weise nachdenken, da die Problemlösung im Inneren der Realität da draußen weit überlegen ist. So wird es möglich, innerhalb von Systemen, Maschinen, Schaltungen, Molekülen oder sogar einer lebenden Zelle umherzuschweifen, einen ungewöhnlichen Blickwinkel zu haben, um zu verstehen, wie die Dinge, genau besehen, funktionieren. Diese besondere „innere" Sichtweise ist so realistisch, dass als Nebeneffekt häufig ein Gefühl der Klaustrophobie auftritt. Ich würde all dies behalten wollen und anderen gerne vermitteln können, welch großartigen Schatz sie besitzen, den sie fast immer zu wenig nutzen. Die elektronische Hexerei des menschlichen Erfindergeistes verschlimmert dies noch, und das macht mir Sorgen. Das Gehirn wird immer weniger beschäftigt, der Computer übernimmt die geistige Beweglichkeit im virtuellen Raum. Aufgrund des Internets werden die Bestände realer Bibliotheken nicht mehr berührt, gerochen und betrachtet, während das allgegenwärtige Fernsehen unsere visuelle Erfahrung mit extern definierten statt mit intern erzeugten Bildern vorprogrammiert, was unsere Fantasie und unsere imaginative Erfindungsgabe abstumpfen lässt.

Wenn ich über meine Erfahrungen und den vielfältigen inneren Ersatz nachdenke, den mir mein Gehirn ermöglicht, dann kann ich vielleicht nur einen wichtigen Nachteil erkennen: Ich bin mir meiner Wahrnehmung von menschlichen Gesichtern nicht sicher, insbesondere hinsichtlich des sich ständig verändernden, vieldeutigen Mienenspiels. Nicht, dass ich mir ein Gesicht nicht abbilden kann, das kann ich sehr wohl, aber ich bin mir unsicher bei Nuancen und kleineren Details. Das ist belanglos, wenn ich auf einen Berg schaue. Was spielt es schon für eine Rolle, ob ich eine weitere Spitze übersehe oder sie ein wenig nach links oder rechts rücke? Die Wirkung, der Gesamteindruck ist das Entscheidende und das kann ich erreichen. Bei Gesichtern ist das nicht möglich, und das ist ein Verlust. Gesichter spiegeln menschliche Erfahrungen wider und sind ein lebendiges Kunstwerk. Sie erinnern sich vielleicht an den Franzosen, über den ich vor meinem Unfall gelesen hatte, der nach achtundvierzig Jahren sein Sehvermögen wiedererlangte und die tanzenden Flammen des lebendigen Feuers so unaussprechlich schön und faszinierend fand. Nun, auf menschliche Gesichter trifft das in viel größerem Maße zu. Sie sind selbst Flammen. Sie spiegeln das innere Feuer wider, das manchmal stark, manchmal verblasst, immer aber wichtig und interessant ist.

Start von *The Crucible* – die Freuden öffentlicher Reden

Gegen Ende 1992 war das Manuskript von *The Crucible of Consciousness* publikationsreif. Eine ganze Reihe von Fachleuten hatte es gelesen und gebilligt. Ich fühlte mich ermutigt. Ich begann zu träumen, mir vorzustellen, dass das Manuskript angesehen, begutachtet und als ein Juwel erkannt würde, wie ich mir erhoffte. Die Hoffnung, dass jetzt, wo mein langer Marsch sich dem Ende zuneigte, meine Mühen anerkannt, geschätzt und belohnt würden, saß tief in meinem Herzen. Ich spielte mit Metaphern wie jener, mit der Einstein auf seinen damals vor der Veröffentlichung stehenden entscheidenden Test anspielte, der beweisen sollte, ob seine Relativitätstheorie richtig oder falsch war. Humorvoll und schalkhaft meinte er, wenn der Beweis ihrer Richtigkeit erbracht würde, dann würden die Leute in Berlin sagen: „Was haben Sie denn erwartet? Er ist ein großer Deutscher", und in Paris: „Was haben Sie denn erwartet? Er ist ein großer Europäer"; sollte sie nicht stimmen, dann würden die Franzosen sagen: „Was haben Sie denn erwartet? Er ist Deutscher", und die Deutschen würden sagen: „Was haben Sie denn erwartet? Er ist Jude." So stellte auch ich mir vor, ich könnte durch eine Art Transsubstantiation als Einheimischer entdeckt werden, als Australier, vielleicht sogar als Brite oder Angelsachse. Ein naiver Traum natürlich, aber Träume sind selten klar. Wie wenig war mir bewusst, dass ich nun die reale Welt betrat.

Schließlich vergingen fünf Jahre, bis ich den richtigen Verlag fand, eine frustrierende Zeit, nicht ohne einen gewissen Unterhaltungswert, aber weder neu noch interessant genug, um sich darüber aufzuregen. Jedenfalls hatte ich schon viel schlimmere Frustrationen und Verzögerungen erlebt. Um zu schildern, in welcher Lage ich mich befand, möchte ich nur über mein allererstes Erlebnis berichten. Ich rief einen renommierten Verlag an und erzählte ihnen von meinem ungewöhnlichen und interessanten Buch und die zu erwartende breite Leserschaft. „Gut", meinte mein Kontaktmann beim Verlag, „schicken Sie uns die Liste Ihrer früheren Publikationen, Ihre akademische Position, Status, Mitgliedschaften in Arbeitskreisen, andere Zugehörigkeiten und was immer Sie glauben, das uns interessieren könnte." Das haute mich um. Ich wusste nicht, ob ich erwähnen sollte, dass ich gehofft hatte, sie würden sich mit dem Wert des Buches an sich beschäftigen und nicht mit meinem Lebenslauf. Dann aber deutete ich an, dass hinter dem Werk eine interessante und ungewöhnliche Geschichte eines Menschen stecke, eine Odyssee eigentlich, und dass dieser Hintergrund auch der Grund dafür sei, dass ich kein bekannter Wissenschaftler sei und so weiter. Bald schon driftete das Gespräch in ein Minenfeld von Fakten über meine persönliche Situation und meine Behinderung ab und mein Gesprächspartner klinkte sich langsam aus, machte die Schotten dicht, mit diesem speziellen „Rufen Sie uns nicht an, wir werden uns bei Ihnen melden"-Ton in der Stimme.

Plötzlich sah ich die Absurdität meiner Lage. Sie glich jener von Gaston Doumergue, einem französischen Präsidenten in den frühen 1930er-Jahren. Einmal reiste dieser über Nacht in seinem Privatzug von Paris nach Lyon zu einer Ausstellungseröffnung. Nachdem er spät weggefahren war und im Zug gegessen und etwas zu viel getrunken hatte, entschloss er sich, zu Bett zu gehen. Schon im Pyjama, merkte er, dass er noch auf die Toilette musste; barfuß, wie er war, torkelte er den Gang entlang zum Waschraum. Etwas beschwipst, benommen und müde machte er die falsche Türe auf und trat – nicht in den Waschraum, sondern aus dem Zug in die finstere Novembernacht. Der Zug fuhr nicht allzu schnell, es hatte geregnet, die Böschung war steil, mit Gras bewachsen und rutschig, und da Betrunkene und Babys immer weich fallen, verletzte er sich nicht. Beim Hinunterrollen wurde er nass und schmutzig, vielleicht blutete er auch ein wenig, aber alles in allem war er unversehrt. In der

Zwischenzeit fuhr der Zug weiter und niemand vermisste ihn. Man nahm an, er brauche eben länger im Waschraum.

Doumergue rappelte sich hoch, bahnte sich seinen Weg die Schienen entlang zum nahe gelegenen Bahnwärterhäuschen und klopfte an die Türe. Überrascht von der mitternächtlichen Störung öffnete der Bahnwärter und sah einen älteren Mann vor sich, barfuß, in einem zerrissenen, schmutzigen Pyjama, noch dazu betrunken, und fragte, wer er sei. Er musste sich anhören, wie diese schwankende Erscheinung behauptete, der Präsident der Republik zu sein. Die Reaktion des Wärters ist nicht überliefert. Vielleicht hat er die Polizei, die Rettung oder, höchstwahrscheinlich, das nächste Irrenhaus gerufen. Die Diskrepanz zwischen der Behauptung und dem Mann, der vor ihm stand, strapazierte die Glaubwürdigkeit zu sehr. Letztlich klärte sich natürlich alles auf.

Und dann sah ich mich, einen unbekannten, arbeitslosen, blinden Ausländer unbestimmten Alters und ohne nennenswerten Hintergrund, der behauptete, gerade das Geheimnis des Bewusstseins entschlüsselt zu haben, das Rätsel, das die Menschheit seit dem Morgengrauen der Geschichte beschäftigte. Sofort hatte ich Mitleid mit all den Verlegern, die ich belagert hatte, und fragte mich, wie ich einen schmerzlosen Weg finden könnte, um mein Ziel zu erreichen.

Schließlich ergab sich die Lösung fast von selbst. Professor Roger Sperry, Nobelpreisträger, „Vater der Bewusstseinsrevolution", las mein Manuskript, unterhielt sich bei einem Besuch ausführlich mit mir und sagte mir seine großzügige Unterstützung zu. Kurze Zeit später unterstützten eine Reihe herausragender Wissenschaftler mein Projekt ebenfalls. Christof Koch, der Forschungspartner von Francis Crick, schrieb mir, dass er und Crick aufgrund meiner Arbeit ihre Ansichten über die Rolle der Sprache im Bewusstsein überdenken würden, während Oliver Sacks, der bedeutende Neurologe und Autor von so bekannten Werken wie *Awakenings: Zeit des Erwachens* und *Die Insel der Farbenblinden* mit dem Hinweis antwortete, dass mein Buch eine „überzeugende und anspruchsvolle Synthese" sei, die veröffentlicht werden sollte.

Eine Kopie des Manuskripts sandte ich auch an Professor J. Szentagothai, den weltbekannten Neurowissenschaftler, der zwölf Jahre lang Präsident der Ungarischen Akademie der Wissenschaften gewesen war und der mein Werk in seiner nachfolgenden Empfehlung positiv mit jenem von Crick, Eccles und Edelman verglich, die auf diesem Gebiet den Nobelpreis erhalten hatten. Auch Charles Birch, emeritierter Professor für Biologie an der Universität von Sydney, versicherte mich seiner Unterstützung und ich begann auf einen Durchbruch zu hoffen. Dazu kam es Ende 1997, als der bekannte Verlag Oxford University Press in Melbourne auf das Werk aufmerksam wurde und seine Bedeutung erkannte. Dawn und ich waren begeistert, nicht zuletzt, weil die hoch angesehene OUP es veröffentlichen wollte. Das lange Warten war vorbei, unsere Stimmung hob sich und wir entspannten uns. Mein Projekt war so umfangreich und meine Fähigkeit, es zu bewältigen, so unbewiesen, dass uns Zweifel über seine Durchführbarkeit gekommen waren. Hatten wir uns einfach etwas vorgemacht? Hatten wir nur an einem Trugbild festgehalten und konnten es nicht aufgeben? Diese Fragen, die immer im Hintergrund gelauert hatten, konnten wir nun ad acta legen. Der Vertrag wurde unterzeichnet, der Text redigiert, eine Einigung über Titel und Untertitel erzielt.

Wie vorgesehen erschien *The Crucible of Consciousness* im Februar 1999. Es erhielt hervorragende Kritiken von einigen Fachwissenschaftlern, die es „ein wirklich wichtiges Werk" nannten und seine Bedeutung mit jener von Einsteins Relativitätstheorie und Darwins Evolutionstheorie verglichen. Diese Anerkennung erstaunte mich ebenso, wie sie mein Herz erwärmte.

Nach Erscheinen des Buches folgten sechs sehr umtriebige Monate; einige Buchpräsentationen, Radiointerviews und TV-Auftritte kamen dazu. Einmal sprach ich mehr als eine Stunde, beantwortete Fragen und diskutierte die Themen. Ich spürte die Anstrengung und fürchtete, dass meine Stimme plötzlich wegbleiben könnte, mich an Ort und Stelle zum Schweigen bringen würde, wie dies im Lauf der Jahre schon manchmal passiert war.

Ich beschloss, mich deswegen untersuchen zu lassen. Viele Jahre hatte sich niemand mehr mit meiner Stimme beschäftigt, weil feststand, dass meine Stimmbänder durch die Säure ganz oder teilweise weggefressen worden waren und man nichts machen konnte. Der Spezialist, den ich nun konsultierte, stellte schließlich fest, dass die vorderen zwei Drittel meiner Stimmbänder zwar verschmolzen waren, es aber möglich war, sie auf chirurgischem Wege zu trennen. Weitere Untersuchungen ergaben, dass mein Kehlkopf, abgesehen von dieser Verwachsung, völlig in Ordnung war. Die Operation würde mein Luftvolumen beim Einatmen fast verdoppeln, sodass ich mich ohne Atembeschwerden körperlich betätigen könnte. Ich ließ mich daher operieren und das Ergebnis bedeutete eine merkliche Verbesserung, auch wenn die Auftritte, bei denen ich sprechen musste, zu dem Zeitpunkt schon vorbei waren.

Verglichen mit der großen Beeinträchtigung durch die Blindheit sind mein reduziertes Atemvolumen beim Einatmen und die eingeschränkte stimmliche Bandbreite fast bedeutungslos. Da diese beiden Behinderungen jedoch als Tandem wirken, haben sie eine multiplikatorische Wirkung und führen zu unerwarteten Problemen. Nicht zu sehen und vor den Hintergrundgeräuschen beispielsweise in einem Restaurant oder bei einer großen Versammlung nicht gehört zu werden ist lästig und irritierend. Man taucht unter, kann die Aufmerksamkeit nicht auf sich ziehen, keinen Blickkontakt herstellen, nicht Lippen lesen, nicht feststellen, ob man verstanden wird oder am Gespräch teilnimmt. Ich habe mich oft isoliert und gestresst gefühlt. Im Laufe der Jahre habe ich immer wieder versucht, meiner Stimme Gehör zu verschaffen, es nützte aber nichts. Schlimmer noch, wenn ich meine Stimme überanstrengte, führte dies nicht nur zur Erschöpfung, die Stimme gab auch falsche Signale. Ich konnte angespannt oder sogar traurig klingen, wenn ich einfach versuchte, gehört zu werden, und das war ärgerlich. Um diese irritierenden Nebenerscheinungen auszuschalten, nahm ich die sich durch die Operation bietende Chance wahr.

Obwohl die Operation erfolgreich war, waren die allerersten Tage im Krankenhaus hart. Durch den Luftröhrentubus zu atmen, nicht zu sehen, nicht sprechen zu können und an Maschinen angehängt zu sein, machte mich klaustrophobisch und ich fühlte mich eingesperrt. Der Tubus schien kaum auszureichen, um genügend Luft durchzulassen. Immer wieder wurde er durch Schleim blockiert und ich hatte Angst zu ersticken. Wenn ich mich mit dem Pflegepersonal verständigen wollte, musste ich Block und Bleistift zur Hand nehmen und in Druckbuchstaben schreiben, was langsam und mühselig war. Ich hatte Angst. Diese Angst verstärkte den Stress, wodurch ich mehr Luft benötigte, wovon aber zu wenig da war. Ein nur schwer zu durchbrechender Teufelskreis.

Trotz der Belastung und der Schwierigkeiten lohnte sich die Operation. Ich atme jetzt freier, meine Stimme ist fester und klarer, meine stimmliche Bandbreite hat sich von zuvor drei ausdruckslosen Tönen auf eineinhalb Oktaven erweitert und zum ersten Mal kann ich die Gefühlsfärbungen meiner Stimme steuern. Das ist wichtig, denn ich will mich anderen gegenüber durch die Betonung des Gefühls gleichermaßen klar wie durch Worte ausdrücken.

Noch vor der Operation erhielt ich die Einladung, eine Rede vor der neurowissenschaftlichen Abteilung der Medizinischen Fakultät der Universität von Budapest zu halten. Zu Ehren und in Erinnerung an den verstorbenen Professor Szentagothai, der vor der Veröffentlichung meines Buches gestorben war, wird jährlich ein Redner eingeladen. Mir wurde daher die Ehre zuteil, vor einer Gruppe von Fachleuten über ein Thema zu sprechen, über das die Anwesenden viel mehr Spezialwissen hatten als ich. Ich musste auf Ungarisch sprechen, obwohl ich mit den Fachausdrücken in dieser Sprache nicht vertraut war. Ich dachte, las und schrieb auf Englisch – wie sollte ich das schaffen? Ganz abgesehen von dem einschüchternden Auditorium und meiner gänzlich fehlenden Erfahrung, vor Zuhörern wo auch immer und in welcher Sprache auch immer zu sprechen.

Und dazu noch die Schwierigkeiten mit meinen geschädigten Stimmbändern, sodass ich mich vorwiegend auf das Mikrophon verlassen musste, weil ich mir meiner stimmlichen Kraft nicht sicher sein konnte. Natürlich nahm ich die Einladung an, ein Ausdruck meiner verkappten Todessehnsucht, so erschien es mir zumindest. Als ich nach den einführenden Worten durch den Vorsitzenden den schweigenden Saal vor mir hatte, konnte ich plötzlich nachempfinden, wie sich die Christen im Kolosseum gefühlt haben mussten.

Trotzdem gelang die Rede gut. Ich hatte meinen einstündigen Vortrag geübt, die einzelnen Abschnitte zeitlich so abgestimmt, dass sie wohl ausgewogen waren, weil ich ja weder auf Notizen noch auf Texttafeln und sonstige Hilfsmittel zurückgreifen konnte. Ich war völlig auf mich allein gestellt. Mir kam der Gedanke, dass, wenn ich das überstand, alles andere vergleichsweise einfach sein würde, eine Einstellung, die mich immer wieder in Schwierigkeiten gebracht, aber auch wieder herausgeholt hat. Irgendwann war ich einmal auf den kryptischen Rat von Yogi Berra gestoßen: „Wenn du an eine Weggabelung gelangst, dann folge ihr", und das habe ich seitdem getan.

Am nächsten Abend traf ich meine alten Klassenkameraden in einem Kellerrestaurant, wo sie alle fünf Jahre zusammenkamen. Dieses Treffen fand allein für mich statt, nachdem wir uns fünfzig Jahre nicht gesehen hatten. Als ich meinen Freund Erwin anrief und eine Nachricht mit meinem Namen auf seinem Anrufbeantworter hinterließ und ihm mitteilte, dass ich wieder aufgetaucht sei und ihn gerne treffen würde, war ich über seine erste Reaktion erstaunt. Er sagte, er habe eine Mitteilung von jemanden erhalten, der eigentlich tot sei, und daher müsse ein Missverständnis vorliegen. Erwin nahm mich begeistert wieder unter den Lebenden auf. Das Treffen selbst war großartig – es war, als wäre kein Tag vergangen, seit wir uns ein halbes Jahrhundert zuvor getrennt hatten. Die Frische unserer Freundschaft, fast ein familiäres Gefühl, bezeugt, wie stark unsere Bindung zueinander ist. Das Vertrauen und die Zuneigung blieben in all den Jahren unverändert.

Die Einladung zu diesem Gedenkvortrag in Ungarn veranlasste mich, über das Problem, eine öffentliche Rede zu halten, nachzudenken. Einem Auditorium gegenüberzustehen ist eine höchst unausgewogene und unnatürliche Situation. Man steht da oben am Präsentierteller, eine Vielzahl von Augenpaaren starrt einen an. So viele Menschen sind da unten, und man fühlt sich selbst so klein. Die Endokrinologie des Primaten, der Schimpanse im Menschen, fühlt sich belagert, umringt und ausgesetzt. Man kann sich nicht herausreden oder -denken, der Bauch weiß es besser. Sogar geübte Redner und Schauspieler leiden unter anfänglicher Anspannung, auch wenn sie zumeist vorbereitet sind, das von ihnen behandelte Material gut kennen und Hilfsmittel wie Notizen zur Hand haben. Es gibt die Technik, ein Gesicht aus dem Auditorium auszuwählen und direkt zu dieser Person zu sprechen und so die Massenwirkung zu reduzieren, den Vortrag intimer und weniger einschüchternd zu gestalten. Bei meinem bevorstehenden öffentlichen Debüt würde mir keine dieser Krücken zur Verfügung stehen. Ich musste ohne Hilfsmittel durchhalten, der Gedanke daran ließ ein flaues Gefühl in meinem Magen aufkommen. Andererseits muss ich zugeben, dass ich diese Herausforderung, die Anspannung, das Gefühl der Gefahr auf seltsame Weise genieße.

Abgesehen von diesem Gedenkvortrag in Budapest musste ich bei zwei Gelegenheiten in Sydney vor ein Publikum treten. Das erste Mal in einer großen Buchhandlung der Stadt. Mit dem Mikrophon in der Hand, ordentlich gekleidet, äußerlich gelassen, innerlich angespannt, sollte ich etwa dreißig Minuten sprechen, das Buch vorstellen, auf Fragen antworten und Bücher signieren.

Da keiner der vage erhofften Gründe für eine Absage in letzter Minute eintrat, begann ich damit, Stimmung, Laune und Sympathie der Zuhörer zu testen. Ich machte eine Anspielung darauf, wie Mark Twain seine Reden bei solchen Gelegenheiten begann, der ja dafür bekannt war, dass er das Rampenlicht scheute. „Meine Damen und Herren, Sokrates ist tot, Shakespeare ist tot und ich selbst fühle mich auch nicht so wohl." Das kam gut an, also fuhr ich fort, von den unterschiedlichen und widersprüchlichen Anweisungen zu erzählen, wie ich meinen Fall darstellen sollte. Mein Vater hatte mir gesagt, Selbstlob stinkt, mein Verleger sagte mir, dass dies nicht die Zeit für Bescheidenheit sei, meine Frau warnte mich davor, Fragen allzu direkt zu beantworten, während der Werbefachmann mir riet, vier oder fünf aussagekräftige Antworten parat zu haben und auf sie hinzuarbeiten und die konkrete Frage gar nicht zu beachten. Jetzt waren alle entspannt und die Rede lief gut. Ich sprach von den Nachteilen der Überspezialisierung und der Notwendigkeit, alle Erkenntnisse der betreffenden Disziplinen auf einen Punkt zu konzentrieren, um auf den Grund des Rätsels um das Bewusstseins vorzustoßen. Ich erklärte, wie mir dies gelungen war und warum dies für unser Verständnis von unserem Platz in der Welt wichtig ist.

Es gab einige Fragen, ich signierte Bücher und unterhielt mich mit den Leuten. Ein Freund von mir bemerkte eine angespannt wirkende Frau, die mich anstarrte. Er fragte sie, ob sie mir eine Frage stellen wolle, sie bejahte und auf seine Ermutigung hin kam sie zu mir und fragte: „Sagen Sie, warum haben Sie denn eine so gute Haut?" Darin muss eine Lehre stecken, bis jetzt habe ich sie aber nicht entdeckt.

Meine zweite Buchpräsentation spielte sich im Sitzen ab, dauerte länger und war umfangreicher. Es gab viele Fragen, einige Male wurde herzlich gelacht, die Bandbreite der Themen war größer, die Rede entwickelte sich zu einem kleinen Symposium. Am Schluss einer von mir besonders engagiert vorgetragenen Meinung lag eine verblüffte Stille in der Luft. Plötzlich sagte Dawn: „Toll!"; damit brach sie die Stille und der Abend ging munter weiter. Gerade als wir im Begriff waren zu gehen – es war perfektes Timing –, setzte meine

Stimme aus. Nach drei Stunden ständigen Redens war es genug, aber es war ohnehin Zeit zu gehen.

Von den Radiointerviews waren mir jene am liebsten, bei denen man sich gegenüber saß. Die Interviewer halfen mir und verstanden ihr Metier. Zu wissen, wie eingehend eine Frage beantwortet werden soll, ist Übungssache. Zu wissen, wie man sich an die Stimmung der Zuhörer anpasst, ist ein weiteres Gespür, das sich mit der Zeit entwickelt. Ich erhielt ein gutes Feedback.

Beeindruckt war ich von dem Geschick, mit dem ein bekannter Interviewer das Thema meines Buches mit meiner persönlichen Geschichte verflocht. Wirklich wertvoll für mich aber war die wichtige Frage, die er gegen Ende unseres halbstündigen Gesprächs stellte. Sie hatte mit der Zukunft des Bewusstseins zu tun. Wenn, wie ich argumentierte, die reflektive menschliche Bewusstheit bedeutet, dass wir uns dessen bewusst sind, bewusst zu sein, könnte dann unsere Spezies irgendwann in Zukunft eine nächsthöhere Stufe erreichen? Das ist eine interessante Frage, der ich in einem weiteren Buch nachgehen will.

Gedanken

Ich habe bis jetzt ein abwechslungsreiches und ereignisreiches Leben gelebt. Die Blindheit habe ich natürlich nicht bewusst gewählt, obwohl sie mir auf seltsame Weise geholfen hat, mein Interesse auf das Ziel zu richten, das ich schon immer in mit gespürt hatte, nämlich das Geheimnis des menschlichen Geistes zu erkunden. Mein ganzes Leben lang habe ich den Drang nach einem tieferen Verständnis verspürt, den Wunsch, nicht einfach nur so dahinzutreiben und zu nehmen, was mir geboten wird, als schuldete mir das Leben ein ständiges Fest. Ich selbst hielt mich an diese Vereinbarung, bemühte mich, indem ich das Wesen der sich entwickelnden Materie erforschte. Es ist großartig, wenn 100 Trillionen Zellen einen menschlichen Körper bilden, von denen jede eine komplizierte Choreografie von zig Millionen Atomen besitzt, die in fieberhafter Wechselwirkung zueinander stehen, um das Ganze zu erhalten und das Bewusstsein zu generieren.

Sobald ich die Existenz dieses Wunders zu ahnen begann, konnte ich das nicht mehr ad acta legen und in eine endlose Sorge um Alltägliches zurücksinken. Als ich als Jugendlicher mit dem Fahrrad am Fluss entlangfuhr, dachte ich über das Leben und über spannende, quälende, ernste Fragen nach. Ich fragte mich, ob mich dieses innere Feuer weiter im Griff haben oder ob ich ihm entschlüpfen und entwachsen würde, gleichzeitig aber war mir bewusst, dass meine Frage rhetorisch war und ich nie mehr davon loskommen würde. Es war ein klarer, sonniger Frühlingstag. Ich war jung, strotzte vor Kraft und Gesundheit, der Erfolg im Leben wartete auf mich, mit einer Aufgabe, die ich weder formulieren noch ignorieren oder beiseite schieben konnte.

Wann und wie dieses unausgesprochene Streben klarere Gestalt annehmen, bearbeitet und erarbeitet würde, blieb noch verschwommen. So viele Hindernisse mussten noch überwunden, so viele Jahre durchlebt, so viel mühevolle Vorarbeit musste noch geleistet werden. Das Leben war eine einmalige Gelegenheit, eine große Chance, die respektiert und beim Schopf gepackt werden wollte. Also musste ich ein Gleichgewicht finden, eine geglückte Zusammenarbeit zwischen Körper und Seele, damit beide gedeihen und Leistungen erbringen konnten. Außerdem war ich verliebt, genoss jede Minute, hatte nie vor, je anders oder ohne die vielfältigen Aufregungen und unterschiedlichen Interessen zu leben, die mir die Welt darbot. Also folgte ich einfach der „goldenen Straße", dem Weg zur Erleuchtung, um zu sehen, wohin sie mich führte. Sie führte mich hierher, zu meiner Schreibmaschine und zu meinen Erinnerungen.

Hätte ich es mir bewusst aussuchen können, ich hätte mich nicht dafür entschieden, in einer für mich unsichtbaren Welt zu leben. Ich könnte natürlich argumentieren, dass ich den Weg zu meiner Arbeit immer gefunden hätte, unabhängig davon, was das Schicksal für mich bereithielt, ich bin aber nicht so sehr davon überzeugt. Zu gut weiß ich, wie leicht man das angenehme Leben akzeptiert und Möglichkeiten ungenützt lässt. Ich war immer von dem biblischen Gleichnis des guten Verwalters beeindruckt, der sein Darlehen am Tag der Abrechnung mit Zins und Zinseszins zurückzahlte und so dem Herrn gefiel. Nun, mir wurde die Möglichkeit gewährt, etwas zu leisten, und vielleicht habe ich das auch getan. Allerdings lässt mich das Gefühl nie ganz los, dass ich mehr tun oder besser hätte sein können, vor allem weil ich im Laufe der Jahre so viel Freude empfand. Aber um ehrlich zu sein, kostet mich dies keine schlaflosen Nächte. Unter meiner Regie hat mein Körper gut durchgehalten, war nie krank, machte nie schlapp. Auch mein Geist hat gut funktioniert, und das ist vielleicht der Schlüssel zu allem. Möglicherweise liegt hier die Botschaft. Schicksal ist eine Sache, aber was wir daraus machen, eine andere. In jeder Lage kann ein neues Gleichgewicht geschaffen, ein neuer Pakt geschlossen werden und das Gehirn wird die Leistung erbringen, wenn man nur hartnäckig daran arbeitet.

Vor kurzem stieß ich auf das Konzept der Visualisierung im Zusammenhang mit der Sportpsychologie. Man sieht sich selbst, wie man etwas schafft, darüber hinausgeht, was man bislang für seine Grenzen gehalten hatte. Will man etwa die Wurfgenauigkeit im Basketball verbessern, so muss man die Bewegungen durchgehen, den Ball im Geist in den Korb werfen. In der Tat, wenn man genau aufpasst, wie man die alltäglichen Aufgaben erledigt, wie man sich die Schuhe zubindet, eine Tasse Kaffee zubereitet oder Geschirr spült, wird man merken, dass man sich jede Handlung „vornimmt", bevor man sie ausführt. Man fasst sie ins Auge und das System erledigt den Rest. Natürlich kann man den Vorgang steuern, aber die Ausführung nimmt ihren Lauf, sobald die Absicht klar, der Anstoß gegeben ist und die Maschinerie sich in Gang setzt.

Obwohl ich nicht sehen kann, habe ich viele Dinge vollbracht, harte körperliche Arbeit wie auch feinmotorische Tätigkeiten, immer aber habe ich die Szene, die Problemstellung und den Arbeitsablauf zuvor sorgfältig geprobt. Diese mentale Erfahrung ist spannend, abwechslungsreich und macht so viel Spaß, dass ich im Laufe der Jahre die Ausführung einer Arbeit immer wieder hinausgeschoben habe, einfach um mir das Durchspielen der Prozedur im inneren Raum nochmals zu gönnen. Dieser innere Raum, dieses Epizentrum unseres fortgeschrittenen Bewusstseins, ist der Schmelztiegel, in dem unsere Zukunft entsteht und das Universum sich selbst ins Angesicht blickt.

Wenn man sich in einer atypischen Situation befindet, wird die eigene Beziehung zur Welt rundherum neu geordnet. Die Reichen finden neue Freunde, die Superreichen finden Bodyguards und die Armen finden einen Mangel an Freundlichkeit. Zu erblinden ist auch kein sozialer Aufstieg. Traurigerweise gibt es Menschen, die allein Macht respektieren und rücksichtslos über andere hinweggehen, wenn sie damit ungestraft davonkommen. Die meisten von uns verabscheuen Menschen dieser Art und freuen sich, wenn diese ihre wohlverdiente

Strafe bekommen. Wenn also der Graf von Monte Christo den Bösewichten ausgleichende Gerechtigkeit widerfahren lässt, so wärmt das unsere Herzen. Was wir ablehnen, ist nicht die Ausübung von Macht, sondern deren Missbrauch. Wir wollen Gerechtigkeit, Führung und Rücksicht erleben, nicht Ausbeutung, Phrasendrescherei und Egotrips. Die Einigkeit darüber lässt hoffen. Wir wissen, was anständiges Benehmen ist und wo es nicht eingehalten wird. Alles in allem kann ich mich nicht beklagen – ich wurde selten von oben herab behandelt. Vielleicht sehe ich nicht erledigt und geschlagen aus und man versetzt mir daher auch keinen Fußtritt.

Wie sieht nun mein Leben aus? Ich träume oft in der Nacht, lebhafte, detaillierte, farbenfrohe Träume, die wahrscheinlich ausführlicher und visueller sind als in meinem früheren Leben, als ich wirklich sehen konnte. Das ist weiter nicht erstaunlich, da ich in der Visualisierung nun so geübt bin, dass deren nächtliche Version eine gute Qualität haben sollte. Es ist wirklich faszinierend, wie das Gehirn die eigentlich unvereinbare Aufgabe löst, die Erfahrung der Blindheit wiederzugeben. Wenn ich träume, dass ich blind bin, habe ich immer noch eine visuelle Vorstellung von dem, was man annimmt, das ich es nicht sehe. Außerdem empfinde ich ein unterschwelliges Gefühl dieser Anomalie und bin mir der wunderlichen Fähigkeit meines Gehirn zu diesen widersprüchlichen Bildern bewusst.

Da ich bei der Visualisierung untertags und beim Träumen denselben Mechanismus anwende, kommt es schließlich zu gewissen Überlappungen und einem intensiven Erleben auf beiden Seiten. Die Trennlinie ist nicht scharf. Mein Denken geht oft in einen Traumzustand über, wenn sensorische Hinweise wegfallen, und die bewusste Vorstellung geht als Traum weiter. Auch umgekehrt ist das der Fall: Ein lebhafter Traum in den Morgenstunden tritt an die Oberfläche und setzt sich fast unverändert als bewusstes Denken oder Visualisierung fort. Ab und zu treibe ich so dahin, unsicher, ob ich denke, dass ich träume, oder träume, dass ich denke. Dann geben allmählich sensorische Hinweise den Ausschlag und ich finde mich auf der einen oder anderen Seite wieder. Dies ist ein interessantes und angenehmes Gefühl.

Ich habe auch einige recht unheimliche und beunruhigende Erlebnisse mit außergewöhnlichen Bewusstseinszuständen gehabt. Ich erinnere mich, dass ich vor etwa zwanzig oder dreißig Jahren vor Erschöpfung in einem Lehnstuhl eingeschlafen war. Als ich mitten in der Nacht langsam wieder aufwachte und mein sprachgesteuerter Denkmechanismus noch nicht aktiviert war, um mir zu Hilfe zu kommen, wusste ich nicht, wo ich war, noch schlimmer, ich wusste auch nicht, wer ich war. Es war nacktes Bewusstsein ohne Identität, als ob ein körperloses Leben an irgendetwas festhalten wollte, um für sich selbst eine Inkarnation zu finden. Es war der äußerste Erfahrungsrand, ein einsames, beängstigendes Gefühl.

Wie erwartet hat meine ständige Visualisierung meine Gedächtnisprozesse merklich verbessert. Da ich auf alles, was in mir und um mich herum vorgeht, genau achte, habe ich eine gute Merkfähigkeit entwickelt und erinnere mich leicht. Ich beschäftige mich immer wieder gerne mit der Vergangenheit, um sie unter diesem oder jenem Aspekt zu beleuchten, darüber nachzudenken und zu träumen. Manchmal stoße ich auf halb vergrabene, schwache Erinnerungen, die zwischen bekannten und deutlichen versteckt waren. Mir macht es Freude, sie dann abzustauben und ihren Platz in der Tapisserie meiner Erinnerungen zu finden. Bemerkenswert ist, dass das abrupte Ende des Sehens durch meinen Unfall die Kontinuität nicht unterbrochen, sondern nur vorübergehend die Klarheit der Spur verdunkelt hat. Kurze Zeit wurde alles vage wie im Traum, sobald aber meine Visualisierung sich verbessert hatte, wurde der Gedächtnisstrang noch stärker und kohärenter als vor meinem Unfall. Die verbesserte Qualität ist nicht schwer zu erklären. Mein innerer Blick umfasst einen Prozess „aktiven Sehens", der bereichernder ist als das „passive Eintauchen ins Licht", das er ersetzt. Letzteres ist die normale, oft laxe Art und Weise, wie wir unseren Sehsinn benützen oder eben zu wenig benützen. Im Vergleich dazu erfordert mein Ersatzsehen Anstrengung und das aktive Mitwirken des Gehirns; eine kreative Routine, die mein Leben erfüllt.

In der Früh trinken Dawn und ich unseren Kaffee im Bett und lösen Kreuzworträtsel, dann frühstücken wir und gehen den Rest des Tages an, immer tut sich etwas: schreiben, meist an irgendeinem Projekt, vielleicht etwas im Haus montieren oder reparieren, lesen, aufnehmen, Freunde besuchen oder einkaufen gehen und am Abend irgendein Programm oder eine Veranstaltung. Ein normales Leben.

Wir hören Radio National und sehen ausgesuchte Programme im Fernsehen, wobei Tennisturniere immer interessant sind. Und das funktioniert so für mich: Ich erstelle mir Bilder der wichtigeren oder interessanteren Spieler, sodass ich die fürs Mitmachen und Anfeuern nötige gefühlsmäßige Beteiligung spüren kann. Dawn steuert die visuellen Einzelheiten bei, wie Aussehen und Bewegungsmuster, während die Gespräche mit den Spielern nach dem Match den beteiligten Personen Farbe und Tiefe verleihen. Im Verlauf des Spieles „sehe" ich den Ablauf, die Bewegungen, die Schläge, den fliegenden Ball, und das synchron zu Sehenden. Weil ich weiß, wer den Aufschlag hat, kann ich dem Match folgen. Ich baue die Reaktionen der Zuseher ein, das Geräusch der laufenden Füße, die Zeit zwischen Schlag, Aufprall und Gegenschlag und am Ende das Rufen des Ergebnisses durch den Schiedsrichter. Dabei verändert sich mein Blickwinkel ständig. Es ist so, als könnte ich mich unterschiedlich positionierter Kameras bedienen, die mir abwechselnd die Spieler beim Aufschlag in Nahaufnahme und den Platzrand zeigen, nicht aber die Sicht vom Schiedsrichterstuhl. Anscheinend vermeidet mein Gehirn das ständige Hin- und Herschalten, das mentale Äquivalent zur Kopfdrehung von einem Ende des Platzes zum anderen. Die ganze Produktion läuft ohne mein Zutun ab, die Schnitte und Nahaufnahmen ordnen sich bestmöglich aneinander. Ich weiß nicht, wie das geschieht, das Gehirn macht das alles von allein, und es macht wirklich Spaß.

Dawn und ich lesen oder unterhalten uns oft bis spät in die Nacht. Mein Gehirn ist wach, und wenn ich meine Augen schließe, ist dies kein so abrupter Wechsel wie bei jenen, die bei Tag visuellen Reizen ausgesetzt sind. Wenn die Welt still wird und alle Aktivitäten aufhören, dann steht es meinem Gehirn frei, ungehindert weiterzumachen, wo immer es will. Dies ist die beste Zeit für schöpferische Denkprozesse, für die Ausarbeitung von Projekten, um über Ereignisse nachzudenken oder Pläne zu schmieden.

Während ich im Laufe der Jahre viele Dinge getan habe, an denen sich wenige Sehende versucht hätten – und man kann davon ausgehen, dass ich sie anpacke, wenn sie notwendig oder interessant scheinen –, sind es oft die einfachen und lächerlich offensichtlichen Dinge, die zu Reaktionen führen. Obwohl ich ein komplexes und ehrgeiziges Werk verfasst habe, eine bedeutende Leistung beharrlicher Konzentration über eine Zeit von fünfundzwanzig Jahren, bekam ich viel öfter Komplimente für mein Maschineschreiben (ein rein mechanischer Trick), für die Genauigkeit, mit der ich das Papier in die Maschine einspanne (ein Zeichen für Ordnungssinn), für Reparaturarbeiten am Dach mit gutem Gleichgewicht und Schwindelfreiheit (etwas, das die Schimpansen noch besser können) und für kleine Erfindungen und angewandte Geschicklichkeit. Es ist noch nicht lange her, da nannte mich ein Freund „Genie", weil ich herausgefunden habe, wie eine neu eingebaute Schiebetüre mit einfachen Mitteln daran gehindert werden konnte, selbstständig langsam aufzugehen. Die Türe ging zwar nie mehr als fünf Zentimeter auf, es schien aber kein Mittel dagegen zu geben. Ganz offensichtlich stieg die dünne Schiene ein ganz klein wenig an. Ich bückte mich, sah mir die Konstruktion an, maß im Geist ab und beim nächsten Mal brachte ich eine leicht nach unten gebogene Leiste aus Aluminium mit, über die die Türe hinweggleiten konnte. Ich befestigte ein Gummiband an der Unterseite der Leiste, das für eine leichte Federung nach oben sorgte, um die Tür zu halten, wenn sie darauf zuglitt. Die Leiste selbst war nur fünf Zentimeter lang und sah genauso aus wie der Aluminiumrahmen der Türe, sie fiel nicht auf und es funktionierte perfekt. Alle waren zufrieden, ich war ein Genie. Ich fragte mich, wozu ich mich fünfundzwanzig Jahre lang mit Forschung und der Abfassung eines Buches beschäftigt hatte, wenn es doch so einfach war.

Ich habe ein erfülltes, glückliches und produktives Leben. Ein gutes Leben, wirklich. Ich glaube, dass ich gelernt habe, wie man lebt, wie man das Beste daraus macht und wie man sich auf das, was noch kommt, freut. Ich stimme mit Goldwyns Antwort an einen Freund überein, der ihn, beeindruckt von dessen Liebe zu Geld und Besitztümern, warnte: „Sam, du weißt ja, das kannst du nicht mitnehmen", worauf Goldwyn antwortete: „Damit ist alles klar, ich gehe nicht." Ich habe natürlich das Glück, eine großartige Frau zu haben, die ich liebe und der das Leben ebensolche Freude bereitet wie mir.

Nach Erscheinen meines Buches wurde ich im Verlauf eines der Radiointerviews gefragt, ob ich mein Sehvermögen wiederhaben wollte, wenn eine Wiederherstellung durch irgendeinen Zauber möglich wäre. Ich sagte, natürlich, aber angesichts des Lebens, das ich führe, und vor allem der Frau, die ich habe, kann ich unmöglich mit der Vergangenheit hadern, die mich an diesen Punkt gebracht hat. Ich bin durch und durch zufrieden.

Dank

Ich bin mir bewusst, in welcher Schuld ich bei vielen Menschen stehe, deren Wege meinen gekreuzt und deren Großzügigkeit, Liebe und Vorbild mir geholfen haben, meinen eigenen Weg zu finden. Manche werden in dem Buch erwähnt, andere bleiben zwischen den Zeilen, sind aber deshalb nicht weniger wichtig. Sie alle sind ein Teil von mir, ich denke mit großer Wertschätzung an sie.

Ich möchte allen danken, die das Manuskript gelesen und ihre Anregungen dazu gegeben haben, zuallererst und insbesondere aber Jean Cooney und Susan Varga. Danken möchte ich auch Mary Cunnane, meiner früheren Agentin, den Mitarbeitern von Picador Press für ihre unermüdliche und zuverlässige Unterstützung, Beverley Ranclaud, die mein auf der Schreibmaschine getipptes Manuskript auf Diskette übertrug und meiner Frau Dawn, die das Projekt von Anfang bis zum Ende unterstützte.

Besonderer Dank gebührt meiner Freundin Ann Major und dem bedeutenden Publizisten Paul Lendvai dafür, dass sie den Verlag Kremayr & Scheriau auf meine Autobiografie aufmerksam gemacht haben, und Programmleiterin Barbara Köszegi für ihr Wohlwollen, ihre Effizienz und ihre begeisterte Unterstützung.

Es bereitet mir große Freude, nun auch die deutschsprachigen Leser zu erreichen. Wir haben gemeinsame kulturelle Wurzeln, teilen die Liebe zu Mitteleuropa, das Verständnis seiner faszinierenden Geschichte, seine schönen Landschaften und die Donau, die ein Teil von uns allen ist.

ZEITGESCHICHTE

MEMOIREN EINES GROSSEN EUROPÄERS

K&S

Paul Lendvai
AUF SCHWARZEN LISTEN

Erlebnisse eines Mitteleuropäers

320 Seiten
mit 16 Bildseiten
Format: 16 x 24 cm
gebunden mit Schutzumschlag
ISBN: 978-3-218-00725-2
Im Verlag Kremayr & Scheriau, 2004

Die sehr persönlich erzählte Autobiografie eines großen europäischen Journalisten – zugleich eine fundierte Geschichte Nachkriegs-Europas: **Auf schwarzen Listen** – völlig überarbeitete und erweiterte Neuauflage.

Lendvai ist einer „der besten Kenner des kommunistischen Ost- und Südosteuropa in der gesamten westlichen Welt".
Die Presse

„In Österreich ist er eine Institution. Des Autors Markenzeichen: untrügliches Urteil." *Focus*